叢書・ウニベルシタス　732

深い謎

ヘーゲル，ニーチェとユダヤ人

イルミヤフ・ヨベル

青木隆嘉 訳

法政大学出版局

Yirmiyahu Yovel
DARK RIDDLE
Hegel, Nietzsche, and the Jews

Japanese Translation rights arranged with
Schocken Publishing House Ltd. in Tel-Aviv, Israel
through The Asano Agency, Inc. in Tokyo.

父ジッシュ・ダビデ・ヨベル（フライフェルト）の霊にささぐ

目次

まえがき

過去二世紀の間、ユダヤ人の歴史には――政治的解放からナチスによるジェノサイドへ、大規模な同化と世俗化からユダヤ人国家の創設へと――重大な事態が次々に起こった。特にヨーロッパでは、そのすべてが近代世界の苦難と結びついていた。近代ヨーロッパの大きな変動のなかで、ユダヤ人は攻撃目標や犠牲にされただけではなかった。ユダヤ人はヨーロッパ人に鏡――激情で歪んだ鏡――も提供していた。その鏡にはヨーロッパ人自身のアイデンティティの問題が写し出されていた。「ユダヤ人問題」はヨーロッパにとっての一つの問題であっただけでなく、ヨーロッパ自身にかんする――激動の時代に自分のアイデンティティや将来を、そして生きる意味をどう考えていくかという――問題の反映でもあった。その意味で「ユダヤ人問題」は根本的にはヨーロッパ自身の問題であった。

特定の問題に限られてはいるが、本書によってこういう広大なテーマに貢献したいと思う。本書の課題は一九世紀の最も重要なふたりの哲学者、ヘーゲルとニーチェによって提示されたユダヤ教のイメージをあきらかにすることである。両者ともドイツの思想家で、片方は一九世紀前半に活躍し、他方は一九世紀後半に活躍したが、前者は理性の哲学者であり、後者は理性に対する最も辛辣な批判者である。最初に断っておくが、本書は哲学の研究書であって、政治的イデオロギーの歴史を研究するものではない。ここではもっぱら哲学者としてのヘーゲルとニーチェを取り上げる（それによって両者の思想全般もあきらかにできればいいと思っている)。第一に、ヘーゲルおよびニーチェそのものを中心に据えるが、議論で対象とするのは彼ら自身の哲学的な観念や言葉であって、思想上の後継者や弟子や利用者や悪用者たちの観念とか言葉ではない。第二に、それぞれのユダヤ人の見方を両者の他の哲学的観念とも関係づけ、両者の哲学構想全体にてらして理解するようにしたい。両者いずれの場合にも、(a)歴史的ユダヤ教が近代世界の形成に果たした役割をどこに認めているかという問題と、(b)現代のユダヤ人にどういう場を振り当てているかという問題は分けて考えることにする。

ヘーゲルの哲学構想は雄大で野心的なものだった。その構想には、近代世界の本質と生成を哲学的に理解して、近代を押し進め絶頂に導こうとする試みが含まれていた。ヘーゲルのみるところでは、世界史の中核はヨーロッパ文化であり、それが本質的にキリスト教的文化である以上、それを概念化すべき哲学者は、キリスト教による変革とその後の時代を理解するにあたって、その背景のユダヤ教を無視することはできない。

ヘーゲルの弁証法によると、どういう文化形態も世界史(および世界精神)に寄与したのち、止揚されて(aufgehoben)歴史の舞台から姿を消してしまう。ところがユダヤ人は存在理由がなくなり、ヘーゲル的な意味では本当の歴史を失ったのちも、消滅した本質の死骸のごとき存在として長い間存在しつづけてきた。フランス革命とともにユダヤ人は近代世界に入り込んで、そこに生きる権利、生きる場を要求するようになった。反ユダヤ主義的偏見をいだきながらもヘーゲルは、ユダヤ人の権利を認めるのにやぶさかではなかった。しかし彼には近代世界でユダヤ人をユダヤ人として処遇する道がわからなかった。体系の用語を使ってユダヤ人の存続を説明することもできなかった。

ニーチェも野心的な哲学構想をいだいていたが、それは多くの点でヘーゲルの構想と対立するものであった。ニーチェの目標は文化の根本的変革であって、近代化過程を絶頂へ導くというより転換し逆転させることと、正確に言えば全く別のコースへ方向転換させることだった。ヘーゲルはソクラテスやモーセやイエスを真理や文明や精神の創造者とか、神そのもの（絶対者）とさえみなしたが、ニーチェにとっては、彼らにはじまった時の流れはデカダンスと退化の物語であった。ニーチェはそのデカダンスの主要な根源は合理主義的形而上学とキリスト教だと考えた。前者はギリシア人に由来し、後者は古代ユダヤ人に由来する。それゆえニーチェには当時の文化のデカダンスを暴き出し、それを粉砕するためには、ユダヤ教（ならびに『悲劇の誕生』でやったようにソクラテス主義）を解釈する必要があった。

それぞれの構想に応じて、ヘーゲルは、神は精神であり精神は自然より高いという（キリスト教につながっていく）発見に古代ユダヤ教の長所を認めたが、それはニーチェにとってはユダヤ教の神官がもたらした大きな欺瞞であった。だが本書での分析からあきらかになるように、ニーチェはユダヤ教の唯一の永遠的本質などというものは認めていなかった。ユダヤ教を三つの様態ないし局面に分け、そのなかでも聖書に忠実だったユダヤ教ならびに離散したユダヤ人に賛嘆を惜しまなかった。彼が厳しく批判するのはもっぱら第二神殿期の（いわゆる）「神官的」ユダヤ教という中間の局面であって、それが道徳における「奴隷の叛乱」であるキリスト教の始まりとなった。ニーチェの本当の攻撃目標はキリスト教にほかならない。ニーチェがユダヤ教という名のもとに厳しく批判しているもののなかには、しばしば新約聖書の観念だけでなく言い回しまでそっくり読み込まれているものがある。

両哲学者にはもう一つ大きな違いがある。ヘーゲルがキリスト教以後のユダヤ人の生活を無意味な生存の不毛な反復とみなしつづけたのに対して、ニーチェは離散したユダヤ人の生活を崇高な人間的経験だと絶賛していた。イエスを拒否して放浪生活に入ったユダヤ人は苦難と試練のなかで鍛え上げられて、歴史を読みとる眼力と生き抜く力を獲得したのだ。そうした眼力と力をニーチェはキリスト教および（自由主義や平等主義といった）その世俗的形態に対する解毒剤として、ディオニュソス的な新しいヨーロッパに注ぎ込もうと考える。そこでユダヤ人には、近代世界におけるユダヤ人としての役割が与えられ、ユダヤ人は他のヨーロッパ人とまじわって、あらゆる分野で新しい価値や基準を創り出すことになる。ユダヤ人の祖先は旧大陸の頽廃を促進したが、そのユダヤ人が、旧大陸の再活性化に必要な新しい力と将来の美徳を与えるのだ。

ニーチェはユダヤ人について二面的だとよく言われる。しかし「二面的」という言葉は曖昧であって、混乱しかないのに深遠なものがあるような印象を与えかねない。第II部では、ユダヤ人にかんしてニーチェがみせる二面性の構造を正確に分析してその要素をとりだし、その相互関係をあきらかにするつもりである。ニーチェは一方では、古代ユダヤ教をヨーロッパ頽廃の主な源の一つとみなし、他方では賛嘆してやまぬユダヤ人に、キリスト教を脱却した、望ましい健全なヨーロッパの創出における指導的役割を割り振っている。近代の反ユダヤ主義については、キリスト教以前のユダヤ教の「神官」に向けたのと同じ憤激をこめて、しかも同様の理由で不当だとはねつけている。反ユダヤ主義者とユダヤ教の神官という一見正反対の二通りの人間のタイプは、系譜からみれば実際は同類なのだ。ニーチェの哲学ではルサンチマンこそ人間の卑劣さと退化の元とされるが、反ユダヤ主義者もユダヤ教の神官も、深層心理学的には同種のルサンチマンをいだいている点では違いがない。

ヘーゲルもユダヤ教に対して二面的だが、その在り方はニーチェとは異なる。ヘーゲルの考えは時とともに変わっているが、前の立場に舞い戻っている場合もある。円熟期にも彼はユダヤ人問題に真剣に取り組むことはなかった。非体系的なことで知られるニーチェがユダヤ人については、複雑だが首尾一貫した見解に達し、すぐれた体系家であるヘーゲルが、態度を決しかねていたのは皮肉なことに、この問題ではニーチェが一見相容れぬものの緊密な統一という、疑似弁証法的な捉え方をしているのに、ヘーゲルの見解が完全に確定したことは一度もなかった。結局ユダヤ人についての意見（または重点）が変わっているようにみえるとしても、それはヘーゲルの場合は通時的にみるからだろうが、ニーチェの場合は、いわば共時的に地図上の各地域を移動して、複雑な見解そのものには変化がなくても強調される要素が変わるからである。

だからヘーゲルの遍歴をたどりニーチェの地図を再現すること、これが本書の目標である。両者の見解を提示するときにはできるかぎり内在的な方法を使って、両者のみならず両者が直面した歴史的問題も公平に取り扱うようにする。本書の仕事の大半は再現することである。概念によるポートレートとも言うべき一枚の絵を描きだして、結論と最終判定は読者自身にお任せしたい。本書を読んでそこから結論を引き出すという点では、私もある程度は読者のひとりだが、自分の結論を特権化する気はない。努力し主張している要点は記述と分析だが、その記述と分析を元に他の人々が異なる評価をくだすことは十分想像できるからである。

本書にはもう一つ別の側面がある。そこでは、教育や環境によって吹き込まれた反ユダヤ主義的感情を両哲学者が、どの程度克服しているかが問題になる。それぞれの場合、その感情は別種のものであった。ヘーゲルはもともとルター派キリスト教の神学的反ユダヤ主義の伝統のなかで成長し、その伝統を自分の哲学の言葉で概念的に仕立て直したが、ニーチェは宗教にもとづかない世俗的、政治的、人種差別的な新種の反ユダヤ主義が高まるなかで成長した。若い頃のヘーゲルは、ユダヤ人はキリスト教の短所に責任があっても長所に寄与したことはないと考え、ユダヤ人に歴史上重要な価値を全く認めず、ユダヤ人に対して毒々しいまでの辛辣な言い方をしている。後には敵対的な態度は控えたものの、そのやり方は中途半端で不完全かつ曖昧であって、逆戻りしているところさえある。ヘーゲルの完成した体系にも若い頃の偏見が多く含まれているが、それが威厳のある〈概念〉に仕立て上げられている。

プロテスタント牧師の息子であるニーチェも、子供の頃には反ユダヤ主義的な感情や固定観念にさらされていた。成人したのはドイツ統一の時期で、周囲は世俗的、政治的な新しい反ユダヤ主義で騒然となっていた。当時の反ユダヤ主義はユダヤ人の祭式や信仰よりも、賤民集団たるユダヤ人そのものを標的としていた。リヒャルト・ワグナーや妹のエリーザベットを含む親しい反ユダヤ主義者たちを介して、一時ニーチェは「病気」(と後年よんだもの)との接触があった。だが才能や知性が独自の発展をとげるにつれて、ワグナーと(辛いことだったが妹とも)別れて、一八七〇年代の初めか中頃には自分自身を立派に乗り越えて、情熱的かつ活動的な反ユダヤ主義に対する批判者となり、その後はこの立場がニーチェの哲学と著作活動を支配するものとなった。

反ユダヤ主義的な固定観念がどうしても残っている場合があるけれども(それをニーチェはきわどいレトリックで反ユダヤ主義者の攻撃に使うのだが、この点については後述参照)、ニーチェは自己克服にみごとに成功している。ヘーゲルの場合はそうはいかなかった。前進と後退を繰り返し、いっこうに態度を変えない場合もあり、円熟期にも若い頃の反ユダヤ主義的偏見を体系化したところがある。非常に重要なことだが、啓蒙思想のなかにはその種の偏見をそれ以上に強調したものがあった。あらゆる歴史的宗教、とりわけユダヤ教に対する老カントの攻撃もそうである。純粋理性の哲学者であり啓蒙思想の代表者であるカントは、ユダヤ教は道徳的な意味も思想もない外面的な政治制度にすぎないとして、ユダヤ教が宗教であることを否定していた。ユダヤ人の最高の将来像としてカントが示しえたのは、ユダヤ人が社会的、政治的に受け入れられるように名目だけ（カントは好まなかった）キリスト教に改宗して、実際には理性の普遍的（カント的）道徳に従うことだった。[1] この案をカントはユダヤ教の「安楽死」とよんでいた。別のテキストで老カントはユダヤ人を「詐欺師の民族」[2] とよんで、ユダヤ人はよその国に入って住民を食い物にする異邦人であるかのような言い方をしている。

こういうことからユダヤ教や反ユダヤ主義について何が起こるだろうか。啓蒙思想を否定すれば必然的にユダヤ人の迫害が起こるのだろうか。自由主義や啓蒙思想が反ユダヤ主義から守り抜いてくれる守護神なのだろうか。そう思いたい人は多いだろうが、史料の示すところは正反対であって、[3] 本書もそういう考えは一掃している。後にあきらかになるように、理性の大哲学者たるカントとヘーゲルが反ユダヤ主義的感情を体系化しているのに対して、アンチ・リベラルであるニーチェはユダヤ人を擁護し、ユダヤ人のすぐれた資質を活用して「新しい人間」を創造しようとした。またリベラルなカントとヘーゲルが個人としてのユダヤ人には近代世界で消極的な場しか認めなかったのに対して、ニーチェはユダヤ人にはまさにユダヤ人としての任務、すなわち特殊な経験や歴史や「血統」の持ち主として担うべき、時期的に限りはあるが積極的な任務があると考えていた。

ヘーゲルやニーチェから教えられたことは多いが、私はヘーゲル主義者でもニーチェ主義者でもない。格別の企てがあるわけではなく、本書を書いたのも両者のどちらかを非難するとか復活させるためではない。概念や思想の歴史家として複雑だが魅力的な絵を描いたにすぎない。無論どういう記述も中立ではありえないが、（判定ではなく記述を主としているため）比較的に公平で客観的なものもある。[4] 思想史の研究成果があがるのは、思想家を即座に流行の論争に巻き込んだり、「剽窃」を非難したりするのは慎んで、すぐれた思想家の複雑で分類しにくい特異体質でもある要素を理解する場合に限られる。逆にまた弁護するような記述も慎むべきだ（ヘーゲルやニーチェについてはそういう記述が多かったし今も少なくない[5]）。ヘーゲルをめぐって弁護する書き方には、（ヘルマン・コーヘンがカントについてやったのと同じやり方で）ヘーゲルに対してユダヤ人を弁護するものと[6]、ユダヤ人に対してヘーゲルを弁護するものとの二通りがある。過去にはヘーゲルの考え方は、国家主義者や社会主義者、ファシストやコミュニスト、また逆の立場の人々にも悪用されて激情を駆り立てたものだが[7]、今日ではもうそういうことは起こらない。ところがニーチェの場合はそうではない。ニーチェのもつ批判力は今なお実に新鮮で、ある種の人々にとっては、ニーチェは今なお近代世界に対する最悪の敵である。それは何よりもニーチェがキリスト教の根絶を望むとともに、キリスト教の世俗版である平等主義や民主主義を拒絶するからである。その事情にさらにファシストやナチスが大々的に悪用したことも加わって、ニーチェは激しい怒りを呼び起こし、嫌悪され、何よりも多くの誤解にさらされてきた。後にあきらかにすることだが、ニーチェの思想はそれ自体としてはけっして政治的ではなく、むしろ政治的には不毛な思想であって、それがニーチェ思想の（危険ともなりかねない）弱点だと思われる。

いずれにせよニーチェを敵視する人々が、私の分析によって敵を奪われたように思って、腹を立てるのは覚悟しておかねばならない。そういう人々に言っておきたい。ニーチェの哲学全体に異を唱えることと、ニーチェの反ユダヤ主義やユダヤ人に対する本当の立場を評価することは矛盾しない。それは上にのべたように、ユダヤ人問題は哲学の優劣を決定する最高のテストケースであるわけではないからだ。同じようなことだが、合理性の弁護者たちが示すユダヤ人（あるいは女性その他、自明の理とされてきた偏見の対象ないし犠牲）の問題にかんする偏見や矛盾を暴露しながら、普遍的合理性の（カント的かヘーゲル的な）弁護論を受け容れることは不可能ではない。哲学者が自分の哲学に忠実なことはまれで、すぐれた哲学者の場合は特にそうである。彼らの哲学上の革命が、人間味あふれる彼らの人柄で理解し成し遂げうる限度を超えていたからである。デカルトは本当のデカルト主義者ではなかったし、カントも真実のカント主義者ではなく、ヘーゲルも厳密な意味でのヘーゲル主義者ではなかった。それに反してニーチェはみごとなニーチェ主義者だった、あるいはほとんどそれに近かった。このことはニーチェが反抗した大思想家たちよりも、彼自身の哲学を貫いた生き方のほうが数段まっとうで高貴だという印象さえ与えるが、それが哲学思想の優秀さの証拠だとは限らない。

本書の出発点になったのは、七〇年代に数カ国語で発表したヘーゲルとユダヤ教にかんする論文[8]と、イスラエル人文科学アカデミー（一九七七年）とパリ・ユダヤ研究協会（一九七九年）での、ニーチェとユダヤ人にかんする公開講義だった。その講義の要旨は、*Revue des études juives* (1979) に掲載されている[9]。ニーチェにかんする部分を書いたのち、扱っている範囲や全体の釣り合いからみてヘーゲルの部分を増やすべきだと考えて、その部分を書き直し敷衍することにした。その仕事は毎年引き延ばしていたが、最近ようやく完成にこぎつけた。修正したおかげで、二つの部分がそれぞれの主題にかんする包括的な論文になった。

本書の土台とも素材ともなったのは以下の諸論文である。（1）"Hegels Begriff der Religion und die Religion der Erhabenheit," *Theologie und Philosophie*, 51 (1976), pp. 512-37 ;（2）"Perspectives nouvelles sur Nietzsche et le judaïsme," *Revue des études juives*, 138 (1979), pp. 483-5 ;（3）"La Religion de la sublimité," in *Hegel et la religion*, ed. G. Planty-Bonjour (Presses Universitaires de France, Paris, 1982), pp. 151-76 ;（4）"Nietzsche ve-Zilleli ha-El ha-Met," Postscript to the Hebrew translation of Walter Kaufmann, *Nietzsche* :

Philosopher, Psychologist, Anti-Christ (Schocken, Tel Aviv, 1983), pp. 426-38 ; (5) "Nietzsche, the Jews, and Ressentiment," in *Nietzsche, Genealogy, Morality*, ed. Richard Schacht (University of California Press, Berkeley, 1994), pp. 214-36.

その間に同じような主題にかんする短い論文がいくつか発表されたが、[10]それについては参考文献にあげるとともに注でも時折ふれている。"Nietzsche's Attitudes toward the Jews" という論文のなかでマイケル・ダフィとウィラード・ミッテルマンは、ニーチェについて私とよく似た三つの区別をしているが、これまで公表されたものにこういう区別はみあたらなかったと言っている。フランス語の文献に目を通しておれば、*Revue des études juives* に載せた上記の小論がみつかったはずだ。原稿をイスラエルの出版社に渡した後で注意をひいた[11]新しい書物が二冊ある。一つは故サラ・コフマンの *Le Mépris des juifs : Nietzsche ; les juifs, l'antisémitisme* だが、これは構成が不適当で弁護論に傾きすぎているように思われた。古代ユダヤ人を手厳しく批判しているニーチェのテキストをほぼ全部伏せているが、それらのテキストはニーチェの態度全般を理解するためには不可欠なものであって、はっきり引用して、[12]彼の態度全般を考慮しながら解読すべきである。ウィーバー・サンタニエロの *Nietzsche, God, and the Jews* はもっと釣り合いがとれていて、年代順の巧みな構成になっているが、これも弁護論に傾いている。コフマンと違ってサンタニエロは、反ユダヤ主義的なテキストも引いているが、テキストが二面的でなくて一義的な場合でも、テキストが「曖昧」だと言っている。ニーチェは「神官的」ユダヤ教を容赦なく批判したが、その批判は実に率直なものだった。後で示すようにニーチェの二面性は、古代ユダヤ教への非難と同様に仮借のない反ユダヤ主義に対する非難と、ディアスポラ以後のユダヤ人への複雑な賛嘆から生まれているのであって、その二面性は（意図的な両義的レトリックとも相まって）この三要素から生まれる相乗効果なのである。

謝辞

恩師をはじめ昔の学生を含む多くの方々にお礼を申し上げたい。ヘーゲルのユダヤ教に対する対応の重要さに注意を喚起してくれたのは、ナータン・ローテンシュトライヒの著作だった。ウォルター・カウフマンは恩師だが、彼のニーチェ全体の解釈は（一本調子だと思われ）賛成しかねるが、「反ユダヤ主義者」のニーチェという神話を一掃している点では同感である。故ジェイコブ・タルモンはニーチェの『曙光』二〇五節の読み方に気がかりな箇所があって異論を唱えたことがあるにもかかわらず、親切にも私の仕事を評価して、イスラエル・アカデミーでのニーチェ講義では司会をしてくださった。ミレイユ・アダ＝ルベルとジェラール・ナオンには、パリ・ユダヤ研究協会で講演する機会を与えていただき感謝に堪えない。それより随分前のことになるが、当時の学生で今や錚々たるニーチェ研究者であるジェイコブ・ゴロムには、重要な原典を探し出す作業に協力してもらった。ユダヤ文化記念財団からは研究の初期段階で援助を受けた。当時の助手で現在はイスラエル外務省にいるティボール・シュロッサーは、ヘーゲルの部分は修正の必要があることを教えてくれた（彼の指摘に間違いはなかった）。この間、パリの社会科学高等研究院、ローマ大学、ミラノ大学、ベルリン自由大学、ニューヨークの新社会科学大学院で講義やセミナーをおこなったが、その際さまざまな有益なコメントや反論をいただいた。旧友イザク・トルチンはなかなかの博識家だが、いつも注意深く耳を傾け、彼の妻スザンヌとともに（フランスの）素敵なバルビゾンで親切にもてなしてくれた。エルサレム大学での助手だったピーニ・イファルガンとタール・アビラン、ニューヨークで助手として英訳を手伝ったカート・リージとモーガン・メイスに感謝する。ポリティ・プレス社の他の方々もみなそうだったが、原稿の複写を担当したジーン・バン・アルチーナは思いやりがあり仕事ぶりも丁寧だった。昔の同僚で現在はエルサレムの哲学季刊誌 *IYYUN* の編集長をしているエバ・ショールにはとりわけ厚くお礼を申し上げたい。ヘブライ語原稿の編集に発揮された彼女の手腕が、英語版を作る際にも大いに役立ったからである。

フリードリヒ・ニーチェの次の著作からの引用を許可されたことに感謝する。

Daybreak : Thoughts on the Prejudices of Morality, translated by R. J. Hollingdale (1982) ; *Human, All Too Human : A Book for Free Spirits* translated by R. J. Hollingdale (1986). 引用は出版社であるケンブリッジ大学出版部の許可による。

Beyond Good and Evil translated by Walter Kaufmann © 1966 by Random House, Inc. ; *The Will to Power* translated by Walter Kaufmann and R. J. Hollingdale © 1968 by Random House, Inc. ; *On the Genealogy of Morals* translated by Walter Kaufmann © 1967 by Random House, Inc. 引用はランダム・ハウス社の許可による。

The Antichrist, Thus spoke Zarathustra, and *The Twilight of the Idols* from *The Portable Nietzsche* edited and translated by Walter Kaufmann, translation © 1954 by The Viking Press, renewed © 1982 by Viking Penguin Inc. 引用はペンギン・パトナム社のバイキング・ペンギン部の許可による。

書簡からの引用は *Briefwechsel : Kritische Gesamtausgabe* edited by Giorgio Colli and Mazzino Montinari

(W. de Gruyter, 1975/1993) から出版社の許可にもとづいておこなったが、翻訳は著者イルミヤフ・ヨベルによる。

版権所有者はもれなく調査すべく極力努力したが、万一不注意な見落としがあれば、機会ありしだい必要な手続きをとることにしている。

第I部　ヘーゲルと崇高の宗教

第1章　ヘーゲルと先人たち

哲学的問題としてのユダヤ教

ユダヤ教はいつもキリスト教神学者の関心をある程度ひくものであったが、特に関心を集めるようになったのはルター以後のことである。プロテスタントによって聖書への関心が改めて高まり、旧約聖書と新約聖書の関係が注目の的になったからである。だがそれでも、ユダヤ教は「神学上の」問題としてしか議論されていなかった。(1) 哲学者たちがユダヤ教に目を向けはじめたのはかなり後のことであって、そうなるには近代的な**歴史**の見方が登場しなければならなかった。世界史は得手勝手な経験の物語や単なる事実の集積ではなくて、意味が含まれている包括的過程である。堕落と救済とか受肉や摂理や啓示、選民とか地上における神の国の実現に至る聖なる歴史というような、古い神学用語で理解するより合理的哲学によってその形態を理解したほうが、大筋においてすぐれているという考え方が現れる必要があった。言い換えれば、そこには二通りの発展が起こる必要があったのだ。まず歴史が**世俗化**され、神学的世界から解放されて、自然法則や理性法則のもとに組み込まれることが必要だった。次に世俗的歴史の全体が合理的意味を有する体系であり、総体として有意味な世界であることが示され、歴史に意味が与えられねばならなかった。

カントやヘーゲルのような思想家にとっては、歴史の目標は彼岸にある神の国によって達成されるのではなくて、人間の自由、合理的な自己意識、(カントにとっては) 普遍的道徳と国際平和によって達成されるものだった。そういう全体的な目標のおかげで、哲学者は歴史上の各時代に意味を与え、人間による出来事を通じて上昇する直線を描くことができた。こういう見方はキリスト教的主題を合理的な哲学に翻訳したものだが、読み替えによってその意味は大きく変わった。その意味の変化そのものが修正であり純化でもあると考えられ、それこそ歴史的進歩の証拠だとみなされた。カントやヘーゲルは人間文化のうちにはしだいに明確になり純粋になってゆく過程があると考えた。神話や宗教の中核には合理的な観念が含まれているが、それは象徴や比喩のベールに覆われて感覚的な形で表現されていた。それに対して高次の文化ではそうした曖昧な観念が明確にされて、まず独断的な哲学や神学で概念的な形になった後、首尾一貫した批判的、体系的思想になる。歴史の大半は、宗教的伝統のうちに潜んでいる合理性の種子を抽出して、明確で整合的な意識に高める努力の継続にほかならない。それが人間生活に歴史的な性格があり、理性に自己開示する力が備わっている証拠だと彼らは考えた(2)。

歴史哲学の登場

世俗的な歴史哲学は啓蒙思想の合理主義から生まれたが、合理主義の正反対のようにみえながら実は合理主義の諸原理が結合したものである。その基本観念は理性そのものが歴史的であるという観念だった。理性の永遠的原理にとっても、人間精神のなかで生まれて徐々に明確になっていく過程が必要である。——それに劣らず本質的なことだが、永遠的原理には、科学的、道徳的、政治的、宗教的な文化所産のうちに実現されていく過程が必要なのだ。いちばん多く使われた比喩が、個人の成長や成熟である。理性は原理的に「純粋」で、人間はすべて潜在的には「理性的存在」である。人間理性が現実のものとなり十分な自覚に達するには、長く厳しい進化が必要であって、その過程では感受性、想像力、情熱、偶然、曖昧さ、さらには苦悩や葛藤や暴力といった非合理なファクターもそれぞれ必要な役割を果たす。そうした不可欠な土台の上に理性の進化が起こり、理性が意識されて具体的な姿で現れるわけだが、それと同時に理性は自己に立ち返って高次の自覚に達し、人間の活動や制度や文化所産のうちにしだいに理性の純粋な真の本質が実現されていくと考えられた。このようにして合理主義そのものの内部に歴史哲学が成長してきた。[3]歴史哲学が円熟した形になるのは、カントにはじまりヘーゲルで絶頂に達したドイツ観念論においてであった。

歴史のうちに包括的な有意味な構造が理性によって発見されるようになったのは、「コペルニクス的転回」として知られているカントの考え方から派生した見方のおかげである。理性が人間の歴史をみるときには、理性にとって全く異質な外的、偶然的な現実をみるのではない。理性はそこに自分自身をみるのである。歴史の真の主体（そして主題も）理性それ自身にほかならない。理性は人間生活のあらゆる局面に具体的に表現されるが、理性というのは人間がおこない、感じ、考え、望むそのすべての活動に浸透した人間の本質的特徴である。理性には多種多様な現れ方があって、その大半は曖昧なまま感性や構想力に包まれていて、それらの形態も媒体も、それらに包まれている理性と食い違っていることがある。だが哲学者は、歴史に現れる膨大な行為や出来事や文化的形態のうちに、多様な形で努力を重ねながら明確な自覚に達し（それによって）現実化しようとする人間理性の働きをみる。

要するに、歴史のなかに理解可能な包括的構造が理性によって発見されるのは、人間の歴史を理性**自身**

の展開——理性そのものの歴史としてみることによる。歴史を哲学的にみる場合には、理性は主体であるとともに客体であり、研究の主体であるとともに研究対象である。（レッシングやヘルダーが使った）もっと普通の言い方をすれば、歴史は人類が自らを教育し成熟し（解放され）ていく過程なのである。

カントのパラドックス

カントがこういう考え方を体系化しようとした最初の大哲学者である。しかし歴史にかんする理性主義が十分に表現されたのはヘーゲルにおいてである。ユダヤ教を神学の用語ではなく、**哲学の**用語を使って解釈する枠組みが提供されたのはそれからだ。ユダヤ教はキリスト教と競い合うもう一つの啓示宗教であって、理性宗教と対立するものではないということになった。つまりユダヤ教は理性（ないし人間精神）の歴史において異彩を放つ特殊な存在であり、歴史過程の全体において一定の役割を果たすものだと考える必要が生まれた。啓蒙思想の哲学が理性と歴史的宗教（あるいは哲学と啓示）を固定的に、抽象的に対立させているうちは、哲学は——ユダヤ教、キリスト教、イスラムなど——すべての宗教を理性と対立する迷信として扱うほかはなかった。しかし問題を歴史的に扱うようになると、そういう全面的な否定は不可能になった。他の宗教から区別される個々の宗教の種差をまじめに考えて、それぞれの宗教を（外側から簡単に否定するのでなく）宗教の内部から研究して特徴を捉え、それぞれの宗教について欠陥や限界をあきらかにするとともに、理性の歴史全体への貢献を明確にしなければならなくなった。

そういう歴史的方法をとれば、ユダヤ教も人間理性の発展において役割を担うと思われるわけだが、それはどういう役割なのだろうか。この問題はヘーゲルを論じる場合、いつも考えておかねばならない。しかしまず歴史的な背景を簡単にみておく必要がある。ヘーゲルの思想に受け継がれ影響も与えた——スピノザ、メンデルスゾーン、カントのような——先人たちは、ユダヤ教をどう考えていたのだろうか。

カント、宗教、形而上学的関心

カントは人間理性には形而上学的な関心があり、それがさまざまな形で現れると考えている。その関心はまず神話や原始宗教という形で現れ、次に高等宗教（特にそれらの神学）の形になり、その次には「独断的」形而上学となり、最後にはカント自身の批判的形而上学という形をとる。その進展において目立つのはさまざまな危機や矛盾であり、思考法における革命であるが、その最後に位置するのがカント自身によるコペルニクス的転回である。カントは自分の哲学は人間理性の真の構造——および限界——を解明して、最終的には体系化することによって、人間理性の啓蒙を絶頂に導くものだと考えていた。カントの哲学以後は、形而上学は単なる意見ではなく学問となって、——幾何学や形式論理学や物理学が最終的に学問の形態になったとき原理的に終わりに達したのと同じように——形而上学の歴史も終わる。[4] 理性の歴史はカントにおいて**終わり**に達し、相対主義は排除されてしまうわけだが、その終わりに到達するには、進展と危機が含まれている長い過程を完成させなければならない。

カントの主張によれば、宗教は知識に対してまともな貢献をしたことがなく、宗教が貢献したとすれば、それは**道徳の**歴史にとっての貢献に限られている。カントの理性批判によって、神の存在とか意志の自由とか魂の永遠不滅といった問題を認識できるとする主張はすべて斥けられた。究極の問題について人間は認識することができないが、宗教には認識を目的とする哲学が借り受けるに値するような内容は存在しない。宗教に理性的な種子が含まれているとすれば、それは宗教のなかに潜んで芽生えつつある道徳的意識である。その他のもの——儀式、慣習、「律法」そしてさまざまな宗教が語っている（世界の創造、形成、初期の歴史などについての記述を含む）歴史物語――は、理性的種子を包んでいる「感覚的なカバー」であって、そのなかから道徳的意識がしだいに現れてくる。

カントの言葉を使えば、宗教の歴史に示されているのは、理性の理論的関心よりも理性の**実践的**関心の変化である。宗教は人間理性の実践的命令にかかわりがあるのだ。そして多様な宗教を介して進展していくのは、道徳法則に対する人間の畏敬である。道徳法則は下等な宗教にもおぼろげな形で含まれていて、それが展開されて自覚に達するようになっていく。このような枠組みで考えた場合、ユダヤ教の意味はどういうものになるだろうか。

ここで一つのパラドックスに突き当たる。（故Y・ライボウィッツの後継者たちのように）今日でもスピノザやメンデルスゾーンの信奉者はいるわけだが、（誇張した所もあるが）このふたりがあきらかにしたように、宗教の本質はもっぱら実践的命令だけだとするのは、実はユダヤ教古来の見解なのである。たしかにカントは、実践的命令を神の命令とか儀式の伝統の一部としてではなく道徳的命令として理解していた。彼にとって道徳は意志の純粋さにもとづくものであって、外的な法則と一致して行為するということではなかった。ところがカントは、ユダヤ教以外の宗教に神から出た外的な律法に覆われている道徳的核心を認めていたにもかかわらず、ユダヤ教にはそれらと同じ構造を認めようとしなかった。むしろカントはユダヤ教には道徳的内容が際立って欠けているとみていた。ユダヤ教は単に法律的であり、政治的なきまりにすぎない。したがって宗教でもない。宗教は道徳的な核心によって定義されるものだからだというわけであった。

ユダヤ人の歴史にはしばしば起こる皮肉な事態だが、カントがこういう考えに達したのは、スピノザとメンデルスゾーンというふたりのすぐれたユダヤ人を介してのことだった。スピノザは一切のトーラーの律法を認めようとしないユダヤ教の異端者だったし、メンデルスゾーンはあらゆるミツバー（宗教的戒律）を守る合理主義的なユダヤ人であった。カントの直接の源泉は、戒律を守るこのユダヤ人メンデルスゾーンであって、カントはスピノザの意見をメンデルスゾーンを介してか、知識人の間の噂で知ったようである。とにかくカントは、そういう源泉から自分の望むものを引き出して、自分の思うように並べたのである。

以上のようなことがヘーゲルが対決しようとする背景だが、それだけに簡単ではあるがみておかねばならない。

スピノザ――政治的宗教としてのユダヤ教

スピノザのユダヤ教についての見解には、二つの要素がある。まず彼はユダヤ人の歴史を――そして次には人類全体の歴史を――理性的、自然的な原因だけで規定される徹底的に**世俗的な**現象だと考えている。第二にスピノザは、モーセの宗教は神を政治的支配者とする社会契約によって創造された、古代ユダヤ人（ヘブライ人）の**政治制度**だと解釈している。第一の要素によって、奇跡や摂理や「選民」や聖なる歴史（historia sacra）といった観念は廃止される。第二の要素からスピノザは、離散状態におけるユダヤ人の生活は政治的な存在理由を失っている以上、時代遅れだとみる。ユダヤ人が――スピノザは永遠を信じていたが、永遠に――生き残っているのは、（ユダヤ人の頑固な隠遁生活や異教徒に対する蔑視から生まれた）ユダヤ人への憎悪と、（汚名を着せられてユダヤ人社会から追放されたスピノザは「迷信」[5]だと考える）ユダヤ人の宗教的信仰の力という、完全に自然的な原因から生まれた結果だとスピノザは説明している。

スピノザによれば、聖書そのものの観点に立てば、神によるユダヤ人の選びに超自然的な意味があるわけではなく、神の選びは「支配と物理的優位」にかんする事柄にすぎない[6]。神によるユダヤ人の「選び」というのは、成功した政治的経験の比喩的表現なのである。将来いつか「神は再び彼らを選びたもう」というスピノザの強い確信[7]も、ユダヤ人はいつか現世的、政治的な国家を再び確立するが、それも自然原因によってのみ起こるという意味である。これは、外国勢力へのユダヤ人の屈服に現在とメシア時代との唯一の違いをみる、(マイモニデスが繰り返しのべた)ユダヤ古来の伝承のスピノザ版である。

ユダヤ教の歴史的位置にかんするスピノザの見解は、超越的な力や存在を否定する内在的な形而上学に由来している。ユダヤ民族を形成したのは自然過程だというのはホッブズ的な政治的契約の産物だが、ユダヤ人が死すべき人間ではなく神自身を政治的支配者に選んだところだけが、ホッブズとちがっている。神がユダヤ人を自分の民として選んだのではなくて、ユダヤ人が神――あるいは彼らが神だと考えた何者か――を現世における支配者にしようと決めたのである。この行為によってユダヤ人は本当の意味での(神(theos)が支配者である)神政政治(theocracy)を打ち立て、宗教と国家を根本的に同一だと考えた。神の命令とは政治的支配者の命令なのであり、ユダヤ人の宗教的律法は現実には、ユダヤ人の生活を組織しユダヤ人の独自性を規定している政治制度にほかならない。

離散期のユダヤ人の生活を考える場合、こういう見方には重要な意味がある。ユダヤ教が本質的に国家的制度であれば、ユダヤ王国の崩壊後ユダヤ教は廃止されて、ディアスポラでは何の役割もないことになる。ところが離散したユダヤ人は、離散後も何世紀にもわたって自分たちの宗教を信じつづけた。現実の国家が破壊されると、彼らは(口伝律法を含む)宗教信条のうちに表現される想像上の幻想国家を創り出した。以前には地上の現実の国家を支配していた宗教の律法が、存在しない国家に代わる虚構の代替物になったのだ。この虚構が強力になったため、ユダヤ人は祖国のために命をささげるように、宗教のために命を捨てるほどになった。架空の国家の法律が、離散生活においてユダヤ人が時間や場所を超えて携えていく幻想の祖国となった。

これは（強く反対しながら代案を提示できなかった）スピノザが、ユダヤ人の**国家**の市民たることを許される条件として、ユダヤ教が個人に**宗教的**命令の厳守を求めるという事実について与えた解釈でもある。その結果——スピノザ自身が苛酷な経験をして知ったように——「宗教から離れた者はすべて市民であることをやめ、その理由だけで敵とみなされた」(8)。これをスピノザは、自由思想をいだくユダヤ人を捕らえようとする落とし穴であり罠だと考え、自分はその罠にかかったのだと思っていた。

スピノザがユダヤ人の生活の**内部に**問題の解決をみいだしたかどうかは疑わしい。ユダヤ人にかんする彼の論文は、基本的にヨーロッパ人全体の生活改善の基礎として書かれている。彼の目標は近代国家を実現して、国家を宗教的信仰への忠誠から洗い清めることだった。その理論は自分の個人的運命の説明に（自分を追放したユダヤ人指導者と互角に戦うことにも）役立ったが、理論の主要目的は、**キリスト教的な**ヨーロッパにおける国家と宗教の関係に対する批判の基礎となることだった。議論の核心には「国家宗教」という観念そのものへの批判が潜んでいて、カルビン的な神政国家、教皇の権利、イベリア半島の宗教裁判、宗教戦争に終わった「支配者が国家宗教を決定する（cuius regio eius religio）」という原則が攻撃目標になっていた。

スピノザにとってヨーロッパの神政国家は、古代ユダヤのモデルより悪質である。ユダヤ人の神政国家では宗教**そのもの**が政治的だった——宗教が国家を直接に表現していた。それに対してキリスト教的ヨーロッパでは、宗教が「国家内部の国家」として機能し、国家以上に高い位置に立っている。言い換えればユダヤ王国では、国家のほうに重みがかかっていた——そして、その状況のほうがスピノザは好ましいと考えていた。

(マキアベリと同様に、そしてカントとは異なり) スピノザには、政治制度として機能する宗教を軽蔑すべきものだとは考えなかった。彼はあらゆる歴史的宗教を民衆的「普遍宗教」に還元しようと思っていたが、普遍宗教の内容は正義と連帯 (ないし「人間愛」) という社会的、政治的な美徳だけであった。普遍宗教は救済の条件として知的確信を要求したり、信者に儀式への参加を命令したりすることはない。普遍宗教が命じるのは「神の真実の言葉に従え」、つまり正義をおこない隣人を助けよ、ということだけである。こういう美徳にどういう実践的意味があり、美徳を実際に示すのは何者かという、どうしても生まれる問いに対して、スピノザは、それは世俗的な政治的権威だと答える。普遍宗教という神の言葉の唯一正当な解釈者に選ばれるのは市民政府なのだ(9)。

この結果、スピノザは国家を**すべての**宗教的形態から切り離すわけではない。(ユダヤ教、キリスト教、カルビニズムなどの) **歴史上の**宗教から切り離すだけである。歴史的宗教に代わって、政治的役割を担い国家の世俗的法律に従う理性宗教が登場することになる。

こういう「政治的宗教」にかんする肯定的意見がどのようにしてカントに伝えられたのか、カントはどうしてそれに否定的意味しか認めなかったのか。この問いに答えるためには——これがヘーゲル理解の基礎にもなるわけだが——、もうひとりの有名なユダヤ人モーゼス・メンデルスゾーンの著作のうちに、カントが何をみいだしたか、あるいは何をみいだそうと思ったかをみておく必要がある。

メンデルスゾーン――啓示にもとづく制度としてのユダヤ教

メンデルスゾーンはドイツ啓蒙運動（Aufklärung）の一流の代表者であるとともに、合理的学問とヨーロッパ化を求めるユダヤ人の啓蒙運動（haskala）の主唱者であった。その二つの課題は彼にとっては不可分のものであった。メンデルスゾーンはヨーロッパ文化に傾倒し、祖先の宗教を捨てずにヨーロッパ文化において頭角を現そうと試みたユダヤ人だったが、彼が証明しようと思っていたのは、ユダヤ人にも特殊な啓示でなく普遍宗教にもとづくあらゆる人間に開かれた、高度の宗教的意識がありうるということだった。メンデルスゾーンは事実、ドイツ啓蒙運動が絶頂に達するのに協力して自分の主張の正しさを証明したが、その際彼が活用したのは、ドイツ啓蒙運動のおかげで彼も利用できるようになった思潮であった。ドイツ啓蒙運動は宗教の真理と対立せず、宗教をできるだけ合理化しようとしていた。その点でフランスの啓蒙運動（Lumières）とは違っていた。フランスの理神論者たちが理性の名において宗教を攻撃していたのに対して、ドイツ啓蒙運動の思想家たちは理性を宗教と**和解させる**ために、神の存在、自由意志、霊魂の永遠不滅、世界を支配する道徳的秩序などを、理性の力だけで証明しようとする傾向があった。それと同時に――これがドイツ啓蒙運動の歴史的重要性なのだが――宗教は不合理や迷信、とりわけ――政治への依存のような――極端な地方主義をできるだけ追放すべきだとされていた。神の知識は主として人間の諸能力から成り立っているべきで、どういう人間にも理性の真理を共有する能力があるとされた。

メンデルスゾーンが生き生きとした文体で書いた『パイドン』は、ヨーロッパ中でベストセラーになった。霊魂の永遠不滅を別の形で証明することによって、彼はドイツ啓蒙運動の主要な傾向を示したが、カントはそれを「独断的形而上学」とよんで、その破壊にとりかかった。カントの『純粋理性批判』によって、メンデルスゾーンが代表していた哲学的文化のすべてが時代遅れのものになってしまった。しかし両者は形而上学についての意見は違っていたが、——ユダヤ教の問題に触れないかぎり——宗教的命令と実践的命令の関係についてては、ふたりは同じ意見だった。

メンデルスゾーンは普遍的理性にも父祖の宗教にも正当な場を与えようとしていたが、彼が使った戦略はスピノザゆずりのものであった。ユダヤ教は救済の条件として信仰や所信を求めることはなく、形而上学的ないし神学的な真理を説くものでもなくて、義務と生き方をユダヤ人に命じるだけである、と彼は主張していた。メンデルスゾーンの言葉を使えば、ユダヤ教は啓示にもとづく**宗教**ではなくて、啓示にもとづく**法制**（「制度」）なのである。真理を認識することと宗教的戒律を守ることとは全く別の事柄である。真理の認識は理性的証拠によってあらゆる人間に開かれているのであって、**義務**の問題ではない。しかしユダヤ人において際立っているのは、ユダヤ人の歴史的独自性を決定し、時代を超えて一神教の純粋さを保ってきた一連の特殊な規則や儀式の遵守を命じられ、自由意志によってそれに同意してきたということである。

メンデルスゾーンも、ユダヤ教は政治的宗教であったというスピノザの考えを受け入れていたが、ユダヤ教はディアスポラにおいて変貌したというのがメンデルスゾーンの主張であった。ユダヤ国家が存在しているうちは、国家の権威は宗教の権威と同じであった、しかし神殿の破壊とともに、政治と宗教のユダヤ的統一には終止符が打たれた。信仰は任意なものとなり、古代にもっていた強制力を失って、——啓蒙の時代のキリスト教と同じように——個人の心や内的意志にのみ依存することになった。メンデルスゾーンによると、聖職者が使ってきた破門その他の強制手段を武器に使うのは大いに非難されねばならないが、宗教的戒律は強制力がなくなってもユダヤ人を束縛し、ユダヤ人の——信仰ではなく——生活を規定しつづけるべきである。ユダヤ教は規範であるだけでなく法制なのであり、**どういう**環境**でも**公私にわたってユダヤ人の生活を形作っていかねばならない。現実の国家があるうちは、モーセの律法が政治制度として役割を果たしていた。国家が破壊された後も、少なくとも新しい啓示が起こるまでは、ユダヤ人はトーラー律法を守ることを求められている。トーラー律法は、時間や場所に縛られない超時間的な制度だからである。科学、形而上学、歴史その他の認識にかかわる領域で何を信じていようと、ユダヤ人としての独自性を身につけて民族と宗教の一員となるためには、もちろん権力によって強制すべきものではないがトーラー律法を守るだけで十分なのである。(スピノザが言った原理を、破門された哲学者本人にも当てはめて)メンデルスゾーンは、スピノザも律法を普通に守ることに同意さえしていれば、正当なユダヤ人として認められていただろうとのべている。

このようにユダヤ人の近代的在り方を説いた重要な思想家スピノザとメンデルスゾーンは、ユダヤ教を知性の真理から切り離して、ユダヤ教は政治的でもある純粋に実践的な制度だと主張した。スピノザが歴史的宗教と啓示という原理に対する攻撃の一部としてそう主張したのに対して、メンデルスゾーンがそう主張したのは逆に、父祖の宗教と啓示されたその根拠を**擁護する**ためであった。

メンデルスゾーンの解決は、ドイツ啓蒙運動の主唱者であるとともにユダヤ人啓蒙運動のイデオローグでもあるという、二重の課題を一挙に成し遂げるために考えられたものだった。キリスト教徒の仲間に対してメンデルスゾーンは、理性と啓示をどう関連づけるかという重大問題について、独創的なユダヤ的解決を提示していた。理性と啓示の和解をはかる際に、啓蒙思想家たちは解決不能な問題に陥ったが、それは理性と啓示の両者をある種の**知識**の源泉とみていたからである。理性的な思想家が真理について二重の概念を受け入れるということがありうるだろうか。理性と啓示の関係をいったいどう規定したらいいのだろうか、両者は矛盾するものだろうか。どちらがすぐれているのだろうか。メンデルスゾーンも啓蒙思想家としてこういう悩みを共有していたが、彼はユダヤ教の立場から一つの独創的な解決を提出した。無論彼が仲間の宗教家に言ったのは、啓蒙されたユダヤ人は啓示――すなわちモーセの啓示――の不動の権威を認めなければならないが、それは何らの真理も示すものではなく、生活を律すべき一連の戒律、行動の規則を定めたものにすぎないということだった。ユダヤ人にとって理性と啓示が両立するということは、知識の二つの根源の難しい関係なのではなくて、知性と意志との一致、正確に言えば知識と法制との間の一致なのである。知識にかんして言えば、ユダヤ人は普遍的理性の権威に従うだけであって、ユダヤ人のための特定の特殊な知識があるわけではない。ユダヤ教にはユダヤ人が啓示の力によって、救済の条件として受け入れねばならないような独断的確信は含まれていない。ユダヤ人としての独自性は全面的に、ユダヤ人が与えられて受け入れてきた実践的命令――特に儀式にかんする命令――のうちにある。

メンデルスゾーンの主張にもとづく――啓蒙の立場からすれば、ユダヤ教にはキリスト教にまさる長所がある。科学と宗教、理性と啓示というキリスト教の啓蒙運動を苦しめる矛盾から、ユダヤ教は解放されているからである。ユダヤ人の認識上の確信の多くは理性に由来するものであって、預言者の啓示に由来するものではない。厳密な意味でユダヤ人に啓示されたもの（当時の「啓示宗教」という意味では、歴史的権威にもとづいて受け入れたと考えられるもの）は集団への支配力だけである。

現実に即してこのようにきっぱり分けたうえで、メンデルスゾーンはユダヤ人仲間に一つのメッセージを伝えようとしていた。その分割にもとづいて、こう告げることができるのだ。科学や学識をおそれることはない、ユダヤ教のなかには、「外部にむかう」研究（つまり科学、哲学、その他の世俗的研究）を妨げるものは全く存在しない。身も心もゲットーを離脱して、世俗の学問とキリスト教的ヨーロッパ文化を採用することにしよう。ヨーロッパ文化は理性にもとづいており、理性がユダヤ人の独自性を危険にさらすことはない。ユダヤ教には合理的学問によっておびやかされるような、ユダヤ人だけに啓示された真理などは含まれていないからである。ユダヤ人であるためになすべきことは、「聴従」を誓ってトーラー律法を受け入れた先祖に従うことだけである。それ以外は世俗の学識、科学その他のヨーロッパ文化の成果にふれて、ヨーロッパの慣習や生活文化を身につければいい、——ユダヤ人の政治的権利を主張するとともに保持することもできるのだ！

メンデルスゾーンのやり方には、過度に単純化したところや素朴で甘い点が少なくなかった。最終的にユダヤの賢者の末裔たちが大方キリスト教に改宗したとき、そこには非常に皮肉な転回が起こった。[10] メンデルスゾーンはユダヤ教を近代合理主義の挑戦から救って、ユダヤ教は啓蒙運動が伝統的宗教に与える脅威に左右されないことを示そうとしたが、彼の試みはわざとらしくて、失敗するのは目にみえていた。ユダヤ教を含むすべての宗教が啓蒙運動によって危険にさらされるのは、合理主義には普遍性を強調し独自性を軽視する傾向があるのに対して、——スピノザやメンデルスゾーンの主張とは異なり——**実際には**ユダヤ教にも、他のあらゆる西洋の宗教と同様に一つの世界観と（複数の）通俗的形而上学が含まれているからである。これは偶然ではない。宗教は何よりも無限な驚きや不安に答えようとするものだからである。曖昧な言葉遣いをする哲学者にとっては、宗教からあらゆる形而上学的関心を追い出して、必要に合わせて宗教を仕立て上げるのは容易なことである。[11] しかし生命や人々の心は、そういう不自然な代用品に従うものではない。最後にはそれに反抗するものだ。

メンデルスゾーンは自分のイデオロギーを堅持するためには、自己欺瞞に陥るほかはなかった。現代ではライボウィッツが、同じような考えを宗教**改革**の方法、**あるべき**ユダヤ人の生き方として提案したことがある。このふたりより深い思想家だったスピノザには、自分が経験的事実をのべているのでも十分練り上げた改革案を提示しているのでもないという自覚があった。彼が宗教から知識を排除したのは政治という身近な領域のため——つまり、思想と言論の自由を確保するためであった。しかし真の哲学が可能な領域については、スピノザは（アリストテレスやマイモニデスに従って）正反対の道をとった。人間を解放して永遠にして無限なるものと結びつけるうる唯一の真実の哲学的宗教は、必ず形而上学的真理にもとづいており、知識によって「救済」をもたらすというのである。「真の宗教」と実践的生活が同一だということは低級な宗教形態について言えることにすぎない。低級な宗教形態には歴史的宗教や、歴史的宗教の実質である通俗的な理性宗教も含まれる。こうした修正は高級な哲学的宗教には当てはまらない。高級な哲学的宗教では、正義や連帯心は帰依の成果でなく認識の成果なのである。

　このふたりのユダヤ思想家の間には、もう一つ大きな違いがある。メンデルスゾーンが啓示の権威を認めて、それを理性と和解させようと試みているのに対して、スピノザは理性の権威しか認めず、**哲学者としては**啓示に拒絶反応を示しているが、民衆の政治的問題を解決するためには民衆の啓示信仰を活用している。そして近代でははじめて、哲学に達しない多くの人々のために社会的、政治的な枠組みを作り上げることが正当な哲学的問題であると論じている。

　メンデルスゾーンのおそらく最も重大なもう一つの欠点は、ユダヤ教を特定の制度と考えることとユダヤ人を政治的に解放しようとする努力との矛盾である。解放にはユダヤ人が（それぞれの国でフランス人やドイツ人として、フランスやドイツの直系の市民として、つまりユダヤ人共同体のような中間組織を入れずに）政治的に同化し、ヨーロッパ諸民族と平等な市民となる必要がある。そのためには固有の戒律をもつ独立のユダヤ人共同体は廃止して、ユダヤ人は個人として社会全体に政治的に同化しなければならない。これは形式的矛盾ではない。実践的、歴史的な矛盾であり、ユダヤ人の中世的状況と近代的状況との対立であった。メンデルスゾーン方式で特殊な合法的共同体においてユダヤ人の生き方をつづけるためには、ユダヤ人が独特の共同体のなかに閉じ込められていた中世的なゲットーを近代のなかに持ち込む必要がある。しかしこれは、宗教は任意のものであって、ユダヤ人は近代化して孤立状態を脱してヨーロッパ社会に同化すべきだという、もう一つの原則と矛盾することであった。ユダヤ人の同化は大部分がこういう矛盾の結果であり——その矛盾の解決というよりも、その矛盾に対する反動だった。

ここではメンデルスゾーンの立場そのものを論じるわけにはいかない。彼の立場をここで引き合いに出したのは、若き日のヘーゲルの背景としてにすぎないが、そういう背景として、カントをもう一度通り抜ける必要がある。

カント——非宗教としてのユダヤ教

カントはメンデルスゾーンの『エルサレム』を入念に読んで、両方の友人であるマルクス・ヘルツに向かってそれを賞賛したことがある。カントはスピノザに由来するものも含めて、この書物からいくつかの基本的考えを吸収した。スピノザに従ってカントが言うところでは、(ユダヤ教のみならず)あらゆる宗教は実践的命令にもとづいていて、知識を主張するものではない。知識の唯一正当な源泉は合理的知性であるが、これは最高の形而上学的問題においては無力で、神は存在するか、人間は自由であるか、人間の霊魂は不滅であるか、というような問題を解決できない。だがその短所には見返りがある。というのもその短所のおかげで、(存在そのものが疑われる) 超越的な神の支配から人間は解放され、道徳的価値や強制の唯一の源泉である理性的な人間意志にもとづく、内在的、自律的な道徳が可能になるからである。さらに道徳の自律的命令に従うことは、まさに宗教がかかわっているものでもある。つまり理性の宗教は神という外的な意志からの独立であるだけでなく、真実の宗教を実践するためには、立法者である神という観念を捨てて、自由で普遍的な人間理性の命令だけに従わなければならないのだ。

カントによれば、教会は数多くあり、歴史的宗教も少なくないが、(真実の) 宗教は一つしかない。彼は宗教を定義してすべての「義務を神の命令として」考えることだと言う[12]。この定義はわざと曖昧にされていて、宗教を——理性的宗教と歴史的宗教の——二種類に分けるにも二通りの正反対の読み方が可能である。一方の読み方によれば、「あることが道徳的命令であることを知るためには、それが神の命令であることをまず知っておかねばならない」。これはカントが「法制的」とよんでいる、自由を失った抑圧的、他律的な宗教の原理である。程度はさまざまだが、多種多様な形態のキリスト教を含むすべての歴史的宗教にそういう原理が広がっている。この定義のもう一つの読み方はそれと正反対で、「あることが神の命令であることを知るためには、それが道徳的義務であることをまず知っておかねばならない」というものである。ここでは自律的な道徳が優先され、何が神のものであるかを決定する。あることが自由で自律的な人間理性によって要求されるなら、それは神による命令として経験される、すなわち、伝統的な宗教が神のイメージや神の命令に与えてきた神聖さ、畏敬の念、神性、崇高のような属性をあらわすものとして経験されるはずである。この新しいタイプの宗教では、**神**という名詞に出る幕はないが、**神聖な**という形容詞にはそれなりの役目がある。自由な人間理性によって与えられる道徳法則が、神聖な地位にまで高められる。宗教経験と結びついた精神の高貴な性質や状態を、道徳法則が引き継ぐのである。

言うまでもないが、理性的道徳と真の宗教とを同一視するには、カントの倫理学のあらゆる条件を満たしておかねばならない。特に道徳法則と一**致**しているだけの行為と、法則に対する**尊敬**にもとづく行為との重要な区別が前提となる。後者の行為だけが道徳的である。道徳においては——それゆえ宗教においても——すべては動機の性質によるからである。エゴイズム、打算、利己的幸福も道徳が奨励するものと一致することは珍しくないが、それらは道徳に反するとみられる行為に導くことがある。法則との外面的な一致は適法性の要求は満たすが、本当の道徳の要求に応えるものではない。カントによれば適法性は、自分の幸福の全体を最大にするものがわかっている知性ある悪魔の王国でも通用する。それに対して道徳の精神は内面的な心や意向、そして法則に従う動機の純粋さのうちに宿っているものであって、行動の内容にあるのではない。法則に対する純粋な尊敬——すなわち利害を抜きにした価値そのものの承認——だけが道徳的な動機とみなされる。

言い換えれば道徳的行為は、義務のゆえに義務を果たそうとする意志によってのみ遂行される行為なのである。義務のゆえに道徳的義務を果たし、自律的な道徳的行為者（「目的自体」）として交わる永続的な傾向で人々が統一されるなら、彼らは「倫理的な自然状態」を克服して、内面的で不可視の「倫理的共同体」を作り上げることになる。それが真実の**宗教的な**共同体でもある。（カントの曖昧なメタファーでは、理性宗教の内部に「みえざる教会」を建てるということになっている。）

こういう事情でカントは（宗教を含んでいる）内面的道徳と、合理的な最高の部分さえも道徳観念の外面的模倣にすぎず、道徳的観念の外面的行動や制度の言語への翻訳でしかない政治的、法制的な領域とを区別しなければならない。「適法性」の領域には内面的な道徳的ないし宗教的な価値はない。これがカントがスピノザと（円熟期のヘーゲルとも）対立して、ユダヤ教を軽蔑するのにも一役買うことになった問題である。

先にのべたようにカントも、理性宗教をあらゆる伝統的宗教の隠れた本質であるとみる歴史的な見方をしている。伝統的宗教にはそれぞれ特有の歪んだ形で道徳的本質の種子が含まれている。したがって、宗教に道徳的意識が宿っている程度に応じて、宗教の序列を描くことができる。その基準は、宗教が外面的な命令を多く含んでいればいるほど、――宗教が適法的ないし法制的であればあるほど――歴史的な序列での位置は下がり、それが（外面的命令とは別個の）内面的で普遍的な道徳をあらわしていればいるほど、宗教的にはより高い段階にある、というカントの原則にもとづいている。

カントによる宗教の序列

『単なる理性の限界内の宗教』の短いが重要な一節で、カントは宗教の進化の序列を描いている。一番下にはユダヤ教、その次がカトリックとギリシア正教、次がプロテスタンティズム、その次にプロテスタンティズムに由来する高度の精神的宗教が位置づけられるが、カントはその名はあげていない。こういう法制的なすべての宗教――およびそれらの革命的な克服――から最後に現れるのが、純粋な普遍的理性宗教であって、これがカントの体系のなかで具体化され、哲学的な自覚に達する。

ここでは詳述できないが[13]、読者を驚かせるにちがいない一つの事実がある。カントはユダヤ教をその序列の最下位におくだけではなく、実際には番外としているのだ。ユダヤ教は最低の宗教であるだけではない。それはそもそも宗教というものではなくて、政治的な制度なのだ。スピノザやメンデルスゾーンが政治的制度と宗教的制度との統一と考えたものが、ここでは宗教的な内容も意味も取り去られてしまって単なる政治的な事柄になってしまっている。

カントの言葉には軽蔑の意味がこもっている。彼の言う「宗教」には、精神や人間的価値といった意味合いが込められている。カントは宗教的内容を否定してユダヤ教を政治的法律に還元し、ユダヤ教から精神的価値を奪い去っているが、それだけではない。カントのような歴史的見方をすれば、過去のどの宗教にも含まれていると認められそうな最低限の道徳さえ奪い去っている。カントはユダヤ人も理性的存在である以上、発展した——強烈でもある——道徳的精神を有する個人が現れうるという明白な事実は快く認めているが——彼が考えているのは友人であるメンデルスゾーン、マルクス・ヘルツ、ラザルス・ベンダビッドだが（誰にもユダヤ人の友人はいるものだ）——、それは個人についてにすぎず、ユダヤ人としては彼らには道徳も精神的価値もない政治的制度があるだけだ。(14)

これはカント自身の立場からみても明白な矛盾である。カントの体系のなかでは、根本的対立——および分岐点——が存在するのはユダヤ教とその他の宗教との間ではなくて、ユダヤ教を含む歴史上の（みなある程度は法制的な）**すべての**宗教相互の間に存在するだけである。それゆえカント自身の論理からしても、宗教のなかに**何らかの**法制的要素があることは、道徳的価値は**全くない**という根拠にはならない。カントの進化論的図式がどの宗教にも隠れた道徳的、理性的な核心を認めている以上、そして歴史上のどの宗教もある程度は法制的なものである以上、ユダヤ教が他の宗教より**いっそう**法制的であるという理由だけで、ユダヤ教に道徳的核心を認めない正当な理由はカントにはないことになる。カントは二股かけるわけにはいかない。したがって彼は歴史的方法を諦めて厳密な二元論の立場に戻り、理性宗教にしか道徳的価値を認めず、あらゆる歴史上の宗教は（ルター主義も含めて）非合理的で背徳的だとして斥けるか、それとも歴史的進化というモデルを堅持して、多様な宗教のうちには歪んだ形であっても合理的な内容が存在することを認めるほかはない。カントが選んだのは後者のほうだった、——しかし一つだけあきらかな例外がある。ユダヤ教はこのルールをはみ出していて、道徳意識の初期にも達しておらず、道徳意識の微かな芽生えもなく、完全に圏外に置かれているのだ。

カントの体系にはこの見解を支える合理的根拠がない以上、ここには体系**以前の**偏見が働いていると結論せざるをえない。カントはリベラルな理性主義者であった。彼のユダヤ人に対する礼儀正しい態度は礼儀の感覚と道徳的義務感によるものだろうが、もっと深いレベルで彼は自分の強固な反ユダヤ主義的偏見を克服していないのだ。むしろ彼は時にはその偏見を表に出して、「哲学的」形態に変装させることもあるが、ありのまま吐き出していることさえある。メンデルスゾーンとの関係は特に興味深い話である。(ユダヤ教を政治的なものとみる) 主要な概念的武器を与えてくれたのが、人もあろうに自分と肩を並べる友人のユダヤ人であることを気にもしないで、カントはその武器をほとんど無意識にメンデルスゾーン自身の民族や宗教に向けることができたという印象はまぬがれない。

老年になってはじめてカントの筆が、反ユダヤ主義的発言を遠慮なく書き散らすようになった (内情をよく示すようになった[15]) というわけではない。ラインホールトあての手紙 (一七九四年三月二八日) でこう言っている。「ユダヤ人はいつも他人に迷惑をかけても、重要人物のようにみせかけようとするものだ」。カントが言っているのは、批判的体系の修正を提案したゾロモン・マイモンのことだが、潜在意識ではメンデルスゾーンのことも含んでいるのかもしれない。ラインホールトはメンデルスゾーンの敵だから、カントにはラインホールトに調子を合わせるところがあったかもしれない。しかし十把一絡げの彼の言い方 (「ユダヤ人は**いつも**……」) や、(ユダヤ人同士で「非ユダヤ人」の悪口を言い合うことがあるのは疑いないが、それと全く同じように) 非ユダヤ人同士でユダヤ人の悪口を言い合っているその状況から考えると、カントの深部に潜んでいる感情がよくわかる。偶然だがそれより五年前にカントはマルクス・

ヘルツへの手紙で、マイモンを自分の思想を理解した希有の人物のひとりだと褒め讃えたことがある（一七八九年五月二六日）。

カントがマイモンのうちにみいだしている——他人に迷惑をかけても有名になりたがるといった——「ユダヤ人」の特徴は、彼とメンデルスゾーンの関係をわざと一般化したもののように思われる。メンデルスゾーンの生涯では、ユダヤ人もヨーロッパ文化を身につけ、非ユダヤ人以上に頭角を現すことができるのを証明しようとする努力が際立っている（メンデルスゾーンは——カントの『批判』が現れるまでは——啓蒙運動の最大の代表として活躍していた）。知り合って間もない頃、プロシア・アカデミー主催の論文コンテストでメンデルスゾーンが第一位でカントは第二位だったこともある。高齢になってカントの批判という偉業がメンデルスゾーンの影を完全にぬぐい去った後、もうひとりのユダヤ人［マイモン］が現れて、メンデルスゾーンがかつてやった——カントの独壇場でカントを越えるという——ことをまたもやろうと試み、実に目障りなことに歴然たる才能を発揮してそれをやりとげてしまった（カントも正直にそれは十分認めていた）。そこで苛立った正直なカントは、自分の後援者であるユダヤ人のヘルツにマイモンを褒めるとともに、メンデルスゾーンのライバルであるキリスト教徒のラインホールトには、メンデルスゾーンとマイモンというふたりのユダヤ人を公然と非難したわけである。

ユダヤ民族の安楽死

その四年後、カントはもっとどぎつい言葉を公然と使っている。『実際的見地における人間学』で彼は、ユダヤ人をはっきりと「詐欺師の**民族**」とよび、「われわれの間にいるパレスチナ人」とも言っている——これはアラファト議長なら抗議しそうな呼称だが、カントはそういう呼び方をしながら、ユダヤ人は本当は土着の人間でもないのに、主人公のドイツ人を食い物にしている外国人だという、今日でも極端な外国人嫌いが言いそうなことを言おうとしている。それだけではない。ユダヤ人を自分の主人に対して奸策（Überlistung）も使う非生産的な商人民族だ。たしかにこういう行動は、ユダヤ人が追い込まれた劣悪な状態のせいで起こったものだが、その結果ユダヤ人は名誉も市民の地位も失い、不正行為でその埋め合わせをつけざるをえなかったのだとも書いている。[16] もっとも、公平を欠かないために付け加えて言っておかねばならないが、カントはキリスト教世界に行き渡っていたユダヤ人のイメージを繰り返しているだけである。クリスチャン・ドームでさえユダヤ人の政治的解放を弁護する有名な文書のなかで、ユダヤ人は差別されてきたため詐欺師の民族になるところまで追い込まれたのだと言っていた（次章参照）。

カントには大いに尊敬し、愛していたユダヤ人の友人がいた。メンデルスゾーンとの関係はぎこちなく矛盾したところもあったが、彼とメンデルスゾーンの両方の友人である（マイモンの後援者でもある）マルクス・ヘルツとは、暖かい親密な関係を保っていた。学生だった頃ヘルツはケーニヒスベルクでカントに学び、ベルリンへ移ってからも（彼はそこで有名な医者である知識人となり、妻のドロテア・ヘルツは一流の文学サロンの主催者となった）、有名な師と文通をつづけた。カントもヘルツを信頼して、身体や特に精神状態について個人的なことをうち明けていた（カントはヘルツに消化不良や下痢などについて相談している）。カントの生涯においても人間精神の歴史においても重要な時期――『純粋理性批判』が展開され熟しつつあったが、カントは沈黙して何も発表しなかったあの十一年間――について何かを伝えている唯一の記録は、ベルリンにいる友人で崇拝者であるこのユダヤ人にカントが時々送った手紙である。その手紙にはカントの新しい哲学構想や成し遂げた進捗ぶりが書かれていた。

カントのもうひとりのユダヤ人の友人はラザルス・ベンダビッドで、この人は早くから批判体系に入れ込んでいたが、批判体系についてドイツ語で通俗的な書物を書いた。カントは高齢になって書いた『学部の争い』（一七九八年）のなかでユダヤ人たちに一つの提案をしているが、その案を作ったベンダビッドを（「この民族の優秀な指導者のひとり」だと）勘違いしている。ユダヤ人は公的には「イエスの宗教」を採用して、旧約聖書に加えて新約聖書も研究しなければならない。そして近代道徳や啓蒙運動の精神で聖書を解釈することによって、どちらの宗教も乗り越えるべきである[17]。そのようにしてのみユダヤ人は市民権を獲得することができ、それと同時に歴史的宗教を克服して理性宗教に移ることもできるというわけである。カントはこの移動を「ユダヤ民族の安楽死」とよんでいた――これはまた気になる呼び方だ。カントはこの言葉が後に呼び起こす共鳴を知るよしもなかったし、彼の言葉は大きな誤解も招いたが、この言葉には、カントが歴史的なユダヤ教に対して感じていた、嫌悪とは言わないまでも、冷ややかな距離がいかんなく示されている。

しかしユダヤ教は結局、カントにとっては比較的マージナルな問題であった。それは彼の哲学にとって中心的ではなかったし、彼の感情生活においてもたいして重要ではなかった。次の世紀のドイツの二大哲学者であるヘーゲルやニーチェの場合は事情がちがっていた。両者のどちらにとってもユダヤ教は――ふたりがそれぞれにキリスト教の再解釈または批判に熱中していたためでもあるが、――一見して思われる以上にはるかに切実な重大問題であった。両者には、カントで出会ったものよりはるかに複雑で難解な――曖昧で時には理解しくい――ユダヤ教に対する関係がみいだされる。

第2章　若きヘーゲルとユダヤ教の精神

ユダヤ教という謎

「ユダヤ教はヘーゲルを引きつけるとともに、彼に不快な思いをさせる深い謎だった」と言ったのは、早い時期にヘーゲルの伝記を書いたカール・ローゼンクランツである。ヘーゲルはその謎と「生涯取り組んでいた」[(1)]。ヘーゲルはキリスト教的ではあるが全く異端の思想家であった。彼はルター派のキリスト教を世界精神の絶頂に据えたが、しかし哲学者としてはそれを弁証法的に否定した[(2)]。宗教はイメージにもとづいている。そのため宗教は哲学には及ばず、理性的な概念によって哲学にまで高められねばならない。若い頃のヘーゲルは、ユダヤ教は宗教における否定されるべきもの、つまり宗教の否定的側面しかあらわしていないと考えていた。円熟期になると彼は考えを改めて、宗教と人間精神の歴史における重要な積極的役割をユダヤ教に与えたが、その役割はとっくに終わって歴史の流れに取り残されているものだった。そう考えたときにもヘーゲルは、ユダヤ教には若い頃自分がみいだしたのと同じ欠陥があると考えていた。これは矛盾したことかと言うと、必ずしもそうではない。弁証法的な思想家は、どういう肯定的な現象でも欠陥や矛盾を強調するように思われる。しかし注目すべきことに、円熟期のヘーゲルがユダヤ教にみいだした**特殊な**欠陥というのは、啓蒙思想やエピクロス以来の宗教批判が宗教的現象一**般**にみいだしたものと同じ欠陥だったのだ。このことに示されているのは、意識的かどうかは別にして、円熟したヘーゲルがユダヤ教に否定的な役割を割り当て、ユダヤ教を**すべての**宗教の欠陥に対する理論的スケープゴートにするようになったということであり、またニーチェと違ってヘーゲルが、若い頃の反ユダヤ主義的な偏見を完全には克服できなかったということである。

宗教と哲学

ユダヤ教は、ヘーゲルがいつも取り組んでいた哲学と宗教との関係という広範な問題を突きつけるものであった。ヘーゲルが哲学者としての経歴のスタートを切ったのは宗教に対する鋭い批評家としてだったが、後に体系を練り上げるときには、歴史的宗教と哲学的真理とを異端的な形で和解させている。ヘーゲルはチュービンゲンの神学校で教育を受けたが、その当時(神学校でも)よくあったように、自由や理性についての新しい思想や、宗教批判を含む啓蒙運動のとりこになった。(後年有名になった者を含む)友人たちとともに、ライン河対岸の出来事を熱狂的に見守っていた。そこではフランス革命が起こっていた。フランスは彼らにとっては、新しい時代の到来を告げる動乱の劇場だった。そしてドイツの政治的背景をみながら、ドイツに啓蒙運動の精神が普及する基礎を築いた者としてヘーゲルが考えていたのは、主に三人のことであった。

まず最初の重要な人物は、スピノザの汎神論に近い自由な合理的神学を書いた有名な人文学者レッシングである。レッシングの評判になった戯曲『賢者ナータン』は、寛容と人類の普遍性の思想を生き生きと文学的に表現していた。『賢者ナータン』から大きな影響を受けた若いヘーゲルは、この作品を他のどれよりも多く引用した。第二の人物は非凡なユダヤ人でベルリン啓蒙運動の代表者だったモーゼス・メンデルスゾーンだったが、レッシングが『賢者ナータン』のモデルにしたのがこのメンデルスゾーンである。若いヘーゲルが特に感激したのは、メンデルスゾーンの宗教にかんする『エルサレム』だったが、これから引くときには、ヘーゲルはかなり選んで引用している。メンデルスゾーンが宗教上の寛容を擁護している第一部は採用しているが、宗教的教義から解放されたユダヤ教はキリスト教以上に啓蒙運動にふさわしいとする第二部は斥けている。ヘーゲルはメンデルスゾーンの思想をカントと同様に、いや(カントが七十歳を越えていたのに対してヘーゲルが当時まだ二十五歳だったからだろうが)カント以上に攻撃的で熱烈なユダヤ教**批判**の拠点にした(以下参照)。

まだ生きていて最も影響を与えた第三の人物は、言うまでもなく老カントであった。カントの『単なる理性の限界内の宗教』は、若いヘーゲルが哲学論文を書きはじめる二年前に現れていた。ヘーゲルはこの『宗教』をカントの重要な代表作『純粋理性批判』より前に読んでいたように思われる。すでにのべたようにカントは、理性と内的意志にもとづく普遍的な道徳宗教を推奨していた。カントの理性宗教は彼の言う道徳と同じだが、道徳教育の世界史的構想にまで拡大されたものだった。それは(啓示を含む)外的な権威、教会の権力構造、宗教的祭儀の非合理的な歴史的形態、そしてカントがユダヤ教の遺物とみなした厳格な律法主義を斥けるものであった。若いヘーゲルはこうした啓蒙思想から大きな影響を受けていたが、イエスは啓蒙運動の文化的英雄であり、古代におけるカント的道徳の先駆者でもあったが、その使信はキリスト教のその後の歴史によって歪んだ語りで伝えられてきたと考えていた。

しかし若いヘーゲルの反宗教的過激主義には、カント的な意味合いが含まれているといっても誤解してはならない。実際にはふたりには根本的な違いがあったからである。円熟してからもカントには、宗教的気質ないし宗教への親近性が欠けていた。彼は歴史的宗教に反対して、人道的道徳の要求に役立つのは理性宗教であると考えていた。それに対してヘーゲルは、カントから出発したにもかかわらず、キリスト教を攻撃するときでも、弁証法的で非正統派的だったが、紛れもなく宗教的な傾向を示していた。宗教はヘーゲルの精神世界にとって不可欠のものであり、形而上学的真理の基礎なのであった。しかしそれは伝統的に存在する宗教ではなく、批判や改革や止揚の対象としての宗教についてのことである。宗教が指し示している深い真理を解明するためには、宗教を超えねばならない――すなわち、ある意味では宗教を**棄て**て、宗教が求めるものとは全く違う何事かをしなければならない。しかしその何事かとは何か。どこでまたいかにして宗教は乗り越えられるべきなのだろうか。

若いヘーゲルはその答えをカント的宗教批判のうちに求めていた。それは宗教の歴史的外形は廃止して内部の道徳的核心だけを維持しようとするものであった。円熟期のヘーゲルは反対に、歴史的宗教そのもののなかにその答えを求めていた。歴史的宗教が理性を発展させ、精神が絶対的精神になることを支える唯一の基礎なのであった。この二つの答えには大きな違いがあるが、共通の目標によってつながれている。共通していたのは、宗教の本質的内容を引き出して哲学的理性と調和させ、宗教を解釈し直して向上させる手段として哲学の概念を解釈学的に使うという目標である。

円熟期のヘーゲルは、宗教の歴史的基礎を破壊して想像や神話や民衆の日常経験とのつながりを取り払わないかぎり、その目標は達成できないと考えた。しかし彼の初期の考えはもっとはるかに一面的であった。「一切の限界を超えた純粋理性が神そのものである」――若いヘーゲルは初期断片の一つでこう言いきっていた。(3) 神性を帯びた理性は、伝統が神聖化してきた価値や制度をすべて否定する。他律的命令に従えとか、合理的正当性のない「歴史的」（物語的）真理を信じよというような、宗教の命令を理性は拒否する。かつては道徳的内容があったものの、はるか昔に無意味な外面的慣習になってしまった多くの祭式や儀式も理性は否定する。それゆえ最初のうちは、ヘーゲルの哲学的構想にはカント的な意図が含まれることになる。真の宗教的精神は合理的な道徳的自律の精神にほかならないが、それをあきらかにするためには、宗教の「実定的な（positive）」外形は否定されなければならない。これは哲学の主要課題を説明したものである。哲学的に考えるには、まず宗教を論じる必要がある。宗教の外形を批判して宗教の本質をあきらかにしなければならない。ヘーゲルの初期論文ではいつもキリスト教とともにユダヤ教が論じられるが、その理由は以上のことからあきらかである。

ユダヤ教の「不思議な謎」

ヘーゲルはキリスト教的な見方を世俗化したが、それを捨てはしなかった。キリスト教的な見方によると、ユダヤ教がキリスト教に変化したことは救済史における重要な出来事の一つである。その変化が起きたのは、救世主が歴史の舞台に現れ自分の民によって拒まれた瞬間のことだった。そのときユダヤ人は聖なる使命を棄ててしまうが、その使命を吸収する際にキリスト教は欠陥を克服して、普遍的なレベルに高めたのである。

ヘーゲルはこのキリスト教の比喩の構造を内面的なものにする。彼はその構造を、あるものが否定されるが抹殺されるのではなくて、むしろその本質的内容は保存されてより高いレベルの表現に高められる止揚（Aufhebung）という概念のモデルにした。円熟期のヘーゲルにとっては、これが現実や歴史の基本構造である。どういう文化的形態でも、世界精神に対して現実に何らかの貢献をした後止揚されて（aufgehoben）、歴史の場面から姿を消す。しかしユダヤ人は存在理由が消えた後も長い間生きつづけて

――ヘーゲルの意味では真の歴史を失った後も、消滅した本質の死骸として存在しつづけている。しかしこの「止揚」の最初の実例になったにもかかわらず、ユダヤ教がその運命を免れる(そのモデル通りにならない)ということが、どうして起こりえたのだろうか。

ユダヤ人はキリスト教の真理を証言するために生き延びているのだ――これが古典的なキリスト教の答えだったが、これはヘーゲルにはあまりにも神話的だった。歴史そのものが人々と論争するはずはなく、証拠を提示して人々を納得させることもない。歴史が多種多様な文化的形態を正当化あるいは反駁するとすれば、それは歴史の進路そのものによってである。歴史的必然は、人類進化を支配する内的な合理的必然性の――逸脱も少なくないが――外的表現なのである。ヘーゲルの『精神現象学』の序文によると、新しい歴史的要求または生活形態の到来には内的、理性的な必然性がある。文化や帝国や人間共同体が衰退したことも、使命を終えて歴史の新しい段階に吸収されたことを示している。

重要な歴史事象のうちでユダヤ教だけが、このルールに違反しているようにみえる。――事実、あまりにも目立つので単に「偶然」とか「遺物」として片づけるわけにはいかないのだ(4)。ローゼンクランツの言葉を借りれば、ユダヤ教はヘーゲルにとって「謎」でありつづけた。どういう重要な観点からみても、ユダヤ教は時代遅れになってしまっているにもかかわらず、迫害されて変質した――しかし頑固で粘り強く、それゆえ強力な――古代の遺物として、紛れもなくキリスト教の時代である中世を生き延びて近代世界に入り、そこで権利を主張しているようにみえる。ヘーゲルはその権利を認めるのにやぶさかではなかったが、近代世界におけるユダヤ人を**ユダヤ人として**どう扱ったらいいかわからず、ユダヤ人が生き延びてきたことを自分の体系の用語で説明できなかった。

ヘーゲルには、最も熟した最後の時代である新しい時代がはじまっているようにみえた。人間精神はついにその本質的可能性を現実化することになるだろう。ヘーゲルの生涯の時期に応じて、こうした近代世界のビジョンは異なっている。青年時代には近代を啓蒙運動やフランス革命という眼鏡をとおして眺めていた。その後『精神現象学』では彼の近代観は弁証法的なものになったが、王政復古に大打撃を受けるまでは非常に楽観的だった。その打撃を受けてからでも、彼の基本的オプティミズムは控えめなものになったが消え失せることはなかった。もっとも彼は地平を拡大して、自由主義と反動の闘争を弁証法的過程につきものの必然的後退のしるしとして理解するようになった。ユダヤ人にかんしては、彼らが近代まで生き延びてきた以上、ユダヤ人にも場を認めていたが、（メンデルスゾーンが求めたように）ユダヤ人としてではなく個人または人間「一般」として認めていたにすぎない。その点でヘーゲルは典型的な啓蒙思想の立場に戻っていた(5)。

初期の歴史的方法

だが他の問題では若いヘーゲルは啓蒙思想を超えて、後年の立場を表明しはじめていた。いくつか実例をあげてみよう。

第一に、宗教の本質は形式的な定義や単なる分析的カテゴリーでは理解できない。精神的本質は、精神の昔の形態にみられる根源の顕現や示現をとおして捉えられねばならない。したがって宗教の本質の理解には、宗教の根源をあきらかにするための起源と歴史の解明が必要である。

第二に、根源の顕現を捉える鍵として、若いヘーゲルはすでに「民族精神」という概念を使いはじめていた（この点ではヘルダーの影響を受けている(6)）。歴史的方法は人間精神を直接に、あるいは「全般的に」調べるのではなくて、特定の文化的、民族的状況における顕現をとおして調べる。

若いヘーゲルが探し求めていた理性概念は――感情や想像力のような――他の精神能力と対立するのでなくそれらと両立し、そして人間の全体を表現するような理性の概念であった。この点でヘーゲルは、人間諸能力の間の実り豊かなバランスを求めたゲーテ、特にシラーの影響を受けている。ヘーゲルの初期のカント主義も雰囲気や気質がカントと異なっていた。カントは情緒や感情を道徳から追放した。カントでは宗教も道徳にもとづくわけだが、宗教の基礎は、人を行為させるのに心情の暖かみを必要としない冷静で、自足的な合理性だと考えられていた。それに対してヘーゲルは、感情や愛情に培われた暖かみのある道徳を求めていた。カントの「意図の純粋さ」は宗教からあらゆる感情やパトスを追放してしまっていたが、若いヘーゲルの「**心情**の純粋さ」は感情や愛情を必要とし、宗教から追放したのは外面的な儀式や権威だけだった。こういうことが背景になって、カントによってユダヤ教のうちに認められた精神なき律法主義は、ヘーゲルにはいよいよ不当なものだと思われた。

だがヘーゲルの関心を引いたのは、ユダヤ教ではなくてキリスト教であった。彼にとってはキリスト教がヨーロッパ世界全体を覆う文化なのであり、キリスト教の多種多様な変容が、古代異教の衰退後におけるヨーロッパ精神の歴史にほかならない。そこで当時ヨーロッパ文化の批判者であり改革者だと自認していたヘーゲルは、キリスト教の根源と運命の綿密な研究に取りかかった。そういう事情で彼はキリスト教を把握し改革する手掛かりとして（最初は否定的な手掛かりとして）、キリスト教の根源の一つであるユダヤ教に何度も立ち返ることになった。

『キリスト教の実定性』

ヘーゲルはキリスト教における「実定的」要素を徹底的に研究する。それは「自然的」要素とは対立する要素である。当時の言葉遣いでは「実定的（positive）」とは、宗教に含まれている理性に由来するのではなく、外的権威に由来する（あるいは外的権威によって「定められた（posited）」）もののことである。宗教に結びついているすべての歴史的、非本質的な事実や物語がそうである。すなわち神話、祭祀、儀式、奇跡、特殊な啓示の信仰、「制度的」（とカントが言った）戒律——さらには正統神学、不寛容、教会の権力構造、聖職者の政治介入もそれに含まれる。そうした「実定的」なファクターがカトリシズムを支配してきただけでない。そういうファクターの追放に失敗したプロテスタンティズム世界の宗教生活も、そうしたものによって支配されてきたのだ。哲学的反省によってその事実を理解し、今こそ本当に克服できるようにその根源を解明しなければならないというわけである。

こうしてヘーゲルはユダヤ教に目を向けることになった。初期の原稿の一つに一七七四年に（二十三、四歳で）公表を意図しないで書かれた断片がある。そのなかでヘーゲルはこう言っている。「ユダヤ人がねじまげたこと、そして彼らのエホバについての——エホバの怒り、排他主義、異民族への憎悪、不寛容といった——背徳的な観念が、不幸にもキリスト教の理論と実践に引き継がれたことは否定できない」。[7]この引用がその後の論文の傾向をはっきり示している。その後の論文の最初は『キリスト教の実定性』だが、これはヘーゲルがベルリンで家庭教師をしていた頃、二十五歳で書いたものである。ユダヤ教は単なる法令的宗教だとするカントによる攻撃から影響を受けているが、[8]ヘーゲルはその典型的な箇所で次のようにのべている。

日常生活のすべての行動に杓子定規に規則を課す法令のために、民族全体が君主制社会のようになって、［イエス当時のユダヤ人の精神は］その法令の重みに圧倒されていた。そういう体制のもとで、聖なる神への奉仕も美徳も死文のなかに詰め込まれ、ユダヤ人の精神は外国勢力への国家の従属に深く傷つき悲哀に沈んでいた。外部から押しつけられた法律への隷属状態にあって、彼らには誇り以外何一つとして残されていなかった。(9)

当然ヘーゲルは次のようにつづけている。「こうした悲惨な状況にあっても、彼ら独特の感情を諦めて棄て去り、屈服して生命のない機械になることのできない、勇気と頭脳をもったユダヤ人がいたに違いない」。そういう者たちは「けちくさく機械的で些末な精神なき慣習にひたすら没頭して」生活を過ごすことを拒絶した。彼らは「独立したタイプの美徳」や「自己意識を失った生存より自由な活動」が必要だと感じていた。そういう人々のなかから登場してきたのがイエスであった。彼は実に奇跡的なことだったが(宗教は奇跡という土台の上に築かれるものではないのか?)、「時代と人々を冒していた伝染病に罹っていない」革命家だった。(10)

こういう言葉から伝わってくるのは実に厳しい判断である。すなわち、たとえ不当な形態であっても、ユダヤ人はすぐれた新しい宗教的観念を作り出したことがない。彼らにみられるものは、そもそもの最初から否定的な側面ばかりだ。キリスト教の精神的内容には何一つ貢献していない。ユダヤ人に責任があるとすれば、それはキリスト教の「実定性」についてである。つまりキリスト教のなかにある不合理で権威主義的な要素は彼らの責任なのだ。イエスの精神的メッセージは、ユダヤ教から生まれたのではない。ユダヤ教に対する反動として生まれたのである。

だがイエスは、超越的権威の名において上のほうからメッセージを伝えたために、自分が広めようとしていた原理をそこなってしまう結果になった。イエスのメッセージは精神的で真実で、「実定性」とは正反対のものだったが、彼は預言者としての権威を使って聴衆に押しつけることによって、メッセージに実定的な形態を与えてしまった。その点ではイエスは、民族宗教や時代精神からマイナスの影響を受けていた。

他の問題の場合と同じように、ヘーゲルはここでも『賢者ナータン』を頼りにしている。第二幕でサルタンのサラディーンが妹のシターと話をしている。シターがキリスト教徒について言うことはレッシングの言いたかったことだが、外部からキリスト教をみている者の口を借りたほうがいいと彼は考えたわけである。

シター　お兄さまはキリスト教徒をご存じないし、知ろうともなさらない。
あの人たちの誇りはキリスト教徒であることであって、人間であるということではありません。教祖が迷信に味付けをした人間らしさも、あの人たちがそれを大事にしているのは、それが人間的であるからではなくて、キリストがそう教えたからです。キリストがそれを大事にしたからです。――
キリストがあんなに善い方であってあの人たちは幸いなるかなですわ（Wohl ihnen）!
忠誠と信仰によってキリストの美徳を受け入れることができて幸いなるかなですわ!――で

も美徳が何でしょう。至る所に広めねばならないのは美徳ではありません。名なのです。その名がすべての善良な人々の名前をおとしめ、呑み尽くしてしまわねばならないのです。あの人たちが大事にしているのは名なのです。名だけなのです。

シターのはじめの言葉を若いヘーゲルは賛意をもって引用している。彼は以前の断片では、真実の哲学者ソクラテスと比較して、イエスに否定的な評価をくだしていた。ソクラテスは山頂から説教したことはない。彼は権威の座から(ex cathedra)話したこともなければ、自分の言葉を広めるために十二人の弟子を動員したこともない。彼には多様な弟子たちのグループがあっただけだ。あるいはむしろ彼には、弟子というものがいなかったのだ。なぜならイエスと違って、ソクラテスは上のほうから真理を教えることはなかったからである。彼は人々が自分のなかにもっていたもの、つまり人々のすぐれた関心を思い起こさせたのだ。だからソクラテスの聴衆はみな以前のままだった。ヘーゲルは皮肉たっぷりにこうつづけている。「ソクラテスは弟子たちのなかに生きてはいなかった。彼は枝が根から吸い取るように、弟子たちが命のエキスを吸い取る根ではなかった[11]」。ヘーゲルがほのめかしているのは、疑いもなく聖体(hostia)のことである。――イエスの「からだ」を食べる聖餐式を、ヘーゲルはイエスの言葉に権威が与えられる根拠だと考えている。

その批判が『キリスト教の実定性』では大胆かつ独創的な見解に発展している。キリスト教が堕落しているとすれば、それはキリスト教そのものの開祖のせいなのだ。キリスト教を改革しようとする者はふつうイエスを賞賛し、イエスのメッセージを歪めたと言って弟子たちを責める。若いヘーゲルが責めるのはイエスそのものである。自分の合理的なメッセージに内容に反する権威主義的形態を与えて、キリスト教の「実定性」の種を播いたのはキリスト教の開祖自身なのだ。

ここのところで若いヘーゲルは、その後の著作の特徴となる弁証法に似た構造を示している。――すなわち、内容と形式の対立、本質とその実現形態の対立である。ここにみられるのはイエスの意図とその結果との皮肉な対立である。そうした意図と効果との不一致に、円熟期のヘーゲルが歴史の構造のなかにみたものの特徴がよく示されている。

「ユダヤがチュートン人の祖国なのか」

別の箇所でヘーゲルは、ロマン主義以前の詩人クロップシュトック（および一部はヘルダー）から借りた一つの考えをやさしく言い換えている。どういう民族においても、文化の祖国は民族固有の空想世界である。民族の創造的空想の産物であるその祖国には、英雄や天使や悪魔や聖者が住んでいる。彼らは民族の伝統のうちに生きつづけ、子供たちのおとぎ話や民衆の生活文化をとおして民族を育てていく。そういう空想の世界は、民族固有の現実や歴史的風土から生まれるものである。異教時代のドイツ人にも、ゴール人やスカンジナビア人と同じように、自分たち固有の神話的英雄がいたし――彼らにもワルハラ［北欧神話のオーディン神殿］があった。しかしながらとヘーゲルは言う。

> キリスト教がワルハラを空っぽにし、聖なる森を切り払って、民族の空想の産物を恥ずかしい迷信とか悪魔的な毒物だと一掃して、その代わりに風土も法律も文化も関心も未知で、その歴史がわれわれの歴史とは全くつながりのない民族の空想の産物を与えた。ダビデとかソロモンは民衆の空想のなかに生きているが、わが国固有の英雄たちは学術的な歴史書のなかで眠り込んでいる。そういう歴史

書を書いた学者たちにとってはアレクサンドロスやカエサルが、シャルルマーニュやフレデリック・バルバロッサの物語と同じように面白いのだ。[12]

その結果、ドイツ人には「自分たちの土地に育ち、自分たちの歴史と結びついた」宗教的空想の産物がない。[13]このためヘーゲルは「それではユダヤがチュートン人の祖国なのか」と皮肉な問いを発する。これはクロップシュトックの「それではアカイアがチュートン人の祖国なのか[14]」という問いのもじりである。クロップシュトックはドイツのオリンポスがギリシアの神々に占められていることに不満を示したのだが、ヘーゲルはその不満を、アカイアの牧草地から古代ユダヤの丘陵へ移している。

表面的な読み方をすると、ドイツ人から精神的祖国や創造的空想の産物を盗んだと言って、ヘーゲルはユダヤ人を非難していると言いたくなるかもしれない。しかしその種の非難は現代の反ユダヤ主義者の口から出たものだ。ユダヤ人はわれわれの力を奪い去る、ユダヤ人はわれわらの魂を腐らせてしまう等々、挙げ句の果ては、ナチスの「ユダヤ人はわれわれの疫病神だ」というスローガンがそれだ。注意深く読めば、チュートン人から空想の世界を盗んだのは、ユダヤ人ではなくキリスト教であるのはあきらかである。キリスト教がワルハラから神々を抜き去って、異文化の英雄を注ぎ込んだのだ。キリスト教徒はユダヤ人に対しても同じことをやった——ダビデやソロモンという偉大な王を取り上げて、ヨーロッパの地に移植した。その点では若いヘーゲルやクロップシュトックに劣らず、ユダヤ人のほうが強奪された被害者だと思っているかもしれない。いずれの場合も略奪をおこなったのは、「真のイスラエル」を宣言してユダヤ人の聖書を借用し、それをチュートン人に与えたキリスト教であった。

さらにヘーゲルは不満をのべている。アレクサンドロスやユリウス・カエサルも、シャルルマーニュやフレデリック・バルバロッサを追放したのだ。だからギリシア・ローマの英雄とユダヤの英雄の間に基本的な違いはない。チュートン人にとっては、すべて外国の神話的世界のことにすぎないのだ。

ここでも表面的な読み方をすると、ヘーゲルがドイツ神話のロマン主義的復活を求める初期のワグナー主義者であると思われるかもしれない。しかしそうではない。ヘーゲルはワグナーとは**反対に**、状況は取り返せるものではないと主張しているのである。「[チュートン人の]神話の残りを洗練して、一般民衆の想像力や感覚を磨き上げることは全く不可能になってしまった(15)」。(ヘーゲルが今では忘れられている数人の著作家をあげてのべている) こういう方向での試みには、神話的な揺籃時代を取り戻しようもなくなっている民衆の意識に影響を与える可能性はない(16)。

ロマン主義者から吹き込まれたところがいくらかあるとしても、ヘーゲルは重要な点ではあきらかにロマン主義者と対立している。歴史を逆行しようとする試みが成功するはずがない。この認識にはヘーゲルの円熟期の体系の先取りがみられる。失われた時代への郷愁は**前進する**ための拍車、後に熟して古い本質を高いレベルで表現し、新しいものを生み出すための拍車として役立つのでなければならない。円熟期のヘーゲルも民族の創造的な構想力や神話や精神を評価しつづけたが、それは郷愁の焦点としてではなく、新しい合理的社会を育て社会の活力を保つ力としてであった。知性は民衆の想像を打ち破り原始的直観を殺して、生に裂け目を作り、別の生命力に仕える。それゆえ知性による理解は不安や苦悩を引き起こす。しかしその苦悩が進歩の条件なのだ。精神に達して文明を創造しようとすれば、知性の道を歩むほかはない。知性は切断し裂け目を作る。だがそれと同時に知性は、人間の認識や経験や生活に正しい形を作り出す。過去の失われた統一への憧れは、精神が根源的統一の回復をはかる——民衆の想像や直観の世界ではなく合理的思考の領域にある——第三段階へ人間を駆り立てるにちがいない。裂け目を作り出したのと同じ力——合理的反省——が、発展した高度の統一を回復する手段を提供するはずである。これが近代のプロジェクトなのである（そして「理性」を単なる「悟性」から区別するものでもある）。

若いヘーゲルはまだこの理論を十分に獲得していない。しかしドイツの民族精神を吸収する際に、彼が多くの大きな修正を加えていることはもうあきらかである。その強烈な感情は共有したが、ヘーゲルのとった方向はちがっていた。

反ユダヤ主義的スタイル

『キリスト教の実定性』におけるヘーゲルの反ユダヤ主義的な言葉はどぎついものだが、それを議論の筋道に乗せる場合には、それがその当時の普通の調子だったことを忘れてはならない。ユダヤ人は軽蔑した言い方をされるのが普通だったのだ。啓蒙運動のなかにも、ある特殊な反ユダヤ主義的風潮が生まれていた（ボルテール、ライマールス、ドルバックその他）。ユダヤ人は最も親しい友人たちからさえ否定的な言い方をされていた。当時の親ユダヤ派の人々は（後のシオニストと同じように）、頽廃状態を変革してユダヤ人を「治療」しようと考えていたが、ユダヤ人が頽廃していることは否定していなかった。傑出したユダヤ人擁護者だったグレゴワール神父は、ユダヤ人は道徳的にも肉体的にも頽廃しているとのべている。(17) レッシングが擁護したのはユダヤ教そのものではなくて、ユダヤ教を**克服して**「例外なく人間的な」魂の気高さを示すユダヤ人の能力であった。『賢者ナータン』の聖堂騎士は個人としてのナータンには賛辞を惜しまないが、ナータンの民族に対して示した嫌悪感を引っ込めようとはしない。もうひとりの有名な親ユダヤ派のクリスチャン・ウィルヘルム・ドームはメンデルスゾーンの友人だったが、ユダヤ人の解放を求める書物のなかでこう言っている。

ユダヤ人が他の民族より道徳的に堕落していること、それに応じて彼らがキリスト教徒よりも犯罪者が多いこと、彼らの性格が一般的に商売上では高利貸しや詐欺師に向いていること、そして彼らの宗教的偏見が反社会的で排他的であること、こういうことは認めてもいい。しかし付け加えておかないわけにはいかない。これは……彼らが生きてきた抑圧の状況から必然的かつ当然に生まれた結果なのだ。[18]

これがユダヤ人擁護者の書き方だったとすれば、それ以外の人々からユダヤ人がどういう言われ方をしていたか察しがつくだろう。ここから（後でニーチェの場合にみるような）特殊な戦略が生まれた。ユダヤ教は堕落していると考えられていたから、その他の文化事象は――キリスト教そのものさえ――部分的にユダヤ教と同じものだと言って攻撃を加えることができた。ユダヤ人を攻撃すればするほど、本当のターゲットを攻撃できたわけである。ヘーゲルがこういう戦略を編み出したのではないけれども、彼のその戦略の使い方は激烈だった。

若いヘーゲルはキリスト教も容赦しなかった。初期の文章にはイエスをその権威主義のために非難している箇所があるのはみたとおりだが、聖体の聖餐式、あのイエスの血と肉を食べる行為もあざけっている。普遍的人類愛の祝祭であるべきこの慣習で、「人類愛を示すゴブレットから、前に飲んだ人の性病がうつりはしないかと心配している人が多い[19]」。ヘーゲルはキリスト教徒がその祝祭をおこなう「喪の精神」を特に激しく非難している。ギリシア人が喜びをもって祝賀したのに対して、キリスト教は苦しみを洗練して、怒れる霊に苛まれているのだ。ギリシア人にとって「不幸は不幸であり、苦痛は苦痛であった」。ところがキリスト教は「苦しむ人類のために……不幸のうちには慰めがある理由を山と積み上げて……その挙げ句の果てに、われわれは毎週一回父や母を失えないことを残念がっている有様だ[20]」。

議論の流れにそって読めば、ヘーゲルの『キリスト教の実定性』のスタイルは、少し後に彼の筆からほとばしり出る反ユダヤ主義的な毒舌にはなっていない。毒舌が現れるのは『キリスト教の精神と運命』であって、これはヘーゲルがユダヤ人を批判した文書のなかでも、最も罵倒に満ちたものである。

『キリスト教の精神と運命』

ヘーゲルは何度も都市を移り住んでいる。生まれたのはシュトゥットガルトだが、チュービンゲンの神学校で学び、友人である詩人ヘルダリーンがフランクフルトにもっとましな仕事をみつけてくれるまでは、ベルンで家庭教師をしていた。ヘーゲルがはじめて大学に職を得たのはイェーナで、そこで『精神現象学』を書いた。それからギムナジウムの校長としてニュルンベルクに赴いた。そしてハイデルベルク大学にしばらくいた後、最後はベルリンの教授に任命され、死ぬまでそこにとどまった。ヘーゲルの研究者、特に編纂者たちは彼の著作を住んだ都市に応じて分ける傾向があるが、これは伝記と地理を混同する不自然なやり方だ。実際にヘーゲルの生涯で最大の思想的変化が起こったのは、彼がある場所（イェーナ）に移ったときのことである。変わったのは住所だけではなかった。彼の種々の見解にも変化が生じている。そこで便宜上「ベルン」とか「ニュルンベルク」といった呼び方をすることがあるけれども、その意味は主題よりも年代にかんするものであることを忘れてはならない。

一七九七年になると若いヘーゲルはベルンからフランクフルトに移ったが、そこで書いたのが『キリスト教の精神と運命』である[21]。ヘーゲルの関心は「宗教と愛[22]」の問題に向けられ、その結果、カントから離れてイエスと和解しはじめた——ただし、それはその方向へ向かうスタートを切っただけのことだった。カントは愛は命令できない以上、義務と愛は一つの概念に統一することはできないと論じていた。ところがイエスはそういう馬鹿なことは言わず、「何よりも神を愛し、自分自身を愛するように隣人を愛せよ」と一言で言ってのけている。愛の宗教は道徳的に生きることを可能にするとともに、人間の生命活動と人間の義務をカントのように引き裂くのでなく、一つの豊かな感情を保持することを可能にしている。カントは自然的欲求や人間的欲望をすべて道徳から追放してしまったが、イエスの愛の宗教は人間的欲望を最高に気高い形で表現し、人間と神との統一、人間の感情、人間の世界を回復することができる。

それゆえヘーゲルはフランクフルトでは、ベルンにいた頃にはあざけっていた山上の垂訓を褒め讃えることになる。愛の宗教の基本的記録である山上の垂訓が、イエスの精神は「単なる道徳を超えた」ものであることをあきらかにしている。すなわち道徳は、生命と「当為」の分裂にもとづいているのだ。これは、後にニーチェやキルケゴールのような哲学者たちが、それぞれの仕方で提起する「道徳を超える」という思想の古代版だった。円熟期になるとヘーゲルは、単なる道徳（Moralität）を超えるものとして人倫（Sittlichkeit）を提起することによって、この思想に戻っていく。

愛の宗教のおかげでヘーゲルにとっては、ユダヤ教はさらに不完全なものにみえる。ユダヤ教は他民族への憎悪と自己閉塞にもとづいて築かれたものだとみる伝統を、彼がまだ引きずっているからである。ユダヤ教には美の要素が欠けている。美はギリシア宗教の本質であって、キリスト教はそれを吸収できるようになったが、ユダヤ人は狂信的に美を斥けてきた。ギリシア精神が統一と調和であるのに対して、ユダヤ教は人間自身も含む一切のものと人間との切断であり分裂である[23]。

面白いことにヘーゲルは、ユダヤ教批判をカントから離れるための梃子に使っている。イエスの愛の原理とカント的な「当為」が対置されるわけである。ヘーゲルによれば、利害対立を解消する人間的な法は当為にもとづいている。そのかぎり法は自然に属するものではない。自然に対して命令として課されるものである。[24] カント的な道徳主義やユダヤ人の律法主義ではまさにその通りである。ところが愛の道徳では、義務は自然な欲求や共感にもとづいて果たされるのであって、当為が世界にもたらした裂け目に橋が架けられるのだ。

こうしてヘーゲルのユダヤ教やキリスト教にかんする新しい論文によって、彼の思想上の伝記における重大な出来事——カントとの訣別——が起こりはじめる。ヘーゲルは以前は「実定性」が生まれたのはイエスのせいだとしていたが、今度はカントのせいだと言う。カントの道徳は非常に抽象的であるために、特定の義務である行為の内容はすべて個別の事情によって、つまり経験的な偶然によって決められることになる。そのためカントの道徳のなかには、「実定性」の残滓が根絶されずに残っている。[25] 純粋で普遍的であると主張する道徳体系が、実は形式と内容との矛盾を抱え込んでいるわけである。その矛盾が「われわれを憤慨させる」とヘーゲルは言う。なぜならその矛盾があるために、どういう種類の得手勝手な行動であろうとそれには絶対的道徳のシールを貼りながら、愛や連帯意識や親交などの「疑いもなくカント的な義務に含まれていない人間関係は」、「背徳だ——少なくとも道徳的には重要でない——とされる」からである。ヘーゲルは皮肉な言い方をしている。「当為の道徳からすれば、そういうものはすべて災いあれだ[26]」。

これは批判にはとどまらない。これはプログラムなのだ。『法の哲学』でヘーゲルは人倫（Sittlichkeit）という標題で新しい道徳の枠組みを提示するが、それは歴史的世界と当為との統一を試みるものである。そこには家族や社会や国家の内部にある現実の人間関係が含まれている。人々の欲求や感情を拒絶することなく、道徳生活の必然的な基層としてそれらを受け入れている。社会的、法的な諸制度の役割はその基層を作り直し、合理的な意味をそこから引き出すことなのである。つまり『キリスト教の実定性』は「人倫」という概念にすでに光を当てているわけで、後にヘーゲルは「人倫」をカント的「道徳（Moralität）」とも、カントが斥けた古典的「適法性（Legalität）」ともはっきり区別することになる。道徳の根幹とされる人倫には、若いヘーゲルがイエスに認めた愛へ向かっての「道徳の克服」がみいだされる。道徳は内面的意識や心情の問題だから、若いヘーゲルは道徳は実践哲学の低い段階だとみていた。人倫が道徳よりも高い段階に置かれるのは、人倫が情熱や快楽を含む現実の歴史的世界から実践的合理性を引き出して、その合理性を現実の制度に具体化しているからである。

ヘーゲルが（おそらくシラーに従って）、カントを誤りだと責めている点については説明しておくのが公平というものであろう。シラーはカントにとっては、心情の傾向性に逆らってなされる行動しか道徳的価値をもちえないと主張した。道徳的行為は人間の感情を傷つけ、あらゆる自然な傾向性を抑え込まざるをえないというわけである。かなり広まっているこの見方は、カントの道徳の心理学にかんする誤解にもとづいている。実際にはカントの言う理性的意志には自己充足的な動機があって、それが人間の傾向性とは別に道徳的決断を可能にし、それに行為がともなうのである。そういう能力が、自由という概念に含まれている道徳の前提条件なのである。だとすれば、純粋な道徳的動機だけで、自然的傾向性の望む行動と同じ行動を同じ状況で生み出すことができるわけである。問題は行為の内容ではなくて、行為の根源であり動機である。カントの道徳が求めるのは、自然的傾向性から生じる動機を無視して——すなわち失効させて——道徳法則への尊敬を唯一の動機として採用することなのだ。その二つの動機のいずれが現実に行動を決定したのか決めかねることもあるだろうが、それは認識上の欠陥であっても存在論的な欠陥ではない。いずれにしても行為そのものは、完全に道徳的でありうるだろう。

要するに道徳的葛藤はカントにおいては、行為の二者択一的な内容の間にあるのではなくて、二者択一的な動機、すなわち決断の仕方の間にある。それゆえ理性と傾向性との間にありうる一致を排除するものは一つもない。だがこの点について論争をつづけるつもりはない。目的としているのは、ユダヤ教やキリスト教にかんするヘーゲルの初期論文が、後年の思想を培うのにいかに役立っているかを指摘することである。啓蒙思想の装いの下で、弁証法的な酵母が働いていて、そのおかげで結局ヘーゲルは初期思想を克服することになる。

アブラハム・モーセ・マルセーユの盗賊

『キリスト教の精神と運命』はヘーゲルの著作のうちでも、最も激しい反ユダヤ主義的論文である。彼の目標はここでもユダヤ教そのものではなく、キリスト教とヨーロッパ文化である。ヘーゲルはユダヤ教をヘレニズムと対置している。ヘレニズムの精神が愛と自然を統一しているのに対して、ユダヤ教は愛や自然から人間が切り離された証拠となっている。あるフランスの注解者によれば、この点でヘーゲルはユダヤ教の精神を西洋の歴史の根源とみなすとともに、その否定性の根源ともみなしている。[27]
ヘーゲルは精神を民族や文化の「統一性」とか「魂」と定義する。精神は時代を超えて一定であるが、争いの相手によって形を変えることがある。精神を脅かす「精神とは異質な性質」を精神が帯びることもある。それをヘーゲルは（後に使う疎外という概念を先取りして）精神の「運命」とよんでいる。この時期にはヘーゲルはまだ精神を弁証法的には理解せず、本質は不変のままで形だけが変化するように考えている。『精神現象学』の革命的な概念にはまだほど遠いが、その革命的概念によると、生成する過程のなかで精神の**本質そのもの**が構成されるということになる。[28]「運命」という概念も疎外という概念も逸脱としてみられている。それは精神の展開を助ける精神の**自己**‐疎外ではなくて、単に外的環境との衝突の結果であり、したがって偶然的なファクターにすぎない。

ユダヤ教の精神は族長アブラハムによって示されている。アブラハムは絶対的に自由であるために、生命、自然、特定の場所、家族、愛情との一切の縁を断ち切って、絶えず旅をつづける放浪者である。そのため彼は疎外され、非人間化して――「地上の異邦人、大地とも人々とも異質な存在[29]」になる。こうした広範囲の断絶が最初の本質的な出来事であって、アブラハムがユダヤ民族の父祖となるのはその結果である。こうしてアブラハムの精神が「子孫の全運命を左右する統一性、魂[30]」として生きつづけることになる。

アブラハムにとって世界は、絶対的に他者である異質な神に依存していた。アブラハムが偶像崇拝と戦った結果、創造者と被造物の間に無限の裂け目が生じた。自然のなかにあるものは何一つ神の本質に関与することはできず、世界に対する神の関係は絶対的な差異関係であり、関与ではなくて**支配**である。神による仲介がないかぎり、アブラハムは自然と直接かかわることができない。つまり神が土地や作物や彼の民の主人であり所有者であって、民にとって神は絶対的な他者であり、下僕の心に不安と怖れを起こさせる絶対的主人でありつづける。

啓蒙思想の反ユダヤ主義的な傾向に従って、ヘーゲルは反感と偏見をもって旧約聖書の解釈にとりかかる。アブラハムがマクペラの洞穴のためにエフロンにぜひとも代価を払おうとするのは、彼が傲慢であって、エフロンを同等と認めるのを拒絶しているからだ。ディナが汚された後、彼女の兄弟たちは申し出られた心からの償いを拒絶して、シケムの人々に恐ろしい復讐をした。結論としてヘーゲルは、ユダヤ人は力をもつと残酷になると言っている。最もグロテスクなヘーゲル的ミドラッシュ［注釈］はヤコブの息子ヨセフにかんするものである。エジプトで権力の座についたとき、ヨセフは長年の飢饉を利用して、ユダヤ人の神とそのしもべである民との関係をまねて、自分の支配者であるファラオをだまして絶対的暴君となった。ヘーゲルの偏見によって歴史が嘲笑の的にされるのだ。千年以上も昔の政治文化に及びもつかないユダヤ人たちが、ナイルの大地に自分たちの文化を**押しつけた**のだ！

その後、状況は逆転した。ユダヤ人は神によって奴隷にされたうえ、ファラオの奴隷になってしまった。彼らの精神は受動的で諦念に満ちたものになった——ヘーゲルによれば、それは精神的な病いであり頽廃だったが、ユダヤ人がファラオの支配を脱した後もつづいた。ヘーゲルはエジプト脱出を解放とみるのを拒んだ。ユダヤ人はエジプトを出ても奴隷的精神をもちつづけていたのだ。エジプトを出たのも彼らが自分の責任でやったことではなくて、モーセが彼らに**押しつけた**ことなのだ。

その後、さまざまな災いが起こった。エジプトはユダヤ人のために激しい苦しみのなかにある。しかしユダヤ人自身は受動的なままで、彼ら**にとっては**一切が他者の働きによって起こるのだ。

不運なエジプト人に追い立てられて、彼らは一面に悲嘆の声があがるなかを立ち去ることになる。しかし彼ら自身にあるのは、敵が他の人に打倒されて卑怯者が味わう陰気な快感だけだ。……彼らは無傷だが、彼らの精神はどんな悲惨な事柄でも、少しでも役立つものなら喜びを感じずにおれない。ユダヤ人たちは勝ったが、戦って勝ったわけではない。エジプト人たちは敗れたが、敵に敗れたのではなく（睡眠中に殺されたか毒殺された者たちのように）目にみえない攻撃を受けて敗れたのだ。ユダヤ人たちは……マルセーユのペストのとき悪名をとどろかした盗賊のようだ。(31)

マルセーユのペストのときの盗賊とは誰のことなのか。ヘーゲルの生涯にかんするジャック・ドントの研究によって、この問いに答えることができる。[32] 一七二〇年南フランスで起こったペストの「圧倒的な報告」を書いたジャック・ダントルショーという人の書物を、若いヘーゲルが読んだことがあきらかになっている。レバントからの汚染された荷物が蓄積されていた島がペストの源であることがわかったとき、その地の盗賊たちが荷物を略奪しはじめ、その結果ペストを自分の家族や村をはじめとするほかの場所へ広めてしまった。ヘーゲルはこの盗賊たちとエジプトを立ち去るユダヤ人との間に類似をみている。両者とも他の人々の苦しみで得をし、自分がやっていない行動で利益を得ている。盗品が盗賊たちの手に入ったのと同じように、ユダヤ人にとって自由は天の恵みなのだ。両者の行動はいずれも卑劣で、卑怯者の行動と変わりがない。

それだけではない。家族や隣人に病原菌をばらまいた盗賊と同じように、ユダヤ人も病気を広めていると言わんばかりである。その病気とは「自由のうちに保たれていながら自由を腐敗させてしまった奴隷根性」であり、後にユダヤ人のメシア待望の一部となった受動性である。[33] ユダヤ人のメシア待望には、同じような無力さと受動性が秘められていて、彼らはエジプトからの新たな脱出を期待しているのだ。

このフランスの学者は注目しなかったが、もう一つ重要なことを付け加えておいてもいいだろう。中世にはユダヤ人は井戸を汚染したと言って非難された。ヘーゲルはそこまではいかないが、そうした非難をもっとあか抜けた言い方でやっている。マルセーユの盗賊は肉体にペストをまき散らしたが、ユダヤ人はそれはしなかった。しかし彼らが精神についてやったことは盗賊並みだ。

ユダヤ人の歴史——初期の弁証法

ユダヤ民族にはこのように三段階が認められる。各段階に本質と現象の対立、あるいは意図と結果の対立がみられる。第一段階ではアブラハムが絶対的自由を得ようとして、感情に左右される生活と世界から自分を断ち切ったが、神への完全な服従に行き着いてしまった。そうなった理由は——人倫の哲学者となった円熟期のヘーゲルならこう言うだろう、——真の自由は世界からの隔離によって得られるものではなくて、生活と現実世界のなかに巻き込まれざるをえなかった事情のうちにある。第二幕のエジプト脱出では、ユダヤ人は神の無抵抗な対象となって、彼らの隷属状態はいちだんと深刻化した。自由が逆の形で現れたのである。その関係の内的本質は隷属であり、自由は隷属の外観となり、隷属を隠すベールともなって隷属に奉仕していた。

トーラー〔神の教えまたは律法〕を受け取る第三段階で、「〔自分の民族を〕一つの隷属状態から解放したモーセが別の隷属状態に入らせる」(34)のはあきらかである。自由は再び隷属に変えられてしまう。能動的な命令者であるモーセとそのほかのユダヤ人とを、ヘーゲルははっきり分けている。ユダヤ人は自律的でなく、「受動的な民族が自分に法を与えるのは矛盾である」(同所)以上、彼らが自分自身に対して立法することはない。奴隷に絶対服従しか許さない暴君に仕える外部の立法者という形でしか、モーセはユダヤ人に律法の与えようがなかったのだ。

若いヘーゲルの著作は「まだ弁証法的ではない」というのが普通の見方だが、以上のことからこの見方は修正しなければならない。事実、ユダヤ教の三段階のすべてに、そしてイエスの姿にも、弁証法的な構造が芽生えはじめているのはあきらかである。ヘーゲルは弁証法をまだ現実と歴史のシステム全体に拡張していないが、ユダヤ教やキリスト教についての論調には、ヘーゲルの体系全体を貫く弁証法的思考の初期形態を認めることができる。

主人にして暴君たる神

ユダヤ教の神とその民の間には、永続的な主人と奴隷の関係がある。計り知れない神――「絶対的主体」――を考えれば、人間の生活や世界全体が全く無意味のようにみえる。それゆえ「楽しみや人間活動のすべてに、人間のはかなさと恩寵によって維持される存在の卑小さ[35]」のなごりが残っているにちがいない。ヘーゲルがのべているそのしるしの一つは神による民と民の財産の所有だが、それは貨幣や捧げ物(teruma)にかんする規定とか、他人に売られた畑が前の持ち主に返される安息の年(shemita)やヨベルの年に示されている。ヘーゲルはユダヤ人のヨベルの年と、ソロンやリュクルゴスが制定した富の蓄積を禁じるギリシアの法律との類似を認めるのを拒んでいる。ギリシア人は自由人のために法を制定したが、モーセが法を定めたのは奴隷のためだった。「ギリシア人はみな自由で自主独立であるから平等であるが、ユダヤ人が平等なのは、全員が自主独立でありえないからである[36]」。

さらにユダヤ人には市民団体(Staatsbürgerschaft)が全く存在していなかった。市民の相互依存のようにみえたものは実際には、目にみえない主人やその部下の神官への永続的な依存状態であった。ギリシアにおける国法(Staatsrecht)のようなものはユダヤ人には何一つありえなかった。個人は家族的な絆か外部からの強制によって結びついているだけであって、個人を超えた倫理的共同体と一体化することによって結びついていたわけではない。

一般的には長所とみなされるユダヤ人の慣習について、ヘーゲルは特に冷淡な解釈をしている。身体を清潔にする戒律はユダヤ人の隷属のもう一つのしるしである。「貸与されているだけで本来自分のものでない身体は清潔に保たねばならない」からである。[37] 毎週の安息日は空虚で「無活動状態」の一日であって、奴隷の民はそれを望ましいと思うが、自由人はそういう空虚な一日を神に捧げようなどとは思わないものだ。[38] ヘーゲルは三つの祝祭だけは好意的にのべているが、それはおそらくギリシアで盛んだった祝祭に似ているからだろう。

偏った見方をしている別の例としては、ポンペイウスがエルサレムに入ったときの出来事についての、ヨセフス・フラビウスの物語をヘーゲルが使っているやり方があげられる。ローマの将軍ポンペイウスはユダヤ人の神秘的な神がどういうものかをみようと神殿の内奥の至聖所に押し入って、——そこが空虚であるのをみて仰天した。キリスト教徒であろうとユダヤ教徒であろうと、偏見をもたない一神教の信者ならば、異教に対して一神教を高く評価しているこの物語に、心が高揚し得意になることだろう。しかしながらヘーゲルにはこの長所も欠陥としかみえない。空虚な至聖所は民の**精神**が空虚であり、神と生命から切り離されていることをあらわしているというわけである。[39]

ユダヤ人の唯物主義——克服なき隷属

ユダヤ人の受動性や隷属の結果として、「彼らの隷属を証しするもの以外に残っていたのは、肉体的生存を維持し、欠乏から身を守ろうとする空虚な欲求だけだった」。[40] ここには、ユダヤ人は唯物主義者で精神がないという昔からある非難がこだましている。その証明として——旧約聖書には来世が認められていない。ユダヤ人の報いや罰は現世的なものに限られており、彼らの最高の報酬は乳と蜜をもたらす**土地**である。[41] 反ユダヤ主義者にとっては、これがユダヤ人の粗野な唯物主義であって、後に守銭奴とか高利貸しといった評判をユダヤ人にもたらすことになるものだ。しかし『精神現象学』に親しんだ読者なら、ここにやや興味深い別のことがあるのに気づくだろう。

『精神現象学』の中心的な一つの章で、主人と奴隷との関係が論じられている。召使（あるいは僕）は主人と生死をかけて争うのを避けて、単なる肉体的生存を選んできた。この選択が彼を奴隷にしたのだが、それに対して主人は、単なる生存以上に価値ありと考えるもののために命を捨てる覚悟ができていた。話はそれで終わりではない。それからが話の始まりなのだ。奴隷は労働して主人に仕えているが、そのため奴隷は自然――欲求の世界――との直接的関係を保っているが、人間の意図に応じて自然を変化させ作り直す。それに対して主人のほうは、自然と切り離されたところで生きていて、奴隷を介する以外に現実の存在にかかわることができない。そうなると、単に生存しているだけで発展も自己実現もせずに――つまり現実の歴史を失って――、自己閉塞状態の生活に閉じこもっているのは主人のほうである。それに対して奴隷は現実の生活を過ごし、歴史を生み出している。なぜなら奴隷は労働によって、自分の欲求や意図を――その労働の目標のうちに含まれるかぎりで主人の欲求や意図も――外部にあるなまの自然に刻みつけ、それによって外部世界に具体的に表現された自分自身のイメージを再び発見できるからである。こうして奴隷は発展し、その主体性は強化され、人間性が徐々に発展して自己意識に達し、やがて奴隷状態を克服する。奴隷と主人が閉じこめられているシステムを逆転することによって、奴隷が主人を解放することになるのだ。

ここではこの主人と奴隷の問題の細部には立ち入れないが、『キリスト教の実定性』の文章と比べてみると、ヘーゲルのユダヤ教との闘争が後の主要概念の発端となっていることがあきらかになる。しかし『精神現象学』では奴隷が――自分自身と主人を同時に解放する活動的、創造的な行動主体であることが認められているが、そういう長所を、若いヘーゲルはユダヤ教には認めていないことに注意しなければならない。『キリスト教の実定性』におけるユダヤ人の姿は、奴隷と主人の両方の欠点から作り上げられている。ユダヤ人は単に物質的な生活に執着し、そのうえ――『精神現象学』での主人と同じように――自然から切り離された空虚で受動的な生活を過ごしている。これは矛盾したことなのだろうか。おそらくそうではない。フランクフルト時代にはヘーゲルは、後にイェーナで書く事柄をまだ知らなかったのだと言うことはできる。しかし反ユダヤ主義的偏見が、この論文から光彩陸離と吹き出しているのは確かだ。

ユダヤ人の悲劇――マクベスまたはカルタゴ

ユダヤ人の苦しみさえ、若いヘーゲルの同情を誘うどころか反感を買っているだけである。悲劇を論じながらヘーゲルは、ギリシア人の精神と違ってユダヤ人の精神には美が欠けていると主張する。

ユダヤ民族の偉大な悲劇はギリシア悲劇ではない。恐怖を呼び起こすこともなければ憐憫をさそうこともない。この二つの感情は、いずれも美しい性格が不可避的に挫折した後の運命からしか生じないからである。ユダヤ民族の悲劇は恐怖しか呼び起こさない。ユダヤ民族の運命は、自然を逸脱して異形のものにしがみつき、それに仕えることによって人間性のうちにある聖なるものをすべて蹂躙し抹殺して、最後には(神々は客体で彼は奴隷だったから)神々に見捨てられ、自分の信仰そのものを粉砕されざるをえなかったあのマクベスの運命である。(42)

こういう非難めいた言葉で、『キリスト教の精神と運命』のユダヤ人にかんするヘーゲルの議論は終わっている。これほど口汚くないときにはヘーゲルは、ユダヤ人が現実に人殺しをしたと(数世紀にわたって多くの人たちがそう言ったし、現に言っているけれども）言うつもりはなかったし、「人殺し」も――宗教を頽廃させるといった――精神的行為のメタファーとして使ったのであって、（多くの著作家と同様に）文学的な誘惑に駆られて、――ユダヤ人には美という理想が欠けていることを強調するために、悲劇の概念を利用したのだと説明したかもしれない(43)。いずれにしても、作者が反感について語って、みずから反感をかき立てるというのはよくあることだ。

しかし公平に言えば、「魅力と反発」との間でヘーゲルの振り子は別の方向にも振れていた。もっと早い機会にヘーゲルは（『キリスト教の実定性』において）、大いなる反抗の時期におけるローマに対するユダヤ人の抵抗を絶賛したこともある。彼によれば、その時期にはユダヤ人は受動性を克服して武器をとったのである。

ユダヤ人の国家に独立を維持する勇気と力が感じられているうちは、ユダヤ人たちがメシア待望に頼ることはめったになかった、あるいは多くの人が考えているように一度も頼らなかった。諸外国に支配されて自分たちの無力と弱さを自覚するまでは、聖書のなかにその種の慰めをさぐる様子はなかった。メシアが現れても彼らの政治的期待を満たしてくれなかったので、彼らは自分たちの国家を国家として存続させるのは苦労のし甲斐のあることだと考え、無益なメシアへの希望をまもなく抛って、武器をとった。燃え上がるような勇気をふるって全力を尽くした後、彼らは人類の苦難のうちで最も恐るべき苦難に耐えて、国家とともに都の廃墟に埋められたのである(44)。

これもまた悲劇の物語である――しかし、マクベスとの悪意に満ちた比較とはなんと隔たりがあることだろう。ヘーゲルはローマに対するユダヤ人の反抗、ユダヤ人の歴史における勇壮かつ積極的なあの瞬間についてのヨセフスの記述を読んで、**政治的な**存続――すなわち独立――へのユダヤ人の本能に感銘を受けていた。イエスを拒否することになるのもその本能のせいなのだ。ユダヤ人たちは国家的な解放者、政治的なメシアを待望していた。イエスが自分が来たのはローマからユダヤ人を解放するためではなくて、ユダヤ人自身の精神的束縛から解放するためだと説明したとき、ユダヤ人は深い幻滅を味わわずにおれなかった。正気の人ならどういう人でも同じように感じたことだろう、とヘーゲルは言っている。(彼はイエスがローマ人に引き渡されたのは、等しく国家存続を動機とした国家理性 (raison d'état) の正当な行為だったとも言っているのだろうか。) イエスが生み出したこうした失望のおかげで、ユダヤ人たちはしばらくの間メシアニズムの幻想から解放されて、自分自身のうちに潜んでいた力を発見することになった。その力から生まれたのが偉大な反逆であった、――若いヘーゲルは、あきらかにドイツのことを考えながら、深い賛嘆を込めてその出来事を次のように激賞している。

独立のために国民は何をなしうるかと問うだけの自覚を失わなかったら、そして応援する気は全然ないのに君たちの問題の処理は任せよ、生死もわれわれの意見に従えと他国民に命じるほど横柄でなかったら、ユダヤ人は歴史や諸国民の判断において、国家より長く残った都をもっていたギリシア人やローマ人を抜いて、カルタゴ人やサグントゥム人と並んでいたことだろう。(45)

この文章の後のほうには若いヘーゲルの(後年には冷えてしまった)愛国の熱情が示されているが、最初の部分は時と場所への迎合をこととする知識人に対する冷笑である。皮肉なことに、この文書の底にある意味は、ヘーゲルも彼が批判する人々と同じように、生き方や死に方をユダヤ人に教えようとしていることを示している。ヘーゲルはユダヤ人の反逆を、ユダヤ人という存在が絶頂に達するとともに**終末**に達した極致とみている。もしユダヤ人がカルタゴ人の先例にならって、国家崩壊の悲劇的時期に世界の舞台から立ち去っていたならば、後々の人々に記憶され畏敬と賛嘆の対象となっていたことだろう。しかしユダヤ人はそうしなかった。彼らは若いヘーゲルの指示――あるいは彼の論理や神学――に全く反していた。そのためヘーゲルはユダヤ人の存続という汚点と謎を考え込み、魅力と反発の間を揺れ動かざるをえなかった。

「離散したユダヤ人の残党はユダヤ人の国家という観念を放棄したことがない」[46]。その後はそれが離散したユダヤ人の特徴となり、彼らのメシア待望が、エジプト脱出の場合と同じ受動的精神と精神の「病気」をあらわすことになった[47]。

これと同じような批判をしたのは最初のシオニストたちであって、彼らもユダヤ人が離散状態で存在していることを欠陥とみていた。その状態でユダヤ人が受動的にメシアに頼り切っているからであった。シオニストたちがユダヤ人に求めたのは、真実の自分をみいだし、メシアに代わって――自分の手でみずからの運命を握ることであった。ローマに対する反逆（およびマサダの物語）が、現代のシオニストの神話で重要な役割を演じているのは不思議ではない。ヘーゲルが初期におこなった発言のうちに両陣営は支援者を認めたが、彼はシオニストでも反ユダヤ主義者でもなかった[48]。

ヘーゲルとメンデルスゾーン

重要なヘーゲル研究者であり編纂者であるオットー・ペゲラーはこう言っている。「メンデルスゾーンの『エルサレム』はヘーゲルが学生時代からずっと、自分の思想を説明する手段にしていた主な書物の一つであった[49]」。事実メンデルスゾーンは若いヘーゲルにとって英雄のひとりだった。『キリスト教の実定性』では、メンデルスゾーンが『エルサレム』第一部で展開した寛容論の精神で、宗教と国家と道徳の関係を論じている。ところがユダヤ教を論じた第二部のほうは、ユダヤ教は精神を欠いた律法主義であり単に政治的な宗教だとみるカントの反感に満ちた目で読んでいた。ヘーゲルが――最初は微妙な言い方だったが――ユダヤの賢者においては思想と宗教が矛盾していると言えたのはそのためであった。

メンデルスゾーンは、国法によって宗教的信仰や道徳を強制すること以上に、荒唐無稽なことはないと論じていた。若いヘーゲルも、市民に道徳的であることを求める政治的法律は不合理でばかげていると論じた[50]。同じことは宗教についても言える。なぜなら宗教が道徳にとって有用なのは、自発的であって制度的でなく、非政治的な教育の手段として活用されるときに限るからである。しかしメンデルスゾーン自身はユダヤ人として、法的な強制にもとづく宗教を信奉していたのではないか。そうであれば、メンデルスゾーンは自分の啓蒙思想の理論と父祖の宗教の両者を維持しつづけることは不可能だというのが、ヘーゲルの言おうとしていることである。つまりユダヤ教と啓蒙思想は矛盾すると言っているのだ。

生前のメンデルスゾーンは、論敵がでっち上げる論争上のジレンマには慣れていた。雄弁な論敵のひとりはヨハン・カスパル・ラーバーターという、スイスの牧師で機転のきかない退屈な男で、メンデルスゾーンに挑んでキリスト教に改宗するか、それともユダヤ教のほうがキリスト教よりすぐれていることを理性の力で証明せよと迫った。数年後、スピノザこそ合理主義の必然的帰結だと考える啓蒙思想に反対だった哲学者ヤコービが、メンデルスゾーンに別のジレンマを突きつけた。スピノザと同じような無神論者であることを認めるか、それとも信仰をとって理性を捨てるかのどちらかにせよと迫ったわけである。この両者ともメンデルスゾーンを言葉のうえで、文化政策の領域でおびやかしたにすぎなかった。本質的に内面的な論争の場では（in foro interiore）メンデルスゾーンが、ラーバーターのキリスト教とヤコービの信仰の哲学の両者を否定するのは何の問題もないことだった。しかしヘーゲルが言う――ユダヤ教か啓蒙思想かという――ジレンマははるかに重大であった。メンデルスゾーンはそのいずれも捨てることができなかった。彼の生涯にわたる事業の本質が両者の統一が可能であることの証明にあったからである。

メンデルスゾーンが『エルサレム』の第二部を書いたのはこういう要求に応えるためだった。そこで彼は（序論に示された）二つのことを主張した。第一に、ユダヤ教は**独特の**権力構造であるわけではない――古代では宗教の権威は国家の権威と一致していたが、国家の崩壊後は強制にもとづかない自発的性格のものになったのだ。[51] 第二に、ユダヤ教は救済の条件として教条的な信仰を押しつけることはない。ユダヤ教には啓示された真理は存在しない。存在するのは啓示にもとづく制度ないし基本法だけである。[52] この考えを悪用してカントは、メンデルスゾーンが自分の民族の宗教は単に政治的なものであって、道徳的内容はないことを証言していると読んだ。[53]

若いヘーゲルはテクニックの点でもカントに従って、自分が尊敬する偉大なユダヤ人を自分の民族を裏切る証言者に仕立て上げてしまっている。メンデルスゾーンはユダヤ教には教義がなく、キリスト教徒の合理主義者を悩ます啓示の真理と理性の真理との対立を免れているところに、ユダヤ教の長所があると考えていた。ヘーゲルはその長所を短所に変えてしまう。「奴隷にとって主人をもっているということ以上に深い真実があるだろうか」と彼は皮肉に問いかけている。[54] もしユダヤ人が真理を有していないとすれば、それは奴隷民族は真理を捉えることができないからだ。真理には自由が必要だ。ところがユダヤ人は主奴関係の外では生きることができない。ユダヤ人が理解するものは命令だけであるから、真理も彼らには命令の形でしか現れない。唯一の神しか存在しないという主張はユダヤ教では命令として、国家の至高の法となって現れるのだ。

ヘーゲルは軽蔑して言っている。真理がユダヤ人の理解を絶する以上、彼らが真理の教義を作らなかったのは当然だ。しかし、それがユダヤ人にどういう強みを与えただろうか。氷原に住むエスキモーは自分たちのもたないワインに課税することはなかった。それが彼らをヨーロッパ人よりすぐれたものにしただろうか。(55)

聖堂騎士としてのヘーゲル――二重性の論理

こういう言葉を読んだところで、若いヘーゲルには別れを告げることにしよう。(56) 彼のどぎつい言い方や(マルセーユの盗賊とかペストとかマクベスといった)悪意に満ちた比喩にはあきらかに、当時の普通の反ユダヤ主義的な言い方以上のものがある。そこには著者のユダヤ人に対する深い個人的嫌悪が示されているが、稀ではあるが紛れもなく賛嘆している場合もある。この二重性に何か論理がみいだされるだろうか。特にユダヤ教に対する反感と、偉大なユダヤ人への敬意やユダヤ人の市民的平等に対する支援とはどのように結びつけられるだろうか。

もう一度『賢者ナータン』に戻ってみよう。第二幕の第七場でナータンは自分の娘を火から救ってくれた若い聖堂騎士に会って、その気高い若者と親しくなりたいと思う。「フランケンのお方……」と言いかけたとたんに、騎士は横柄にさえぎって「何をかね、ユダヤ人、何をだね」と言う。それでも騎士は会話をはじめることに同意するが、最初は我慢できなかったようだが、後にはしだいに興味をいだく。そうしていくらか個人的な接触ができた後で、騎士がこう言うことになる。「しかしユダヤ人――ナータンとおっしゃいましたかね――しかしナータンさん……」。それまでに騎士は相手と個人的な親しみを感じていたから、相手を軽蔑のこもった民族名でよぶのはやめて、個人として固有名でよぶことにする。そのとき突然、騎士は民族や宗教とは無関係な現実の個人をみいだすわけである。後で騎士は相手を褒めてこう言う。

聖堂騎士　はっきり言って、あなたは聖堂騎士がどういう考え方をすべきかよくご存じですね。
ナータン　聖堂騎士だけでしょうか。すべきというだけなのでしょうか。
騎士団のきまりだから言うだけなのでしょうか。
善良な人々がどう思うか存じていますし、
どこの国にも善良な人々がいることも存じています。

「普遍的人間性」という概念がこうして背景に現れてくる。しかし騎士は率直に、自分の心がユダヤ人への憎悪に満ちていることをあきらかにする。彼はユダヤ人の傲慢と言われるものや、宗教的にすぐれているというユダヤ人の思いこみを攻撃する。若いヘーゲルはこの騎士だったのかもしれない。ナータン／レッシングはそれにどう答えるだろうか。

ナータン　思う存分に私の民族をお嫌いなさるがいい。
私たちふたりはどちらも自分の民族を選んだわけではありません。私たちは自分の民族なりするものでしょうか。[57]

民族というのはいったい何なのでしょう。キリスト教徒やユダヤ教徒は人間であるまえに、キリスト教徒だったりユダヤ教徒だったりするものでしょうか。[57]

これが若いヘーゲルが熱烈に支持していたレッシングの啓蒙主義的見解である。ユダヤ人の人間性は、ユダヤ人であることを媒介にしてではなくて、むしろユダヤ人であることを無視し、その下にある「普遍的人間」をあらわにすることによってみいだされ、認められるのでなければならない。同様に個人の人間的価値も啓蒙思想では、ドイツ人とかユダヤ人とかキリスト教徒などとしてではなく「人間」として認められる。すなわち個人の人間的価値は、個人が自分の人間性を理解してもらう手掛かりにしたがる特定の個性によって媒介されるものではない。抽象的でリベラルな言い方だが、そこには個人は自分の特殊な個性を、人間性がみいだされ認められる条件とするのをやめよという要求が含まれている。そういう条件は、最初はナポレオンのフランスで、後にはその他の国々でも課されることになったが、ユダヤ人が政治的に解放された代償としてユダヤ人に課された条件だったのだ。[58]

若いヘーゲルをあの聖堂騎士とみて、レッシングはナータンだとすれば、すでにのべた二重性を理解する手掛かりが得られたわけである。ナータン（＝レッシング＝啓蒙思想）は、騎士（＝若いヘーゲル）にユダヤ教を嫌うのをやめるように求めはしない（「思う存分に私の民族をお嫌いなさるがいい」）。彼が求めるのは個人に関係する場合にはユダヤ教から**目を転じて**、個人のもっている「普遍的な」人間性を再建することだけである。その要求に同意して騎士は啓蒙思想が勝利を収めたことを認める。しかし勝利者の目には、個人を受け入れることと個人の特殊な個性を拒絶すること、ユダヤ人を民族として嫌悪することとスピノザやメンデルスゾーンのようなユダヤ人を個人として尊敬すること、あるいはユダヤ人の政治的解放を支持することとの間の矛盾は少しもみえていない。

ヘーゲルは『賢者ナータン』の別の一節を好んで引用した。ナータンが仲間の修道士に自分の妻と子供たちがポグロムで殺されたのちに、キリスト教徒の娘を救って養女にした次第を話している。それに対して人の好い修道士はこういう返事をする。「ナータンさん、ナータンさん、あなたはキリスト教徒だ。本当にあなたはキリスト教徒だ。あなた以上に善良なキリスト教徒はいたためしがない」。それに対してナータンはこう答える。「あなたにとって私をキリスト教徒だと思わせるものが、私にとってはあなたをユダヤ教徒だと言わせるものなのです[59]」。民族や宗教は外皮にすぎないという考えがここにもみられる。真実の宗教——普遍的人間性——は多くの名前の下に隠れているかもしれないが、そういう名前は必要ないのだ。このことからもヘーゲルは、外皮の下の個人を愛しながら、自分は外皮を憎んでいるのかもしれないことを教えられたかもしれない[60]。

したがってレッシングの親ユダヤ主義と若いヘーゲルのユダヤ教嫌悪との間には大きな違いがあるにもかかわらず、この点では両者は深い構造を共有している。レッシングが実例を示した啓蒙思想の言葉で言えば、若いヘーゲルのうちに共存していた二つの傾向が矛盾しない理由がこれであきらかである。後年ヘーゲルは理性的な自由は個人の特殊な共同体や個人の独自性の特定要素のうちに具体化されるはずだと考えて、啓蒙思想を抽象的だと言って拒否することになる。そのときでも彼はユダヤ教を将来における何らかの解放の媒体だとは考えず、過去の偶然的な残余だとしか考えなかった。以下の章で示すように、弁証法的思想家になった後も、ヘーゲルの啓蒙思想的な過去がユダヤ人に対する関係のうちに（否定的な場合も肯定的な場合も）実に明確に現れる。

第3章　イェーナと『精神現象学』——異様な沈黙

ヘーゲルが住んだ場所のうちでも、イェーナは彼の円熟した体系が姿を現した場所である。イェーナで彼は最も独創的な作品である『精神現象学』を書いたが、これは豊かであるとともに深遠で時には謎めいた天才の作品で、現代ヨーロッパ哲学に深い影響を残した。

ヘーゲルは『精神現象学』を、自分の新しい体系への序論であるとともに第一部でもあるものとしても構想していた。その理由は序文でこう説明されている。哲学においては「真理は全体である」[1]、全体にはそれ自身の生成がその一部として含まれていなければならない。哲学的真理が無時間的に誰かの頭から現れるということはありえない。真理はそれ自身の生成の過程に依存し、その過程は社会的、政治的、文化的な人類の歴史に依存している。真理はそういう歴史の成果として現れる。真理は自己生成の過程を経ているのであって、その過程が成果のうちに保持されている。究極的な哲学体系が概念によってそれを表現する。

そういう概念による表現が『精神現象学』とともにはじまる。精神とは人間文化の根底にある主体であるが、『精神現象学』は、歴史的表現をとおして精神が自分自身になってゆく構造（および「論理」）を詳細に説明する。

人間歴史は混沌として意味のない不合理な無秩序のように見えるが、哲学は回想によって歴史の進展の底にある有意味な合理的構造をみいだす。(ヘーゲルは一八〇六年に書きながら、歴史の最終局面がはじまったと思っていたが) 歴史の最終局面という有利な見地から歴史を回顧することによって、『精神現象学』は近代世界に至る発展の重要局面を再構成しようとする。ヘーゲルが『精神現象学』を書き終えたのは、ナポレオンの軍隊がプロシア軍を有名なイェーナの戦いで破って、彼の住むイェーナの街に入る少しまえだった。ほんのしばらくヘーゲルは街に入ってくる皇帝の姿をみて、世界精神が馬に乗っているのをみたと言ったと伝えられている (もちろん冗談だがいかにもヘーゲルらしい話だ。というのは世界精神とは神の受肉を世俗的に言い直したものだからである)。その当時ヘーゲルはフランス革命よりナポレオンのほうに敬意をいだいていて、フランス革命は抽象的だったと批判していた。皇帝は軍人であるとともに行政官であった。彼はヨーロッパ大陸中に自由と平等の思想を広めたが、とりわけその思想を具体的な政治組織や自分の名前をつけた法典 (ナポレオン法典 Le code Napoléon) を含む法典に制度化した。円熟期のヘーゲルはたとえもともとの純粋さを失うという代償を払っても、高尚な抽象的思想よりも (何らかの) 具体的化された思想のほうを好んだ。

彼個人としては期するところがあった。『精神現象学』の序文では、歴史上重要な「生誕の時」に自分は生きていると考えている (p. 6)。精神は過去の世界から身をもぎ離して、新世界をもたらす「質的な飛躍」に向かおうとしていた、——それをヘーゲルは (後でまた出会う) キリスト降臨の連想を使って子供の誕生としてのべている。長い間、旧世界の崩壊は骨身を腐らせる「軽佻浮薄と倦怠」による以外には認めにくいものだったが、いまや「この徐々に進行する崩壊作用は断たれて、太陽の一瞬の閃光によって新しい世界の姿が照らし出されている」(pp. 6-7)。

新世界へのヘーゲルの熱狂は一八〇六年には十年前と同じほど激しかった。だがその間に、彼は自分の啓蒙思想的な考えを克服して、もっと複雑な（そして弁証法的な）歴史観を採用していた。理性は無歴史的に現れることはできず、数世代にわたる「活動と労働と苦悩」が必要だ。しかしその過程はもうほとんど終わっている。いまやヘーゲルには歴史の最終段階が水平線に現れているのがみえる。それは自由が――個人的自由、政治的自由、形而上学的自由といった――さまざまな側面で実現され、哲学が知**への愛**という名前を捨てて**現実の**知（「絶対知」）となりうる時代である。

ヘーゲルの初期のオプティミズムは後年には、保守的な王政復古時代における冷酷な支配がヨーロッパを覆うに至ってかなり冷えきっていた。しかしそれはけっして完全に消え失せることはなかった。ヘーゲルも論理的に**ある種の**「歴史の終わり」に心を寄せていた。なぜなら彼の体系は、歴史の外に出て超歴史的な立場に立ってはじめて歴史的相対主義を克服できるが、終わりにおいてしか実現しないからである。歴史のなかに埋もれてみているかぎり、過程の風景は不可避的に断片的、部分的にしかみえず、相対主義が支配権を獲得する。ヘーゲルが「絶対的な」非相対主義的立場から歴史を理解するという主張を維持しようとすれば、歴史の終わりが――少なくとも遠くの水平線上に――すでにみえていると考えざるをえない。新しい時代がたとえ非常に長い困難な時代であり、ネボ山の頂上から約束の地を眺めたモーセのように、ヘーゲル自身はけっしてそこに達しないとしても、新しい時代の始まりに生きていると考えねばならない。

弁証法――基本特徴

ヘーゲルのユダヤ教にかんする考えを、『精神現象学』が導入した弁証法的体系の観点でこれからみていかねばならない。そこで弁証法のいくつかの特徴を、大まかにみておくことにしよう。『精神現象学』における真理と現実との構造が弁証法的であるということには、少なくとも次のようないくつかの意味がある。

1　精神は本質的に理性的であるが、その本質が発展して最後に実現されうる唯一の手段または媒介として、理性には――経験的存在、現象、誤謬、偶然、苦悩などの――「他なるもの」が要る。精神の理性的本質は最後に現実化して高次のレベルの自己自身に立ち返るためには、自己以外の他なるものにならなければならない。

2　理性的本質は最後においてはじめて――それ自身の成果として――現実化される。始まりにおいては本質は現実的ではなくて単に潜在的、抽象的である。本質には自己を実現して本来のものとなるために長く複雑で多様な発展が必要である。

3　ヘーゲルのいわゆる弁証法論理は、精神的ないし主観的システムのダイナミックな構造を扱うものである。そういうシステムでは、自己意識（および自己同一性）が得られるのは道の果てにおいてである。これには（カントやフィヒテが言っていたように）、意識が――内容、状況、心的状態などの――多様な述語を自分が生み出したものとみなし、自分自身のものとして認める過程が前提となっている。それと同時に意識は自分がこのすべての多様な述語の主語であることに気づき、自分を主語として確認する。

4　生命や精神の進展を表現する体系では、否定の活動によって前の段階が抹消されることはなく、むしろ前の段階は新しい段階の組織に一種の有機的記憶として保存される。ある精神的立場が壊れることで過程が進展し、新しい立場へ移行するが、その新しい立場が前の段階に生じてその段階を崩壊させた特定の欠陥に対する、一時的だが有効な解答の役割を果たす。したがって肯定も否定も、成長も崩壊もすべて、精神の有機的な記憶のうちに——すなわちすべての新しい段階の組織に——保存される。

5 精神の領域では矛盾する立場は必ずしも相殺するのではなく、補完し限定しあうことによってより高い全体性の枠組みのなかに入る（「真理は全体である」）。真理と虚偽は二元対立的な二者択一のものではない。むしろすべての哲学体系、相争う宗教、異なる政治制度、競い合う芸術流派に中核をなす一つの真理があって、その真理をそれぞれが部分的、一面的な仕方で表現している。そういう文化事象のなかには他より高次のものがあるが、それはそれぞれの文化事象が、異なる程度で断片化し歪曲して真理を表現しているが——そのいずれも絶対的に虚偽であるわけではないからである。虚偽が生まれるのは、特定の文化事象が全体的真理を表現しようとしながら、全体性において他なるものを限定し補完するためには、その他なるもの——すべての他なるもの——を**現実に**必要とするにもかかわらず、その反対のもの（「他なるもの」）を無効なものとして排除しようとするからである。

6 ヘーゲルは精神の進展を「終わりが始まりである」螺旋状のものとして描いている。その意味は、実現された終わり（目的）も一つの抽象的な始まりだということである。その中間に——精神が内的論理に従って取捨選択し、精神が部分的に実現される一連の人物や局面である——歴史の主要部分が横たわっている。どういう歴史段階にも起こる不足や矛盾のため、過程はさらに矛盾や歪曲、部分的実現などをとおって押し進められて、最後には一切の対立が解消されて（すなわち構成的部分として統合され、受け入れられて）実現された目的に達する。

7 以上のような特徴から、弁証法は二重否定は出発点へ戻る（非-（非-P）＝P）という普通の考えは否定される。そういう考えのあらわれである——矛盾律と排中律という——形式論理の原則は、精神や哲学という「有機的な」領域では成り立たない。そういう原則が妥当するのは「活動力のない」システムについてだけであって、そうしたシステムでは断片的、自己同一的な（文章、感覚与件、数値といった）項目が外部の条件に応じて配列され操作される。しかしそういう原則は、有機的記憶や自己実現の固有の運動を備えている「完全な全体」を扱うには適さない。

宗教――再評価

ヘーゲルの考える物事の秩序では、宗教は哲学的真理の展開を仲立ちする「他なるもの」である。宗教が比喩や象徴やメタファーや物語で表現するものを、哲学は概念によってそれ以上に表現する。哲学は宗教よりも高次のものであるが、それだからといってスピノザや過激な啓蒙思想におけるように、宗教は誤った迷信であるということにはならない。むしろ――若いヘーゲルが「実定的」と非難した特徴も含めて――偶然的な非合理な要素を有する歴史的宗教が、真理の発展や人間精神に必要な重要な媒体であることが認められる。

原理的には、どういう歴史的宗教も精神発展の長い過程に紛れもなく何らかの貢献をしているものだ。特定の宗教はそれぞれに真理の一面を断片的にある形で表現しているが、その形が内容に即していない。（ヘーゲルにとっては一種の改革されたルター主義である）最高の宗教といえども、表現される「絶対的」内容に反する物語やメタファーの世界に閉じ込められている。したがって歴史的宗教には、まず高次の宗教的表現への超越と、次には宗教を超えて哲学的概念へ向かっての超越という二重の超越が必要なのである。

ヘーゲルはこの超越を止揚（Aufhebung）とよぶわけだが、これが彼の弁証法の主要な用語である。止揚には(a)否定、(b)保存、(c)高揚という三通りの意味がある。どういう文化事象にとっても止揚という働きは、それぞれの事象の不十分な形式を否定（消去）し、そこに含まれている真実の内容を保存して、その内容をより高次の媒体なり表現形式へと高めるものである。結局はその新しい形にも不適切なところが出てきて、今度はそれが止揚されねばならなくなる。この過程は真理の形式がその内容と一致して「絶対知」に達するまでつづく。

よくある間違いは、ヘーゲルの弁証法を正反合の形で言いあらわすことだ。この図式はフィヒテに由来するものであって、ヘーゲルはそういう図式は一回しか使ったことがない。ヘーゲルの弁証法はフィヒテのものよりはるかに柔軟であって、弟子や解釈者のなかには彼の体系を硬直した「三一構造」にはめ込もうとする者もいたが、（少なくとも『精神現象学』では）そういう硬直したものとは一致しない。ヘーゲルはまさに弁証法論者として、理性の運動そのものにはある程度の自由と偶然が必要なことを認めずにおれなかったからである。弁証法は固定されたアプリオリな定式とか鉄壁の方法ではなくて、「主題そのものの進展」から生まれる構造であって、弁証法においては、硬直した定式は排除され、弁証法的に必然的な事柄としてある程度の偶然（予見不可能性）が過程に含まれていることが要求される。

『精神現象学』における宗教

宗教は『精神現象学』では二通りの仕方で際立った存在になっている。第一に、『精神現象学』は概念による人類の物語であるだけではなく、事実上は人間歴史を媒介として神が自己生成する物語でもある。この考えは神の受肉というキリスト教の観念を言い換えたものだが、ヘーゲルの体系（の深層構造）にはその観念が潜んでいる。無限な絶対的神は最初から現実的であるのではなく、――発展途上にある有限な人類という――「他なるもの」を介して現実的なものとなる。したがって人類の**世俗の**歴史も神自身の生成の歴史（**聖なる**歴史 historia sacra の世俗版）なのである。『精神現象学』という政治、科学、芸術、道徳、感覚といった世俗的な事柄に満ちた書物が神学的な背景を有し、事実上、宗教的な意味を獲得している事情がここにある。

第二に、宗教は『精神現象学』に明白な場を占めている。精神の発展における二つの重要な段階は宗教的形態をとる。その一つがいわゆる不幸な意識であるが、そこでは精神が有限なものと無限なものとに分裂し、引き裂かれる。それゆえ精神はその聖なる本質である神から疎外され、精神にとって神は全く到達しえぬ超越的絶対者、果てしない痛切な憧れの対象として経験される。ヘーゲルは『精神現象学』ではこの段階を中世のキリスト教と結びつけている（実際に彼が言っているのは、ユダヤ教にも当てはまるもっと一般的な精神形態のことなのである）。もう一つの形態は、精神が完全な現実性に達し自覚へ高まると言われる段階に先立つそのまえの段階である。ヘーゲルはこの段階は、キリスト教を「啓示宗教」として完成させることになる改革されたプロテスタンティズムだと考えている。その次の段階は宗教を完全に止揚して、「絶対知」としての体系的哲学に至り、そこで聖なる精神そのものが現実となって、人間的認識を介して自覚に達する。これが歴史過程の終わりのあらわれである――しかしそれは必ずしも宗教の終わりではない。というのは哲学的認識が絶対的なものになった後も、メタファーや儀式的象徴という形での感覚的な図式化が、人々には依然として必要だからである。そういう比喩の哲学的意味も理解できても、そうした図式化によって感情や想像力が満たされることはありうるからである。

『精神現象学』におけるユダヤ教

こうした雄大な事物の秩序のどこに、ユダヤ教の占める場があるのだろうか。非常に妙なことだが、この問いには答えようがない。『精神現象学』では、ユダヤ教にはほとんど触れられていないからである。ヘーゲルはさまざまな――ヘレニズム、偶像崇拝、ストア主義、懐疑主義、宗教改革、アンシャン・レジーム、フランス革命のような――文化事象はたっぷり論じているが、ユダヤ教については論じていない。初期論文ではあれほど目立っていたこの主題について、ヘーゲルは完全に沈黙しているようにみえる。

ヘーゲルのこの沈黙は（宗教にかんする章での）宗教史についての叙述を調べると、ますます際立ってくる。そこではキリスト教はギリシア・ローマの異教世界から直接に出現していて、ユダヤ教は完全に消え失せているようにみえる。宗教は精神が実現され絶対知に達する際の媒体であることを思い起こせば、宗教史からユダヤ教を省くことによってヘーゲルは、ユダヤ教は宗教ではなく精神性を欠いているというカントの過激な考えに戻ってしまったようにみえるだろう。

こういう完全な沈黙をどう説明できるだろうか。一見ヘーゲルは依然としてユダヤ教に否定的な役割しか認めていないようにみえるかもしれない。しかしそうであれば、『精神現象学』にユダヤ教を一つの文化事象として含める妨げにはならなかったはずだ。弁証法論者としてまず心得ておかねばならないのは、否定が肯定的な役割を果たすということである。ヘーゲルの新しい体系は、どういう文化事象でも何らかの独自の構成要素として、精神の発展に貢献すると主張する。それならばあらゆる文化事象のうちでユダヤ教だけが、名前もあげられないほどつまらない役割しか果たさなかったというのはどういうわけだろう。

もう少し納得できそうな説明は、ヘーゲルのユダヤ教の見方はたしかに変わったが、その変化と彼の哲学の他の部分の変化との間にずれがあるというものである。『精神現象学』を書いていたときのヘーゲルは、ユダヤ教についての自分の新しい評価を公表する気になれず、それをどこに入れたらいいのか迷っていて、そのため筆が進まなかったというわけだ。もしローゼンクランツが言ったように、ユダヤ教はヘーゲルにとって一つの「謎」だったとすれば、イェーナの『精神現象学』では、ユダヤ教はあらゆる宗教のなかでも最も謎めいたものになって——実に異様な沈黙を生み出すに至ったわけである。

沈黙のベールにあいた穴

ヘーゲルの沈黙はみかけ通り完全なものだろうか。『精神現象学』には陰陽いずれであっても、ユダヤ教に言及している箇所は本当にないのだろうか。

ヘーゲルが別のことを論じながらほんのついでに、ユダヤ教の名前をあげている箇所が二カ所ある。その一つが重要かもしれない。その箇所は「観察する理性」という章だが、観察する理性は特殊な知の形態であって、それは絶頂に達しようとして反転せざるをえないとヘーゲルは考えている。それを説明するために、ユダヤ民族を例にとってこうのべている。「ユダヤ民族については、彼らが救済の門の直前に立っているからこそ最も神に見放され、本来あるべき在り方を拒否してきたと言えるが、これはその事情に似ている」(p. 206)。ユダヤ民族は救済の門に達しながら、門を通るのを拒絶した。そのため彼らは救済の門から永久に閉め出されたままで、これ以上の発展も起こらず現実的な希望もない。言い換えれば、**彼らにはもはや歴史がない**。最も神に見放された(verworfene)民族として、ユダヤ人に残されているのは石化した存在でありつづけることだけである。ヘーゲルはこう付け加えている。もしユダヤ人が対象としたもの(すなわち彼らが生み出したキリスト教)を取り戻すことができていたら、もっと高い在り方に達して歴史的（精神的）存在を回復していたかもしれない。だが彼らはあきらかにそうすることができない。キリスト教に改宗してヨーロッパ社会に入りやすくすることをユダヤ人に勧める人々やカントと違って、ヘーゲルには、ユダヤ人をユダヤ人として維持しているものが根源的拒絶への忠誠であるだけに、それが不可能なことはあきらかなのである。ここにはユダヤ人の歴史からの脱落には救いがないという結論が、暗黙のうちに示されている。ユダヤ人の歴史はキリスト教によって止揚されただけではなく、乾いて凍りつき、一切の精神的内容を失い果てている。

非友好的な調子や型通りの反ユダヤ主義的論調にもかかわらず、この箇所にはユダヤ人に対する好意的な態度が含まれている。ユダヤ人の歴史がキリストの前と後で明確に区別されているからである。キリストの出現以前はユダヤ人には歴史が**あった**——すなわち、世界精神を表現するうえで一つの役割があった。その役割は実に決定的な役割であった。彼らは人類を「救済の門まで」、すなわちメシアとしてのキリストにまで導いたからである。しかしながらユダヤ人の歴史は、その最高の実りであるキリスト教を生み出そうとしていたとき中絶してしまった。ユダヤ人は自分たちが生み出したもののうちに自分自身を認めることを拒絶し、それを自分たち自身の本質、最高の在り方とみることを拒絶したからである。それどころか彼らはその拒絶を自分たちの最高の特徴にしてしまった。このため高いレベルの自己に回帰する弁証法の第三段階が欠けている。ユダヤ人の歴史は脱線転覆して、ユダヤ人は世界歴史の弁証法から投げ出され、自分の過去の命なき残滓となって、役割も将来もなく、したがって大事な希望もなくただ存在しているだけだ。

これは苛酷で傲慢な言い方だ。ユダヤ教はここでは、キリスト教のなかにその「所産」と真の本質を有するものとして論じられている、——これは初期論文からみれば大きな変化である。偶然ではあるが、救済の門前で展望もなく待っているユダヤ教というイメージは、カフカの有名な『法の前で』という物語を思い出させる。カフカは『精神現象学』を読んでいなかっただろうが、ユダヤ人にかんする『精神現象学』の見方を拡大して、一般的な人間の条件をあらわすアレゴリーにしたかのようにみえる。(2)

不幸な意識

『精神現象学』ではユダヤ教にはっきり言及した箇所はこれだけである。(3) しかし底に秘められている意味はどういうものだろうか。注解者のなかには（イポリットやペゲラーのように）「不幸な意識」という題の章には、暗黙のうちにユダヤ教のことがのべられていると考える人もいる。これはいかにももっともらしい見方である。不幸な意識の特徴を語るヘーゲルの語り方は、他の著作におけるユダヤ教にかんする記述を思い起こさせる。不幸な意識とは極度の分裂、引き裂かれ疎外された状態の経験である。それは無限の彼方の神に対する痛切な憧れであり、怖れと戦きにみちた絶対的従属の関係において出会う神に対する痛ましい憧れである。だが『精神現象学』が不幸の意識と明確に結びつけているのはユダヤ教ではなく、中世のカトリシズムなのである。カトリシズムはその欠陥を克服するために宗教改革を必要とした。ヘーゲルの反カトリシズム的偏見が、彼の学問的な論述を透かしてよくみえる。面白いのは『精神現象学』でヘーゲルが、ユダヤ教に認められるものと同じ欠陥が中世カトリシズムにもあるとしていることである。そうであれば名前は違っているにしても、『精神現象学』にはユダヤ教が**登場している**わけである。「ユダヤ的」という特徴があると言って非難するありふれた戦術がここで使われている。

キリスト教の産みの苦しみ

もう一つ暗黙のうちにユダヤ教に言及している箇所が『精神現象学』の終わりのほうにある。そこでは宗教の歴史が「絶対知」への梃子として論じられている。いかにもキリスト教は偶像崇拝から直接に生まれたようにみえるが、よく読むと、その背後にユダヤ教が潜んでいるのがわかる。

絶対者とどういう関係にあるかによって、ヘーゲルは宗教を分けている。主なものとして三種類がある。自然宗教（アジア）、芸術宗教（ギリシア・ローマ）、「啓示宗教」（キリスト教）である。(4) 自然宗教では絶対者は自己意識をもつ精神ではなくて、光（ペルシア）とか動物（エジプト）といった事物や自然の要素や物体である。ギリシア・ローマ世界では自然宗教は美の宗教となり、芸術が神の受肉として自然に取って代わる。このいずれの形態も偶像崇拝である。なぜなら自然現象や人間の作品を神格化しているからである。何よりもそこでは精神が自然と分離されず、自己意識的になっていないからである。自己意識的になる重要なステップは、老ヘーゲルでは「崇高の宗教」であるユダヤ教に属すると考えられるが、『精神現象学』では、それはギリシア世界で起こるようにみえる。崇高の宗教という種類が『精神現象学』には欠けており、キリスト教は偶像崇拝から直接に登場するようにみえる。

その過程がどのように記述されているかをみておこう。ある箇所でギリシア・ローマ文化は崩壊しはじめ、その精神は衰退し、自然は過去にはその特徴だった神聖さを失ってしまう。「神々の永遠の掟に対する信頼は消え、……神託は沈黙したままである」。「彫像はいまやただの石となり」、以前は宗教的意味に満ちていた芸術作品は、「今われわれがみるとおり——木からもぎ取られた美しい果実となってしまっている」(p. 455)。自然は世俗的な「散文的な」対象となって、以前そのなかに宿っていたような対象化された精神性を欠いている。その劇的な喪失を精神は——その喪失の自覚として生じる——不幸の意識の苦痛と似た苦痛をもって経験する。ヘーゲルはこの喪失がいかにして引き起こされたかを説明していない。後の著作ではユダヤ人の崇高の観念が異教世界に入ったことによるとされる。しかし崇高の宗教を認めていない『精神現象学』では、ユダヤ教は自然が神聖性を失った**原因**とはされず、その危機の不幸な**意識**とされているだけである。これはどうも奇妙だ。ユダヤ教が異教の危機に不幸な意識で反応したとはありそうもないことだからだ。ヘーゲルのユダヤ教にかんする抑制が表向きの本文だけでなく、秘められている著作の底にある意味にも働いていることを認めざるをえない。ユダヤ教の役割にかんする認識が不足しているために、ヘーゲルは矛盾に陥っているのだ。

その次のステップでは神々はパンテオンにしまい込まれ、悲劇がそれに取って代わる。ギリシア悲劇は(ローマのストア主義のように)運命という観念に支配されている。ヘーゲルによれば、運命の観念は自己を意識した精神の初期形態の始まりなのである(p. 456)。運命としての絶対者は「影」(p. 410)にすぎないとはいえ、すでに自己であり個である。その次の段階で、キリスト教が登場する。絶対者は実体から完成された精神に変化する。

このように『精神現象学』では精神としての絶対者は、まずギリシア悲劇やローマのストア主義のうちに現れ——次に神人キリストのうちに完全に現れる。ユダヤ教には触れられず——少なくとも表向きは——ユダヤ教には何の役割もない。

しかしもう一度、重要なテキストをみてみることにしよう。キリスト教の出現についての記述は四五六—八頁で絶頂に達している。ヘーゲルはまたもキリスト降臨のメタファーを使っている。彼は「場所」

（生誕の場）というメタファーさえ使っているが、ベツレヘムの馬小屋の代わりに、彼が語るのはその出来事の「中心」と「周辺」についてである。「周辺」には、キリスト教に先立ちその生誕の場を準備したストア主義、懐疑主義、不幸な意識、その前の諸章で論じられたギリシアにおける法の支配の精神といった文化事象が含まれている。「中心」はその周りにこれらの文化事象が集められる生誕そのものである。
ヘーゲルは、自己意識としての精神の出産のための「条件はすべて整った」とのべて、クライマックスを次のように描いている。

一方にこういうさまざまな形が、他方に人格と法の世界、内容を放置して荒れ果てた野蛮状態、(5) ストア主義で想定される人格、懐疑主義の不安定な意識などが（聴衆ないし）周辺となって、自己意識として生成する精神が生まれる場所［ベツレヘムの馬小屋］のまわりで、息をつめて待ち構えている人々［erwartend und drängend は出産の場面をあらわす言葉として expecting and pushing と訳してもいい。母親がいきむ周りで心待ちに母親と一緒にいきんでいる人々］を取り巻いている。そのすべてに浸透している不幸な自己意識の苦痛と憧れが全体の中心であり、みんなに共通する精神の産みの苦しみである。精神の誕生——この単純きわまる純粋な概念にさまざまな形が要素として含まれている。（同書 pp. 456–7）

ヘーゲルはこの誕生の場面を生き生きとした筆致で描いている。お産の床を取り巻く人々、そこにいる人々に共通する期待やいきむさまや苦痛、産みの苦しみなどが効果的に描かれている。メタファーのレベルでは、ユダヤ教と不幸な意識には共通の特徴があると考えられて、ユダヤ教は「精神（およびキリスト教）の産みの苦しみ」とみなされている。ユダヤ教はそこからメシアであるキリストが生まれ、そこから精神が自己意識の主体として現れる苦痛と悲哀である。したがって結局、『精神現象学』においてユダヤ教は重要な役割を与えられているわけである。だがキリスト教の登場に貢献するのはユダヤ教の内容ではなくて、それに含まれている経験である。ユダヤ教は（周辺にある）有象無象の形の一つではなくて、そのほかのすべてに浸透している「中心」なのである。ユダヤ教の不幸な超越的な精神がローマ・ヘレニズムの世界全体に浸透して、世界からは神々が奪い去られてしまった。ユダヤ教の精神はそれを埋め合わせることはできないが（むしろ、神々の喪失を強調し増幅するが）、ユダヤ教の呼び起こす痛ましい憧れによって、それはキリスト教の産みの苦しみ、主体たる絶対者の産みの苦しみとなる。

こういう読み方はもちろん、不幸な意識は歴史上の一つの時期に限られるものではなく、いくつもの時期に現れることを前提としている。不幸な意識は中世のキリスト教に限られるものではない。不幸な意識はすでに古代にも現れていた。自然や芸術の内在的な神々が消滅して、超越的世界への痛ましい憧れが経験されるなかで、ユダヤ教がその世界に浸透していったのだ。(6)

ユダヤ教は産みの苦しみにすぎず、新しい局面の**内容**ではない。したがって、主体たる絶対者がユダヤ教から現実的に姿を現すということはない。主体たる絶対者は最初から――誰でも目でみて手で触れることのできる――神人として受肉したキリストの姿で現れる。これがヘーゲルにとっての「啓示」宗教の基本的意味なのだが――これは奇妙な意味であって、ひとしく預言や神によって啓示された書物にもとづいているにもかかわらず、ユダヤ教もイスラムも排除されてしまっている。問題をはっきりさせるためヘーゲルは、啓示宗教のことを普通通りに geoffenbarte Religion とは言わずに、offenbare Religion という独特の言い方をしている。これは真の啓示は言葉だけで起こるのではなく、神の現実の受肉によって起こることを意味している。真の啓示を受けた（＝顕わになった）宗教は絶対者を精神的全体性として表現するが、その全体性において人間と神、有限な者と無限な者が和解させられ、相互に媒介される。これはキリスト教の核心ではあるが、ユダヤ教やイスラムでは核心をなしているものではない（このいずれにも受肉は存在しない）。もっと微妙な批判的見解がカトリック教徒に向けられている。カトリック教徒にとっては、神の言葉は啓示されるが顕わなものではない。カトリック教徒には聖職者による権威ある解釈が必要だが、プロテスタントにとっては神の言葉は聖書において近づきうるものとなり、顕わなものとなっている。(7)

結論を言えば、絶対者が現れるユダヤ教独特の形があるわけではない。その限りにおいて『精神現象学』はユダヤ教について沈黙を守っている。精神としての絶対者はまず異教文化に現れ、次に受肉したキリスト、神人となって完全な姿を現す。だがユダヤ教にはキリスト教の「産みの苦しみ」という役割、異教世界からのキリスト教の登場を促す痛ましい憧れという役割がある。**その限りにおいて、ユダヤ教は世界精神に――その最大の危機において――貢献するわけである。**ヘーゲルはまだ抑制していて自分の新しい考えを詳しく説明するには至っていない、――もっとも、彼の沈黙が**雄弁な**沈黙であるかぎりでは、その沈黙は隠す以上に多くのことを語っている。

とはいえキリスト教以後のユダヤ教は、それが提供した救済の門から閉め出されている。ユダヤ教自身のプロジェクトは中絶し、ユダヤ人は事業達成の絶頂において歴史から追放されたのである。

第4章　円熟期のヘーゲル——崇高なるものの出現

もう抑制はとれていたが、次の十年間にヘーゲルがユダヤ人について書いたものはわずかである。それはその時期の著作がおもに体系的なもので歴史的なものではなかったからだと思われる[1]。だがその後、特にベルリンに移ってから、ヘーゲルは大きな講義にとりかかる。そのなかで体系の歴史的側面を説明するとき、再びユダヤ教が明確な主題として登場する。強調点や批判の厳しさに違いはあるものの大半の（歴史哲学、美学——最も重要なのは宗教哲学）講義でユダヤ教を批判しているが、若い頃の見解とは逆に、ユダヤ教が世界精神の発展における重要な局面であることをはっきり認めている。

『歴史哲学』——ユダヤ教による自然の克服

多様な批判のなかで最も目立つ攻撃がみられるのは『歴史哲学講義』である。以前の無駄口や沈黙に代えて、ヘーゲルはここで自分の考えをきっぱりと明確に語っている[2]。以前の訓戒調は消えてバランスのとれたユダヤ教の理解が現れているが、それはおそらくヘーゲルの全著作のなかでも最も客観的な理解である。ユダヤ教に批判的ではあるが、悪意とか陰性の情熱といったものは影を潜めている。以前の彼には不快に思えたユダヤ人の生活の側面や苦難に対しても、ヘーゲルは思いやりを示し同情を寄せている。

「ユダヤ」と題する節で、ヘーゲルは自分の弁証法の一般原則を繰り返しながら、特にユダヤ教について次のように触れている。

あらゆる精神的活動、特に宗教には、その特性がどういうものであっても、必ず肯定的な要素が含まれている。いかに誤った宗教であっても、退化した形にしても、真理が含まれている。どういう宗教にも神が現存し、神との関係が存在するのであって、歴史哲学はどんなに不完全な形であってもその精神的要素をみいださなければならない(3)。

この原則を（『精神現象学』では明確には適用していなかった）ユダヤ教に適用する際、ヘーゲルは以前の著作とはっきり訣別している。世界歴史と精神の展開において、疑いなくユダヤ教に大きな役割が与えられている。ユダヤ教が自然からの根本的断絶をもたらしたおかげで、精神は自然に取って代わり自然と対立することができるようになったのだ。ユダヤ教は「ペルシア」文化圏から出てきたものであるが、西洋——キリスト教世界——の出現を可能にし、東洋と西洋の分裂を作り出したのはユダヤ教である。

ユダヤ人がもたらした自然に対する精神の優位から生じたのが、決定的な文明化という事態であった。自然と精神は弁証法的に連関しているが、両者が対立しながら長い間に多くの変化を経たのち——文化と歴史という——精神そのものの領域で両者の和解が生じる。

先に分析した『精神現象学』の曖昧な「誕生の場面」を顧みながら説明している箇所がある。そこでヘーゲルはこうのべている。「ユダヤ人の世界史上の重要性と影響力は」、——個人がその前で自分の無意味さを覚える、超越的な神に対する痛切な憧れである——「彼らの不幸な意識のうちにある」(p. 321)。神への限りない渇望が「最も純粋に美しく」表現されているのはダビデの詩篇と預言書である。そういうことはローマ世界の内部では起こりえ**なかった**（ここでヘーゲルは『精神現象学』での見解を逆転させている）[4]。ユダヤ人が切望しているは、**精神的**実在であり人格である神なのであって、自然の実体としての神ではない。神が精神として把握されると、多神教のなかにあった自然の自己充足性は失われて、自然は被造物に還元される。自然は従属的なものとなり、物として扱われ、神聖な性格を失ってしまう。――そして自然の創造者である神が、崇高なるものの位置にまで高められる[5]。

後にニーチェは、ユダヤ人による自然との分裂が西洋の崩壊の源だと非難する（第II部参照）。だがヘーゲルは、ユダヤ人による自然との分裂を偉大な前進――自己意識に達した精神の始まりとして褒め讃えている。精神が自然より優位に立っているからこそ「道徳や正義が現れ」（p. 196）、自由や選択や独立原理としての自我も現れうるのである（p. 321）。

ヘーゲルの新しい立場は初期論文とあきらかに対立する。初期論文では――カントの場合と同じように――ユダヤ教は単に外面的な、儀式だけの、道徳内容のないものだった。ところがいまやユダヤ教のなかに「純潔な心、悔い改め、献身」にもとづく真の「主体的な感情」が認められ（p. 197）、すぐれた詩に表現された宗教的熱望が捉えられている。ユダヤ人に対してまだ批判的であるが、ユダヤ教における（プロテスタント文化では精神性と自由を意味する）高貴な内面性を認めるところなどは、ヘーゲル初期の啓蒙思想的な論文、ましてカントと比べれば、ほとんど目を疑わせるほどである。ユダヤ教神殿が空虚であるのをみたポンペイウスの話を思い出してみればいい。若い頃のヘーゲルには、それはユダヤ教の空虚さのしるしとみえていた。ところがいまやヘーゲルは、まさにその同じ特徴のゆえにユダヤ教を絶賛する。「感覚的なものから完全に独立した形で、精神的なものが表現されている」（p. 196）。

だがユダヤ教には欠陥が数限りなくある。個人は現実には自由でなく、家族や共同体に縛られている。ユダヤ人を統一する聖なる神の前で、個人は消え失せてしまっている。それをあらわしているのがユダヤ人が縛られている「堅苦しい儀式」や「厳格な戒律」である。それをみると、モーセの律法はまるで罰として与えられたもののように思われる。精神の本質的な普遍性というものと、ユダヤ人の選民思想にもとづいてユダヤ教に現れた精神の特定の形態との間には、もう一つ重要な矛盾がある。

ヘーゲルがユダヤ教にみいだした最も驚くべき欠陥は、ユダヤ教のいわゆる非政治的な性格である！「国家はユダヤ教の原理と一致しない制度だ。それはモーセの律法とは異質である」(p. 197)。ユダヤ教という宗教を創始したのは族長であり、ユダヤ教は国家ではなく家族と結びついている。ユダヤ人の間には「厳密に言えば、政治的結合は存在しない」(同所)。なぜなら彼らの国家は家族の延長だからである。ユダヤ教は政治的制度に**すぎない**(カント)とか基本的に神政政治だ(スピノザその他)というもっと普通の非難を知っている者なら、誰でもこれには驚いてしまうだろう。しかしヘーゲルが言っているのは、単なる国家と真の政治的結合である法治国家(Rechtsstaat)との区別なのだ。真の国家の法は市民の精神や権利をあらわすものであって、単に市民に課されるものではない。ヘーゲルがいくつかの著作で力説しているところでは、そうした結合がソロンやリュクルゴスの法のもとにギリシアには存在していた。しかしモーセの戒律のもとには、そういう結合は存在したためしがない。

しかしこういう批判をしているにもかかわらず、ヘーゲルは離散したユダヤ人の苦しみに共感し、「失われた豊かな在り方」(すなわち彼らの土地と国家)を回復しようというメシア待望には同情さえもらしている。これはメシア待望を受動性とか「病気」とする若い頃のヘーゲルの非難とは正反対である。ヘーゲルはユダヤ人の希望や苦難を「能動的な」態度として激賞し、ストア的な運命の甘受よりもまさっていると言う。ストア派は苦しみは非現実的だと考えて苦しみに耐える。ユダヤ人は苦しみが現実であることを知りながら、それを克服しようとする。したがってユダヤ人は歴史をよりよく理解しており、苦しみが現実であり歴史発展の重要な原因であることも知っているのだ。

ヘーゲルがこの考えを発展させていたら、離散期のユダヤ教が世俗化して近代世界に果たした役割に気づいたかもしれない。ヘーゲルによれば、近代世界には現実を自分の考えに合わせて作り上げようとする人間的意志が含まれており、それは不変不動の世界の条件に従おうとすることとは正反対だからである。ヘーゲルは近代国家を、宗教的な意味を保持しながら世俗化していく宗教的（プロテスタント的）文化ともみていた。これは過去二世紀の多くの近代ユダヤ人がめざしたものと一致する。彼らは能動的な意志やユダヤ教のメシアニズムの世俗版に駆り立てられて、世界変革の政治運動に入っていったからである。もしそうであれば、ヘーゲルは世俗化したユダヤ教が、**彼の**理解していたような近代世界建設において一つの役割を果たすとみていたのかもしれない。だが後に示すように、ヘーゲルは（ニーチェとは違って）そういう方向には進まなかった。

崇高の詩——美学

ユダヤ教への共感を示す論調はヘーゲルの『美学講義』に繰り返し現れる。そこで彼はユダヤ教をモーセの律法をとおしてみるだけではなく、ダビデの詩篇——その宗教詩——をとおしてみている。その結果、若い頃には知らなかった豊かな内面的世界が、ユダヤ教のうちにあるのに気づく。

美学はヘーゲル以前のドイツ思想において、活況を呈していた新しい主題だった。有名な人物に限っても——バウムガルテンやメンデルスゾーンからカント、ゲーテ、シラー、シュレーゲル兄弟、ショーペンハウアー、ヘーゲル自身まで黄金時代のドイツの思想家たちが、美や芸術を論じて新たな発見に沸いていた。ヘーゲルの『美学講義』は芸術理論を、芸術形態の批判的歴史と結びつけた。若い頃にはヘーゲルはユダヤ教を美の領域から閉め出していた(「マクベス」を思い出されるがいい)が、いまやユダヤ人の宗教詩を——美の範疇でなく崇高という範疇ではあるが——美学に含めている。

ロンギノスが作った美と崇高の古い区別が近代に復活したのはバークによってだったが、ドイツでそれを復活させたのはカントであった。ヘーゲルはカントに従っているが、カントが自然現象のうちに認めた崇高を芸術のうちに認めている。崇高の芸術とは「現象の領域には十分に表現する事物がみいだされない無限なものを表現しようとする試みである」。(6) この定義によって暗黙のうちに崇高の芸術は非キリスト教的なものにされている。形もなく不可視な——崇高なものは「一切の有限な表現を超越している」。つまり崇高なものは可視的な形態、特に造形芸術や物語といった形態を一切無視して、——神人を含めて——有限なものとの比較を絶している。こういう考えによって、少数の深遠な神秘主義者の作品をのぞけば、(キリスト降誕の絵画・彫刻、聖堂、キリスト受難図、聖歌、カンタータなど)大部分のキリスト教的芸術が崇高なものから閉め出されることになる。(7)

さらにヘーゲルは「肯定的な」崇高と「否定的な」崇高を区別している。肯定的なものは汎神論的芸術であって、これはヘーゲルの考えるところでは、インドのバラモンとかペルシアのイスラム教徒(スーフィ教徒?)の詩人たちのうちに示されているような、自然全体に内在する神を表現するものである。否定的崇高がみられるのは旧約聖書である。ヘブライの詩人たちは神と自然との間の汎神論的なつながりを断ち切った。神は自然からきっぱりと引き離されて、自然の無限な主人たる創造主となった。したがって汎神論は崇高によって取って代わられたわけである。世界から無限に隔たった神は崇高なものになったが、自然は神の単なる「被造物」、正当化される根拠のない偶然の存在になった。[8] ヘーゲルによれば、その結果「自然も人間の形も神を失った散文的なものにみえる」(vol. 1, p. 374)。人間は無意味なものとなり、自然の栄光も豊かさも無限な多様性も、すべて神の栄光の単なる道具になる。千年を「昨日が今日へ移る夜の一時」にすぎぬとし、人生を一瞬の夢と考える詩篇九〇をヘーゲルは引いている。「朝が来れば花を咲かせ、夕べにはしおれ、枯れてゆく」(vol. 1, p. 376)。詩篇一〇四も引用している。そこでは――海、風、光といった――あらゆる強力な要素が神の支配に屈し、神の栄光に仕えている。川の水を流すのも、レバノン杉を植えるのも、草を生長させるのも、人に食べ物を与えるのも、そして何より大事なことだが人の心を喜ばせるワインを与えるのも神である。このように自然のすべてが、強大な自然力から単純そのものである日々の出来事に至るまで、神の内在的な力と知恵と、自然のむなしさと絶対的従属を語っている。このように「[ユダヤ人の]詩篇は、あらゆる時代のための真実の崇高の古典的実例である」、とヘーゲルは言う(vol. 1, p. 375)。

しかしここでこう問わざるをえない。崇高が崇高なのはいかにしてかと。崇高を表現しているという事実は、宗教の強みなのだろうか。これに対する完全な(否定的な)答えが、ヘーゲルの『宗教哲学講義』のうちにある。そこでは崇高は、虚偽の自己意識という観念と結びつけられている。しかしこの重要なテキストを考察するまえに、歴史的背景、特にカントをみておく必要がある。

カントは崇高を主に美学で論じているが、[9] 宗教とも関連づけて書いている。美学と宗教のいずれにおいても、崇高なるものの経験には一種の神秘化が含まれている。その経験が人間と無限者との真の関係を隠してしまうからである。そういう状態を修正するものがカントの「コペルニクス的転回」なのだが、その転回のモデルケースが崇高なるものの分析である。

カントと崇高なるもの

『判断力批判』を読んでもあまり気づかれないことだが、カントは、(a)崇高を**経験する**意識のレベルと、(b)その経験を**徹底的に研究する**意識のレベルという二つのレベルに分けて、崇高なるものを論じている。それはまるで哲学者が、崇高を経験した人物を観察して、次のような二つの質問をしているような具合である。(1)その人物はどう感じているか。その人物**自身の**目にその経験の**現実の**構造はどう映っているか。(2)その経験の現実の構造はどういうものか。そしてそれは現実に何をあらわにしているか。この哲学者がみいだしたところによると、崇高の経験によって人間および宇宙における人間の立場にかんして何か深遠なものが呼び起こされる。しかし崇高を経験する意識は、それを誤って解釈し——その意味を逆転させて——、欺瞞的な自己意識が作り上げられてしまう。したがって崇高の経験を正しく研究すれば、その経験がもたらす虚偽の自己意識が修正されることになる。

崇高を経験する者は——星空、宇宙空間、大嵐、壮大な連山、氷河など、その力や大きさが人間能力との比較を絶する——計り知れない事物を前にしている。そういう事物は、現実に危険にさらすわけではないが怖れを感じさせ、それを眺める者はすさまじいものを前にして、自分は無価値で全く無意味だという気がする。現実の危険があるわけではないので、眺める者の恐怖は現実的なものではなく感覚的なものにすぎない。(美の根本にある関心なき快感と対応させて)その恐怖を「関心なき恐怖」とよぶことができる[10]。恐怖はあるけれども崇高が実際に生み出すものは、一種の「否定的快感」だからである[11]。この快感の否定的な要素も、崇高なものを眺める者が、事物のほうには力や実質や価値があるが自分は無価値だと感じる経験に由来する。

これと似た経験は宗教や形而上学ではよく知られている。パスカルはそれを近代的にこう記した。「この無限な空間の永遠の沈黙に私はおびえる」(Pensées, para. 206)。カントも有名な言葉のなかでこう言っている。「つねに新たに深まる賛嘆と畏敬の念で心を満たすものが二つある……私の上の星きらめく天と私のうちにある道徳律がそれである」[12]。カントの崇高の感情は、原因は否定的なものであるにしてもそこに一種の快感が含まれている (wohlgefallen) 点で、パスカルの怖れとは異なると考えられる。

崇高の経験から目を転じて、その経験を観察する哲学者による**分析**へ目を移せば、この違いはいっそう大きくなる。カントの分析によって、現実に力と価値を有しているのは、人間自身の心や**人間のうちにある**基本的なものであることが徐々にあきらかにされる。崇高な事物に引きつけられるにつれて、ますますそれが恐ろしくみえてくるのはなぜかと言えば、それは人間の魂の内部から異常な力を引き出して、限りない支配とみえる自然に対して、臆することなく対抗する勇気を与えるからである[13]。さらに、崇高の経験が人間の力を呼び起こし強めるだけでなく、無限な広がりをもつ自然に**まさる**特殊な強みが道徳的、理性的動物である人間にあることを教える。その点で崇高とは、対象から人間自身の内部にある根本的なものへと目を反転させる一つの**反省的**経験なのである。この経験のなかで深い形而上学的真理が開示されるが、それは人間は習慣的に自分に隠して外部の対象に何かを投影しているということである。対象をみている者に崇高の経験が開示することは、自然を前にしている自分は卑小で無価値な動物ではない、理性的存在としては人間は自然全体よりもすぐれているということにほかならない——もっとも、それは科学的認識の能力のためではなく、ただ道徳的理性および理性が人類に命じる道徳的、歴史的計画によってである。

道徳法則を現実の自然の世界で実現して、自然の世界を**道徳的**世界に作り変えようとする計画がそれだ。したがって「崇高は自然のどういう事物のうちにも存在することはない。自分の内部に自然にまさり、外部でも自然にまさる優越性が意識されるかぎりにおいて、崇高は人間の心のうちにある」ことが明白である。[14]また「それゆえ自然がここで崇高とよばれるのは、自然によって構想力が高められ、自然を超える人間の使命特有の崇高の感じられる場合が思い描かれるからにすぎない」[15]。崇高（およびそれにともなう価値）は自然の事物の属性ではなくて、——存在するだけの人間とか使用されない人間理性には属さないが——人間に属するものなのだ。むしろ崇高とは、人間理性を発揮して人類がやり遂げて到達すべきものに認められる属性なのだと言ったほうがいい。カントの言い方では、崇高は人類の道徳的「使命」のうちにあるということになる。

別の機会に、[16]その使命は道徳的歴史を推進し、「世界のうちに最高善」を創り出すことだという解釈をしたことがある。人間を単なる自然を超えて高めるという課題は、人間が自分の理性を発揮して、既存の自然を作り直し、新しい世界——道徳法則を実現した社会的、政治的、精神的な宇宙——を作り上げていくことを要求する。この目標が達成されるのは、社会活動、政治、教育、法制その他の人間文化の諸要素による。[17]

カントによればこの道徳的、歴史的な使命が、豪華絢爛たる自然をしのぐ力と卓越性を人間に与える。人間は自然を前にして惨めで無意味なものとして立っているのではない。人間は——道徳的世界を創造する一種のデミウルゴスとして——半神的な役割を果たし、道徳的世界の法則を（社会的、政治的な自然を含む）自然に刻み込む。

要するに以上が、批判的分析によって崇高の経験のうちにみとどけられた形而上学的真理である。崇高の経験においてみいだされるものは対象ではなく人間自身であり、崇高として敬われるものは外部にあるものではなく、人間自身の道徳的使命なのである。ところが（カントの言う）一種の「置換」によって、心情は（真実の）秩序を逆転させて、自己欺瞞に陥る。

崇高とコペルニクス的転回

ここには後のヘーゲルやその後継者たちが展開した自己疎外という概念のカント的な種子がある。カントの言うさまざまな領域における「コペルニクス的転回」というパラダイムは、自己疎外と言うべきその状況を修正する思想革命にほかならない。

たとえば、過去の哲学者はみな「物自体」（という観念）に悩まされてきた。それを認識するためには人間精神がそれを写し取ることが必要であり、あらゆる命題が真であるためにはそれに一致することが必要であった。コペルニクス的転回が起これば、外部の対象が対象**となる**ためには、対象は人間理性が立てた法則に一致しなければならないということになる。道徳理論においても、普通の人や普通の人の代表である独断的な哲学者たちは、既定の美徳というものがあって、人間の意志は道徳的に善であるためにはそれに一致しなければならないと信じている。コペルニクス的転回が起こればその反対に、（理性的な）人間の意志が道徳法則を立てるのであって、人間の意志があらゆる道徳的価値の根源であるということになる。批判的でない人物は最初は、無限な存在が外部に超越的にあって、それが世界を創造し道徳的命令をくだしたと信じ――そう考えてはじめて宗教的でありうるのだと信じているにちがいない。コペルニクス的転回が起こればその反対に、人間自身の理性的意志が立法する道徳命令の妥当性をまず認め、それを聖なるものとして敬わねばならない――それが真実の宗教であるということになる。さらにカントの宗教は、外部に存在する神という立法者を信じるのはやめて、道徳的世界を創造する**人間自身の**能力を保証するものとして神を認めることを要求する。

この哲学者によると、こういう場合に普通の意識は真理や客観性や道徳的価値や崇高の根源を外部のものに割り当て、投げかけ、投影して――その前で頭を下げてきたのだ。これが伝統的形而上学ならびにそれにもとづく道徳、宗教、政治のうちに含まれている自己疎外の根源なのである。その状態を反転させること、それがカントの「コペルニクス的な」思想の核心であり、彼の哲学革命の本質である。

ヘーゲルや、フォイエルバッハやマルクスのようなヘーゲルの弟子たちが、カントが崇高を分析してみいだした自己疎外の種子を発展させている。自己疎外という概念にはさまざまな形態があるが、そのすべてに、転倒され外部へ投影されて人間らしさと対立するに至った人間の本質がみられる。フォイエルバッハは疎外の原因を宗教意識の構造にみいだした。神は人間自身の「聖なる」本質の架空の投影であって、それが逆転して抑圧的な力となる。マルクスになると、宗教的疎外が経済的疎外となる。人間の本質の外化である労働が、資本主義的条件のもとでは疎外され、人間性を拡大する代わりに、人間性を損ない歪めている。ヘーゲルについて言えば、彼は崇高、疎外、虚偽の自己意識を特にユダヤ教と結びつけている。たしかにヘーゲルの場合は、そのほかにも（中世キリスト教あるいは形式主義的ロココ文化のような）疎外現象があり、もっと一般的に言えば、精神が実現されるためには「他なるもの」にならねばならない以上、疎外が精神そのものの弁証法的必然となっている。しかしユダヤ教がその最も重要な実例とされていることに変わりはない。

これが特にあきらかなのはヘーゲルの『宗教哲学講義』である。それに移ることにしよう。

第5章　崇高ならぬ崇高――宗教哲学

ヘーゲルは生涯の最後の十年間に、宗教哲学の講義を四回している（一八二一年、一八二四年、一八二七年、そして死去した一八三一年）。ヘーゲルがゆっくり話したおかげで、聴講者は十分ノートすることができた。講義の信頼できる完全なテキストを作る努力がなされたが、それは完全な成功には至っていない。学生のノートには違いがあり、なかには紛失したものもある。ヘーゲル自身の（一八二一年以降の）講義ノートは断片的で不完全であって、講義の最終形態とは異なっている。編纂の試みは出尽くしたので（イェシュケのものが最新の試みである）、ヘーゲルの宗教哲学講義の完全な批判版をこれ以上待っているわけにはいかない。(1)

もっともどの版も基本思想では一致していて、示されているアウトラインはほぼ同じである。第一部では宗教の一般概念が論じられる。第二部は「規定された宗教」と題されて、それぞれの宗教の神（絶対者）のイメージ、祭儀、祭儀に含まれている神と人間との関係が検討される。第三部では特にキリスト教が扱われる。これは弁証法的階層をなしている他のあらゆる宗教がめざす「完全な宗教」である。

ヘーゲルは神学ではなくて宗教哲学――すなわち宗教的**現象**の哲学――を提示しようとしていることを説明している。神の存在とか摂理とか霊魂の不滅といった宗教の教理について合理的な証明を提供するのは宗教哲学の仕事ではない。初期のドイツ啓蒙思想が復活させ、その後カントが粉砕したスコラ的なプロジェクトをヘーゲルは、哲学には無関係だ——対象を誤った「無関係な反省」だ——と考えている。宗教哲学が扱うのは——神話、物語、祭儀、祈り、イメージなどの——宗教的現象の現実的な生きた素材である。それぞれの歴史のうちに具象的な表象（Vorstellungen）の形で断片化され不完全になっているものから、宗教哲学は哲学的な意味を引き出そうとする。

ユダヤ教については、ベルリンでの講義は一貫して「崇高の宗教」に分類しているが、二通りのやや異なる説明をしている。雑な言い方をすれば、一八二一年と一八二四年の講義は後の講義よりも厳しいが、豊富で完全な説明になっている。その説明を吟味するまえに、ヘーゲルの宗教の概念と、宗教と哲学の関係について一言のべておかねばならない。

哲学と宗教

哲学を宗教から切り離した近代の哲学者たちと違って、ヘーゲルは両者は深く結びついていると考えている。両者とも——存在と認識の統一の達成という——同じ目的を共有していて、ヘーゲルはそれを真理とか絶対者とよんでいる。哲学は宗教的真理を概念によって表現するものである。したがって哲学は宗教より高次のものである。しかし哲学がそういうものであることを理解するためには、まず宗教をその一般的本質と多様な歴史的なあらわれにおいて理解しておかねばならない。哲学と宗教との違いは共通の対象を表現する形式や媒体の違いによる。宗教では——想像力によって生み出された特定のイメージ、象徴、メタファー、儀式、物語といった——具象的な表象（Vorstellung）が用いられるのに対して、哲学で使われるのは概念（Begriff）——構造化された概念の普遍的力——である。

宗教と哲学の類似はヘーゲルのほとんどの著作で力説されている。『精神現象学』では両者は精神の最高段階に現れる。最高の宗教的形態から純粋な哲学へ移行することによって、「絶対知」が達成される。絶対知の内容はまず『論理学』において詳細に説明される。それについてヘーゲルは比喩的に、「自然や有限な精神を創造するまえの、永遠的本質のままである神」を示すものだとのべている。[2] 論理学は神の永遠的な「思惟」を説明するものであり、一種の哲学的な知（グノーシス）である。神に述語を与えることによって神を知ることは人間理性には不可能だとしたカントとは反対に、ヘーゲルは存在論のカテゴリーを神自身の述語だと考え、体系的に神についてのべねばならないとした。

『エンチクロペディー（哲学諸学綱要）』において自分の円熟した体系を要約してのべる際に、ヘーゲルは宗教の内容と思弁哲学との統一を力説している。

哲学は何よりも宗教と対象を共有している。両者いずれの対象も真理にほかならない。その真理は──神が、神のみが真理であるという──最高の意味での真理である。その次に両者は有限者の領域、つまり自然と人間精神、およびその相互関係と真理としての神との関係を扱う。[3]

『哲学史講義』ではこの考えが次のように説明されている。

このように哲学と宗教は、絶対的真理であるもの──すなわち絶対的であるかぎりでの神そのものと、神との関係における人間という共通の主題［ないし対象（＝ヨベルによる注記）］を有している。……ところで哲学は［宗教と］同じ主題を有しているが……宗教がこの和解を献身や祭式において、つまり感情を手段として成し遂げるのに対して、哲学は思考において、つまり思考によって得られる認識において、その結果に到達しようとする。(4)

哲学は真理を扱う——もっと正確に言えば、神を扱う。哲学は永続的な「神への賛美」なのだ。それゆえ哲学と宗教が異なるのは形式においてであって内容においてではない。しかし形式におけるその違いが非常に大きいために、両者は矛盾し、相互に排除し合うことになる。「このように宗教は哲学と内容を共有しており、形式において哲学と異なるにすぎない。哲学にとって唯一重要なことは、宗教の内容を把握しうるほどに概念形式が完成していることである(5)」。

最後に『宗教哲学講義』はこの問題を次のように要約している。「宗教の対象は哲学の対象と同じように永遠の真理である神そのものであり、神のみであって、神の説明にほかならない。……哲学は宗教を説明するときそれ自身を説明しているのであり、それ自身を説明しているときには宗教を説明しているのである(6)」。また「宗教の諸形態つまり諸規定は一方では、宗教一般ないし完全な宗教の諸契機である。だが他方では、そういう諸形態それぞれが独立の姿をとっているのであって、宗教はそういう姿で時間のなかで歴史的に発展してきた(7)」。

哲学が宗教より高次のものであれば、宗教はいったい必要なものだろうかという疑問が起こるかもしれない。ヘーゲルの考えでは、宗教は——「他なるもの」を介して現実化するという——精神の弁証法的必然にもとづいている。哲学は宗教の形をとって現れねばならず、宗教も高低さまざまな形態の弁証法的な序列において現れねばならない。宗教の（抽象的な）本質は多様な歴史的宗教のなかでそれぞれの形態で具体化され、明確な姿をとる。多くの宗教は絶対精神の発展の諸段階なのであって、絶対精神が具体的表象を介してあらわになるのである。それと似た形で精神は、「絶対知」において絶頂に達する一連の哲学体系や世界観では概念の形であらわになる(8)。

形式と内容の対立はまず明確な理性的概念(Begriff)と、概念を表現する曖昧なイメージやメタファーなどとの対立という形で現れる。次の対立は宗教一般の**絶対的な**本質と、歴史的宗教の本質が表現される有限な形態との間の対立である。歴史的宗教を限定するものは単に内容を提示する曖昧で不完全なやり方だけではない。それは歴史的宗教が弁証法的に内容を**偽っていること**にもよる。内容が本質の現実化に協力するどころか本質を挫折させる「他なるもの」という独特の歪んだ形で現れるのだ。

ここには外化と疎外というもう一つ重要な区別がある。外化は弁証法の必然的契機である。どういう本質であっても現実化される前提として、経験的ないし歴史的な世界に現れねばならない。しかしこの外化は十分なこともあれば不十分なこともあって、本質の実現を促進するか、それを妨げたり歪めたりする。この後の場合が疎外であって、単純な外化とは異なる。(このことはユダヤ教にも当てはまるだろう。)

ヘーゲルは宗教の概念は経験的歴史に外化されねばならないことを力説している。(これから取り上げる)ベルリン講義では、この考えが力強い言葉でこうのべられている。「概念によって必然的であるものは存在しなければならない。継起した諸宗教は偶然に登場したわけではなかった。……それは偶然の作品ではなかった。……継起する規定された諸宗教を概念の導きのもとに考察すれば……一連の歴史的宗教が概念から立ち現れてくる(9)」。

宗教の本質的契機は不完全で有限な形態のなかにも存在すると言われている以上、どういう宗教にもそれぞれの時代や歴史的形態のなかに、それぞれが正当化される**何らかの**合理的根拠があることになる。どういう宗教も理性に反するものとして捨て去ることはできないのだ。ヘーゲルが言うように、むしろ「わわれわれはそれらを正当に扱わねばならない［それらの基本的合理性を認めなければならない］。というのは、それらのうちにある人間的で合理的であるものも、もっと高次の意識においては一つの契機にすぎないとしても、われわれ自身のものだからである」。さらにヘーゲルは次のようにのべている。これまでの宗教のうちにある恐ろしいものや興醒めなものとも和解しなければならない。これはそういうものを合理的なものとして受け入れるからではなくて、それが（おそらく）**本質的には**合理的と認められる過程の偶然的側面だからである。この意味において、宗教哲学は不十分なものではあるが、それでも一種の弁神論なのである。[10]

第二に、歴史的序列における宗教の順位は宗教が神の真の本性や、神の人間に対する関係や、宗教として役割を自覚している（また神話を脱却している）程度による。ヘーゲルはこうのべている。「宗教的精神の順位は、こういう知識が［そのなかに］存在する程度に応じる高低、貧富の差によって決まる」。[11]

その講義の別の箇所でヘーゲルはのべている。「神について人間がいだいているイメージは、人間が自分自身について、また自分の自由についていだいているイメージに対応している」。したがって、特定の宗教における真理の程度を決めるのは、「(1)神はいかにして人間に知られているか。神はどのように規定されているか。(2)その結果、主体が自分自身にいかに知られているか」という二つの問いである。[12]

たとえば自然宗教は神を有限な事物として描き、ユダヤ教では神は人間から無限に隔たった無限な精神として描かれる。キリスト教では、有限な世界と人間のうちに宿る無限な精神として描かれる。ユダヤ教が神の精神性を強調しながら、「崇高」と解釈してただちにそれを歪めているのに対して、キリスト教は人間と神との相互媒介に力点を置いている。この原理はカトリシズムでは再び歪められたが、ルター派によってはじめて実現の緒についた。[13]

上に引用した箇所でヘーゲルは「われわれ自身の」宗教と言っているが、そこで言われている「われわれ」とは「われわれ哲学者」のことであり、また「われわれルター派」という意味にも解される。ルター派の哲学者としてルター派である学生に向かって語りながら、ヘーゲルが主張しているのは、自分たちの「完全な」宗教は他の諸宗教に堅苦しく対立するものではないということである。他の宗教を扱う場合、ルター派は最初思われるような全く異質なものを扱っているのではない。自分たち自身のものでもある何かを扱っているのだ。このことを認識すれば、自分自身の「真の宗教」を他の人々の「偽りの宗教」と和解させることができるわけで、ヘーゲルの体系ではそれが寛容の理論的基礎となっている。——たしかにそれは階層序列を踏まえた横柄な寛容だが、それも寛容であることに変わりはない。

自然宗教

本性的に神は精神である。しかし自然宗教は神を事物、（主体ではなく）恐ろしい物として捉えている。神は現実的な主体としてではなく、精神の外化である自然として現れる。だが中国、ヒンズー、ペルシア、エジプトなど——東方の宗教では、西洋のように自然は世俗的、「散文的」事物ではなく神聖化された事物であって、聖なる力をふるうものである。光や太陽の崇拝では、光や太陽は観察や活動の対象である自然物だとは考えられていないことが認められる。ヘーゲルによれば、西洋の「散文的」態度は（ユダヤ教が可能にした）もっと高い段階への発展を求める。

なお、自然宗教の欠陥はまだ疎外ではなくて、一面的な外化である。疎外が起こるのは、自由や合理的目的のような原理を含み、神が主体ないし人格として現れる比較的高次の宗教においてである。というのはその段階になってはじめて、神本来の役割が、その宗教で神が現実に果たす役割と矛盾するようになるからである。
そういう高次の宗教は「精神的個人の宗教[14]」とよばれるが、それはさらに崇高の宗教（ユダヤ教）と美の宗教（ギリシア宗教）と功利主義の宗教（ローマ宗教）に分けられる。以下ではまず一八二一年と一八二四年のもっと完全な資料を使い、その次には一八二七年の資料を使って、ユダヤ教に焦点を当てることにする。

虚偽の自己意識としての崇高

『美学講義』の場合と同じように、「崇高」がユダヤ教の賞賛すべき特徴をあらわしているようにみえるかもしれない。だが実はそうではない。ヘーゲルはユダヤ教は崇高なものだとは言っていない。彼が言っているのは、ユダヤ教は崇高の宗教であるということにつきる。すなわち、ユダヤ教は神を崇高なものとして描き、人間をその反対のものとして描いている。神は人間を支配し圧倒する無限の力であり、その前では人間は自分を意気地ない卑小なもののように感じる。しかしヘーゲルによると、われわれ哲学者はそうした自己卑下は不適切なことを知っている。無意味な人間と抗しがたい神との対立は真実ではない。それは人間――この場合は、ユダヤ人――の精神が作り上げた欠陥だらけの観念なのだ。したがってユダヤ教は、人間の自己疎外と人間の真の本質からの疎外を示す、虚偽の自己意識の一形態にほかならない。

ベルリン講義の新しい点は、疎外が起こりうるようになったのは、ユダヤ教の否定的な特徴によってだけではなくて、もともとはユダヤ教がもたらした進歩によるという点である。ユダヤ教が神をもはや自然物でなく精神として捉えたからこそ、ユダヤ教は疎外を生み出すことができる。というのは、ユダヤ教はその新しい原理をその本質の正反対のものとして提示しているからである。

崇高の意味——疎外・恐怖・隷属

ヘーゲルはユダヤ教を自然宗教の最初の止揚（Aufhebung）として提示している。その意味はすでにあきらかである。絶対者が主体、精神としてみられている。自由や有意味な目的の種子が宗教のなかにはじめて現れている。そして有限で特定のものと無限な普遍的なものとの和解が、可能になる根拠が据えられている。絶対者が人間が外部から眺める自然物であるかぎりは、人間は自分自身の自己、関心、精神を現実の最高原理のうちにみいだすことができなかった。そして人間の唯一の救いは圧倒的な「一者」のうちに沈み込むことであった。[15]

それゆえ実体の哲学は、個人に本当の自由をもたらすものではない。自由であることには、外界のうちに——つまり現実の自由な人格として、個人が再構成される社会の慣習や制度のうちに——具体化される自分の精神や真の本質を再発見する、個人の能力がなければならないからだ。

この自由の分析によって求められるものは、ダイナミックな主体としての全体性である。[16] 実体は偽りの全体性である。なぜなら実体というものは、個人を再建しないで個人を包み隠すからである。それとは反対にヘーゲルの体系でも、絶対者は主体として理解されている。有名なアフォリズムにはこう言われている。これが近代世界の明確な世界観であり、自分の哲学において起こった最も重要な転換なのだ。[17] そしてそれと似た転換が、歴史的には古代ユダヤ教によって達成されていたのだから、**円熟期のヘーゲルは、ユダヤ教の歴史的役割と彼自身の哲学における最も重要な転換との類似点を暗黙のうちに比較することになる。**ユダヤ人による革命はキリスト教の到来を告げただけでなく、ヘーゲルの体系の基本原理をも告げていたのだ。若い頃の論文と比べれば、なんと遠く隔たったところにきたものだろう。

それにもかかわらず、ユダヤ教については非常に否定的なイメージが展開される。ユダヤ人は疎外を可能にした。なぜなら神が精神として把握されると、人間は神のうちに自分の姿の反映を期待しかねないからである。しかしユダヤ教はその期待を打ち砕く。ユダヤ人は――精神、自由、目的といった――革命的原理を導入したが、最初からそれを歪めてしまった。ここには、一つの観念がまず示された後で歪められるといった、変質過程は存在していない。ユダヤ人の観念は最初から偽りの姿で登場したのである。このことはいくつかの観点からあきらかにすることができる。

自然宗教では絶対者は（事物として）外化された形で現れるけれども、それはまだ疎外されているわけではない。神が精神的なものとして捉えられないかぎり、原理的に人間の姿や目的や意味が、全体性（の意味）の内部に反映されたり歪んだ形で認められたりすることはない。主体は何よりも目的をめざす活動であって、それ自身のために目的を設定し、周辺にある事物に目的論的な意味を与える。それゆえ客観的世界の進路のうちに自分の目的や精神を再発見しようとする者にとっては、――世界そのものや世界の進路について思い悩む者にとっては――絶対者を主体として把握することが暗黙のうちに前提となっている。絶対者が盲目の自然物だとしたら、絶対者の目的を問うても、また目的がみつからないと不満をいだいても無駄なことだろう。そのときにはスピノザやニーチェに同意して、目的論の問題はすべて、無関心な世界に自分の願望や考え方を投影する者の自己欺瞞にもとづくと言わざるをえない。しかし絶対者が精神的存在であれば、神**本来の**目的があると考え、それが人間の目的と矛盾するようにみえるのを不満に思って、その葛藤を弁証法的に和解させようとするだろう。

その葛藤が特にあきらかなのがユダヤ教であって、そこでは神は人格とみられるが、主体の弁証法的観念が使われていない。神は世界の彼方にあって、世界を外部から支配する超越的人格である。神は「抽象的な」普遍であって、存在するために特定のものに依存することはなく、そこには特定のものの存在を説明できるものも含まれていない。特定のものが存在するのは単なる偶然であり、神の恩寵か恣意による偶然の事実である。すべての存在の偶然性を表現したものが世界創造のイメージなのである。ユダヤ人はそれを単に恩寵の行為として考えるほかはない[18]。

同様な構造が個人と神との関係の特徴でもある。神の精神性が**人間の**精神によって媒介されていないから、人間は乗り越えようもない裂け目によって神から隔てられ、神への一方的な依存関係のなかにおかれている。有限者と無限者との間には和解はありえない。神が崇高なものとして経験されるとき、人は怖れと戦きにおそわれ、屈従と恭順の態度で神の前に立つ。神の力は人間の理解を絶する恐るべきもの、圧倒的なもの、無限に遠く隔たったものである。

知恵と目的

知恵と目的という言葉で、崇高にさらに分析が加えられる。思考し目的を設定できる神に対してしか、人生の意味や歴史的出来事の意味や世界全般の意味は問えない。しかしユダヤ教では神の無限な距離のために、神の知恵は越えがたい深淵によって人間の目的や関心から隔てられている。神の恩寵に完全に依存する偶然的世界には無論、**内在的な**目的が独立に存在するはずもない。だからユダヤ人は、世界は**神の**目的のためにのみ存在すると考えざるをえない——だが神の目的は、人間精神にとってはあくまで計り知れぬものなのだ。そこでヘーゲルは、人間の唯一の目的は神を崇拝し、神の名をあがめ、神の望みを細部に至るまで遂行することだと言う。

崇高の新しい概念を手に入れたヘーゲルは、若い頃非難していたユダヤ教の律法主義に目を向ける。神の目的が計り知れないように、神の命令も恣意的である。神は崇高であるため、ユダヤ人が自分の目的や関心に類するものをいくら律法のうちに探しても無駄である。ユダヤ人の個人的関心は自分と無縁な目的に奉仕するだけであり、しかもその目的は自分には無意味としか思われない。

それゆえユダヤ教は、またも主奴関係を宗教に導入することになる。神を事物として考えるかぎり、それは主人にはならない。主奴関係が成立するためには、二つの主体ないし意識が必要なのである。つまり自由の可能性が存在するところにしか、主奴関係は存在しないのだ。神が——ユダヤ教におけるように無限な恐るべき——人格として現れてはじめて、神は主人となり人間はその奴隷となるのだ。この点にユダヤ教の神の弁証法がある。つまりユダヤ教の神は、解放の原理として登場していながら、たちまち抑圧するものとなってしまう。

奴隷状態は恐怖によってさらに悲惨なものになる。第一に、その恐怖は人間が把握できない恐るべき対象への形而上学的な怖れと戦きである。繊細な心理学的分析によってヘーゲルは、それが**有限な**凶暴な力に対する恐怖ではなく、「無規定の無限な力として私に無限に対立する」不可視の絶対的他者に対する恐怖であることを説明している[19]。これは（カント、キルケゴール、ハイデガー、ルドルフ・オットーなどが言った）特定の実際的な恐怖と不特定の存在論的不安との間の有名な区別を思い起こさせる。第二に、ユダヤ人も超越的な神が世界の出来事に介入すると考えて、奴隷を支配する主人として神を考えている。そう考えられた場合には、神は畏怖を引き起こすだけでなく、普通の地上的な恐怖も引き起こすことになる。ヘーゲルによれば、それは財産を失うと想像した場合、あるいは自分の利益が損なわれそうな場合、あるいは何か盗まれそうな場合に起こるような恐怖である。ユダヤ人の神に対する関係の本質が服従であるのは、このような恐怖による。

第一の場合も第二の場合も、ユダヤ教の最も顕著な特色は恐怖である。恐怖が宗教的な義務となっているとさえ言えるほどだ。ヘーゲルは一八二一年の講義の草案にこう書いている。「ユダヤ教全体に行き渡っている命令と言えば、それは絶対的な主人への恐怖である」。「自分自身を無とみなし、自分は絶対的に従属するものであることを心得て、主に対する奴隷意識」をもつのが義務なのだ[20]。この引用文のなかでヘーゲルはわざと二種類の恐怖を区別していない。

またもユダヤ教の弁証法的パラドックスが示されている。絶対者が精神として考えられてはじめて、人間は神において自分を再発見する。しかしユダヤ教はこれを可能にすると、（たちまち）それを不可能にして、人間は神の奴隷になり果てる。人間は神独特の至高の在り方に屈従するが、神は人間の自由を認めない。男も女もみな恣意的命令の網の目に縛られ、その命令に盲目的に服従しなければならない。しかしその命令のうちには、理性も自由もみいだされないのだ。

ユダヤ人を動かしているもう一つの否定的感情は、他の民族に対する憎悪――タキトゥス以来ユダヤ人がいだいていると考えられてきた人類への憎悪（odium generis humani）――である[21]。他民族へのユダヤ人の憎悪は彼らの選民思想から出てくるものであって、ヘーゲルはいくつかの点でそれを批判している。第一に、それは矛盾している。なぜなら普遍的なもの（神）が特定の民族にのみ現れると言われることのうちに、真の現実が到達されなかったことが示されているからである。第二に、ユダヤ人が神の民となったのは、選ばれた代償として恐怖と服従が強いられる契約による。「その民族が神を怖れるという条件で神は一つの民族を自分の民とした」[22]。ヘーゲルの草稿には、恐怖が「ユダヤ民族の従属すなわち隷属という基本的感情」だと書かれている。

すでにのべたように、ユダヤ人の神は人格となることによって、特殊な関心をいだいて物質的世界に入り込んだ。――世界の出来事を動かし賞罰を与える、執念深い厳しい主人という神のイメージがそこから生まれる。また神は絶対的主人だから、ユダヤ教には本当の**財産**の余地はない。一切が神のものなのである。奴隷には自分のものは何もなく、身体さえ自分のものではない。ヘーゲルは真実の財産（Eigentum）と単なる所持品（Besitz）とを区別している。財産は所有者の自由と人格の承認をあらわしている[23]。それに対して所持品は偶然的で、所持している間だけは意のままになっても人格の承認をあらわさない。それがユダヤ教における土地所有の仕方であって、安息年やヨベルの年の律法にあきらかなように、土地の本当の所有者は神なのである。ヘーゲルはここで若い頃の論文に戻っている。七年ごとにユダヤ人の奴隷を解放する戒律は――これは多くの人々にとっては社会的業績なのだが――ヘーゲルにとっては、ユダヤ人が神の絶対的な財産であって、独立の人格性がないことの証明である。

所有者である神は自分の奴隷に食物や住まいを与える。穀物を育てるのも大地からパンを作るのも、人間の労働ではなくて神なのである。このことがユダヤ人をさらにいちだんと自然から遠ざけている。土地が自分の財産でないばかりではない。土地の耕作もユダヤ人の現実の直接的活動ではなくて、所有者の愛と支えが要る。ヘーゲルの草稿にはこう書かれている。「［ユダヤ］人は自分の意志に応じて仕えてくれる自然に接することができない。人は自然に直接近づくことはできず、自分の欲しいものを取ることもできず、欲しい物は**異質な媒介者を**介して手に入れねばならない。一切が主の手中にあり、主人からもらわねばならない[24]」。

ユダヤ人の神との関係は現世的な商業的性質のものである。あらゆる報いが約束されているのは**この世の**ユダヤ人にとってなのだ。なぜならユダヤ人は霊魂の不滅を認めていないからである。「霊魂が求められることはない。奴隷は現世的で、［求めるものは］現世的な利益にすぎない」、とヘーゲルの草稿には記されている。[25] 罰も現世だけのものであって、トーラーの恐るべき呪いの言葉に示されている。「この民族は呪いの分野では達人になったのだ[26]」。

非政治的宗教としてのユダヤ教

こうした批判の大半が若いヘーゲルの偏見に満ちた意見を思い起こさせる。ベルリンでのユダヤ教と政治についての議論もそうである。ヘーゲルはユダヤ教を神政政治であるとともに非政治的だと非難する。議論は次のように展開される。ユダヤ教は真に普遍的な結合でなく家族に基礎をおいた種族宗教である。それゆえユダヤ教には真の政治的性格が欠けている。他方ユダヤ人は「神律的な」法律によって支配されていたが、それは神も現世的な支配者であることを示している。しかしこれは模造の政治形態である。その結果ユダヤ教には真実の政治的性格はなく、あるのは歪んだ政治的性格にすぎない。ギリシアの政治家が人間的な立法者であったのに対して、モーセはエホバの律法を民族に告げたにすぎない。その点でモーセはソロンやリュクルゴスとは異なる。[27]

これは若いヘーゲルが四半世紀前に書いたもののほとんど一言一句そのままの繰り返しである。ユダヤ教の「律法主義」が舞台中央に戻されて、いわば古ぼけたかかしのように打ちのめされる。これまでの間にユダヤ教のなかに自分が内面的感情や高尚な詩を認めた事実については、ほとんど一言も触れられない。ヨブ記が引用されるが、それは神が個人の意識を圧倒して、個人を現実に満足させることはないという話を力強く結ぶためにすぎない。いかにも体系化するような調子で、ユダヤ教の律法主義は崇高の必然的帰結だという「結論」が導き出されて、それが初期論文で指摘されたその他の否定的特徴と結びつけられている。

これをみているとまたも次のような疑問が出てくる。ギリシアのポリスをまさにその法制のゆえに賞賛するにもかかわらず、発展したユダヤ人の法制をヘーゲルはどうして軽蔑できるのか。

ヘーゲルの個人的偏見では十分な答えにならない。客観的には、彼の哲学には単なる法律と真の法（正義）とを区別しようとする先入観がある。後者は市民の地位の承認を意味し、市民に普遍的に適用される正しい法をさしている。それは民族以外の意志あるいは恣意的な支配者の意志ではなく、民族自身の精神と意志を（ギリシアのポリスの場合のように無意識に）表現していると考えられている。そういう特徴がなければ、真の法は存在せず、単に抑圧的な法律が存在するにすぎない（それが「律法主義」である）。生活のさまざまな領域をもれなく対象とするようになるにつれて、これはますます専制的になる。[28]

法律と法との区別、単なる Gesetz と Recht との区別が、このようにヘーゲルの体系にしっかりと根を下ろしている。その区別を誇張した形でユダヤ教に当てはめ、モーセの律法は抑圧的律法主義の原型であるとヘーゲルは言う。このモーセの律法にかんする不動のイメージは、体系的に正当化されるものではなく、ルターからカントをへて、啓蒙思想的、カント的だった頃の若いヘーゲルに伝わった、プロテスタントの長い反ユダヤ主義的伝統の反響なのである。

体系に偽装した反ユダヤ主義的偏見

多くのユダヤ人がヘーゲルの見解に感情を害して、それを反ユダヤ主義的だと考えた。多くの反ユダヤ主義者たちは、ヘーゲルは自分たちを支持していると信じていた。しかしユダヤ人は歴史的経験のせいで批判に対してしばしば過敏である。反ユダヤ主義者も情熱のため分別を失って、いるはずもない味方をみつけようと躍起になるものだ。ヘーゲルの見解は明確であると言えないばかりか、何度も変わっている。(先にのべたように、円熟期のヘーゲルのユダヤ教にかんする最も複雑な代表的テキストである) ベルリンでの最初の講義に示されている彼の見解はどうだろうか。

全般的に言えば、ヘーゲルは若い頃の主な偏見を克服している。ユダヤ教は歴史における転換点に立って、精神と絶対的真理の生成に決定的な役割を演じたとされている。反ユダヤ主義的な悪魔がヘーゲルのテキストに少なからず影を投げかけているが、主要な問題——最も重要な事柄——については、ベルリン講義はユダヤ教の重要な貢献を認め、ユダヤ教に対して弁証法的に正当な評価をくだしている(29)。

だが他方では、ユダヤ教が自分の原理をたちまち裏切ったように言われている。そこには衰退の過程さえ存在しない。ユダヤ教は**そもそもの最初から**、自分の使命の疎外態なのである。このことは、若き日の偏見や反ユダヤ主義的感情にヘーゲルが無意識にまだとらわれている証拠ではなかろうか。

ヘーゲルの支持者なら、必ずしもそうではないと答えるかもしれない。ヘーゲルの場合**どういう**質問**でも**そういうことになるからだ。弁証法ではどういう不完全な歴史的立場にも、肯定的要素だけでなくその立場を蝕む欠陥である否定的要素も**必ず**みいだされることになっている。また、歴史の絶頂に達していないかぎり、どういう新しい観念もどういう革命的原理も、内容と形式が対立したものとして、つまりある意味ではそれ自身を歪曲したものとして現れるのだ。

だがそれにはこういう反論があるだろう。論調からみても多くの重要な細部においても、ユダヤ教は**異常に**否定的な取り扱いを受けている。ヘーゲルのテキストや論調に精通したオットー・ペゲラーがそう言っている。彼はヘーゲルがユダヤ人を好意的に扱っているような箇所を強調する傾向があるが、ベルリン講義については次のようにのべている。「ベルリン時代にヘーゲルはユダヤ教について新たに拡大された考えに達しているが、そこにはフランクフルト時代に練り上げた露骨な批判的見解を手放したところはみられない[30]」。リーベシュッツやローテンシュトライヒも力点はちがうが、こういう問題についてヘーゲルの若い頃と円熟期とには連続性がみられることを指摘している[31]。ヨアヒム・シェプスは次のようなもっと極端な見解をのべている。ヘーゲルの円熟期の立場は、ユダヤ人をマクベスに喩えた若い頃と少しも変わっていない[32]。

この見解はひどい誇張である。しかしペゲラーの言葉はまじめに受け取らねばならない。彼があげている実例のほかにも、次のような実例をいくつかあげることができる。先にみたように、ユダヤ教の特徴である恐怖はもともとは形而上学的不安ではなくて物質的な心配である。ユダヤ人は命や財産を気遣っているのであって、価値より命を大事にするあまり神の奴隷や代理人になってしまうのだ。さらに、ユダヤ人は奴隷と主人の両方の欠陥のために苦しむ。奴隷のように高い価値より物資的生活を好み、恐怖と隷属のなかに生きている。また主人のように自然から切り離されて、歴史の袋小路に直面している。奴隷は（労働を介して）自然と直接に交流して、結果的に自分の状態を克服し自分（および主人）を取り戻すことができるが、ユダヤ人は精神が奴隷的であるうえ自然から疎外されていて、『精神現象学』が奴隷に起こりうるとしたあの自己回復が起こる見込みはない。

こういう点でベルリンでもヘーゲルは、ユダヤ人は閉ざされた地平線に突き当たっている——歴史の外に投げ出され、永遠の疎外という運命を背負っている——と考えつづけているわけで、それは『精神現象学』からの引用にみられたのと全く同様である。したがって『精神現象学』にはあきらかに、ヘーゲルのユダヤ人観の底にある永続的な考え方がみられる。ユダヤ教独特の特徴があるとすれば、それはまさに

(古代において) イエスと神殿破壊の後で陥った——歴史的苦難においても、救いの門前に果てしなく立ちつづける——非歴史的な在り方であると考えるのだ。

こういう例で重要なことは、ヘーゲルの心のなかにある反ユダヤ主義的偏見が揺るぎもなくつづいているということではない。**どういう**偏見が特に永続しているかということだ。ここに注目すべき事実がある。ユダヤ教の否定的特徴は、そのほとんどが恐怖と隷属に由来すると言われている。この恐怖と隷属という二つのファクターは古典的なもので、啓蒙思想の宗教批判もそれにもとづいていたし、時代を遡ればエピクロスにもみられる。これは実に印象的な事実である。ヘーゲルは啓蒙思想の宗教批判はとっくに拒否していたにもかかわらず、特定の宗教——ユダヤ教——にかんしてはおそらく無意識にそれを使いつづけているのだ。合理主義的批判が宗教現象一般に認めた——恐怖、疎外、支配、非合理性、他律などの——基本的な不正や欠陥のすべてを、ユダヤ教のなかに詰め込んでいるような具合である。特に自己疎外に陥った宗教として、ユダヤ教が選び出されているのだ。歴史的宗教のなかでもユダヤ教だけが、合理主義的な批判者たちが長い間、宗教**そのもの**を扱ってきた同じやり方で攻撃目標にされている。ベルリン講義では論述は弁証法的になっているにもかかわらず、若いヘーゲル自身を含む急進的な啓蒙思想家たちが考えていた宗教一般の害悪を、ユダヤ教は伝えているとされている。ヘーゲルは宗教一般についてはこういう見方はしていないのに、ユダヤ教という**特定の**事例についてはその見方をもちつづけている。

これがヘーゲルが昔の偏見を自分の円熟した体系の深部構造に吸収させている**独特の**やり方である。——吸収させているのであって、除去しているわけではない。それどころか、円熟した体系から昔のままの偏見が間違えようもなく明白に再び立ち現れるのだ。

第6章　ヘーゲルとユダヤ人——果てしない物語

一八二七年の講義

次に取り上げるのは、一八二七年からヘーゲルが死ぬ一八三一年までの段階である。この間毎年ヘーゲルは宗教哲学を講義しているが、ユダヤ教についての彼の見解はずっと穏健になっている。敵意に満ちた態度は影を潜め、批判は抑制された仕方でのべられている。一八二七年の講義の調子は『歴史哲学講義』に似ており、内容は『美学講義』に似ている。注目すべき変化はユダヤ教がここではギリシア宗教よりも高いとされていることである。ヘーゲル自身のキリスト教的な立場からすれば、ユダヤ教の一神教のほうがギリシアの多神教よりも高いと考えられる以上、これが最初からの順序だったことは確かだが、ここでようやく必然的な結論に至ったわけである(1)。

一八二七年の講義の焦点は、ユダヤ教における創造者としての神のイメージである。美学ではこの意味がのべられていた。有限な世界は神の外部に配され、神聖な性格を失って、偶然なもの（あるいはヘーゲルの言う「散文的」で「世俗的」なもの）、有限な事物の集合になる(2)。ヘーゲルはユダヤ教の創造という観念を、神からの世界の流出や連続的派生と混同しないように戒めている。流出や派生の場合には、神自身が世界のなかに流れ込むのに対して、創造では神と世界との間の**断絶**が示されているからである（p. 360）。世界は神にとって絶対的に他なるものとなり、世界には神の実質は含まれず、神から引き裂かれ世界は有限で依存的な世俗的現実のなかに投げ込まれる。

この分裂が崇高の意味でもある。ヘーゲルはここで「神聖」と「崇高」とを区別する（p. 365）。神聖は世界と無関係に神自身の特徴をあらわしている。それに対して崇高は、神聖な性質のない偶然的世界の創造者である神の特徴をあらわしている。崇高は創造についての言葉で**規定**されている。崇高とは偶然的世界が無限な主体に対して絶対的に依存している状態なのである。ユダヤ教では神が結果ではなく絶対的な始まりとして考えられるのはこのためである（p. 361）。ここにはユダヤ教の神が真の主体ではないことが示されている。真の主体は（『精神現象学』参照）それ自身の生成の結果として、また「他なるもの」との相互依存の結果として存在するものである。ところがユダヤ教の神は、有限な世界が神から離れて存在する以前から独立に無限なものとして存在している。

善性・義・知恵・報い

自然の神に対する一方的な依存関係は、善と正義という言葉でも考えられている。このメタファーには慎重な解釈が必要である。ユダヤ教の神の善性とは神自身による創造のこと、つまり有限なものがそれぞれの道を進み、神から離れて有限な自然を作り上げるのを許すことにほかならない。神の正義は有限な世界の無価値または「観念性」、つまり有限な世界に真の独立がないという事実のうちにある（p. 363）。（ここには、創造した後も神が世界を束縛する摂理という観念がともなっているようだ。）神のもう一つの側面は知恵である。ユダヤ教では神の知恵は、内側から事物を導く内部にある知恵ではなくて、外部から神が世界に向かって発した命令の律法体系なのである（pp. 359-60）。このようにヘーゲルは一八二四年の講義の最も否定的なモチーフを繰り返して、神そのものの概念からユダヤ教の律法主義を導き出している。ただ今度はユダヤ教の欠陥を論じるに当たって、皮肉や芝居気抜きの抑制された言葉で論じている。

ここで強調されているユダヤ教のもう一つの原理は賞と罰である。ユダヤ教には、世界の進路と――報いに値する人には報いるというような――道徳法則との合致を求め、神は世界の出来事に責任があるという考えがある。(3) ヘーゲルによれば、道徳的世界秩序への確信こそ本質的にユダヤ教的なのである。ユダヤ教では、運命はヘレニズムの場合のように盲目であるわけではない。ユダヤ教では運命に目的が含まれている。そして力と知恵、賞と罰の連関が運命を導いている。

義への要求によって人間は目を内部へ向けて、意志は善であるか、魂は善をめざしているか、と吟味するように求められる（p. 370）。このためヘーゲルは（『美学講義』と同じように）、詩篇や預言者の説教にみられるように内的世界がユダヤ教にあることに注目している。（彼が考えているのは「私が喜ぶのは愛であっていけにえではない」（ホセア書第六章第六節）のような言葉だろう。）ヨブ記が読み直される。それは神の圧倒的な力に対する屈従の言葉ではなく、神の義に対する信仰と信頼をあらわす言葉として読まれる。神への信頼が「ユダヤ民族の基本的特徴であり」、「彼らの注目すべき特徴の一つとなっている」のである（p. 369）。

次にヘーゲルは異様な考えをのべている。特定の神を普遍的な神とする誤りはユダヤ教徒に限らず、キリスト教徒にもある。キリスト教は一つの人間家族（「キリスト教世界」）であり、神は家族の神であると考えられている。こうしたヘーゲルの言葉には棘があるが、こういう言葉は特に（「カトリック」は普遍的という意味だが）カトリック教徒に向けられているのだが、皮肉なことにヘーゲル自身にも当てはまる

（結論を参照）。

新しいテキストに欠けているのは――恐怖、隷属、疎外、主奴などについての――啓蒙思想式の否定的説明である。そういう説明がみられないのは意図的なのだろうか、それともテキストが断片的なだけなのか、これははっきりしない。[4] いずれにしても敵意のこもった調子は消えて、以前の反ユダヤ的感情は克服されているとは言えないが、抑えられている。これはヘーゲルのこの問題にかんする最後の言葉ではあるが――結論ではない。ヘーゲルの生涯は六十一歳で突如終わったからである。振り子の最後の揺れが生涯を要約しているといった解釈ができるわけはない。[5]

マイモニデス――ヘーゲルへのユダヤ的回答

ヘーゲルはユダヤ教についてどれだけ知っていたかと訊かれれば、たいして知らなかったというのがその答えである。プロテスタントである彼が参考にしたのは、大半はフラビウス・ヨセフスの注解つきの旧約聖書だった。タルムードやラビの資料には通じていなかったし、ヘブライ語の知識も入門程度だった。ユダヤ人の哲学者で彼がよく知っていたのは、メンデルスゾーンとスピノザだけだった。その他の資料で彼が触れているもの――フィロンとマイモニデス、そしてカバラ――は、二次資料から学んだもののようだ。そういう知識を寄せ集めたものが、歴史的ユダヤ教にかんする断片的で欠陥だらけの限られた知識になっている。

したがってヘーゲルがユダヤ教は崇高の宗教だという見方の支えを、ユダヤ最大の思想家のひとりであるモーゼス・マイモニデスにみいだしているのも驚くべきことではない。マイモニデスにとっては真の宗教は神と人間との間に無限の距離を置かねばならず、両者の間のあらゆる媒介は創造の産物とみなければならない。しかしマイモニデスがユダヤ教の純粋さや宗教的な強みだとみなしたものを、ヘーゲルは欠陥だと考えている。

ヘーゲルは講義のなかで何度かマイモニデスをあげているが、(6) ユダヤ教の本質と宗教的言語の本質という二つの問題で自分たちがよく似ていることには気づいていない。マイモニデスは哲学的真理が別のレベルの聴衆の理解力にふさわしい――メタファー、アレゴリー、物語といった――低級な形態の表現に変えられていると考えていたが、ヘーゲルがカント以後の史実を重視するようになった状況で考えていたことも、それに似たものだった。ユダヤ教についてもヘーゲルとユダヤ教の卓越したラビ［マイモニデス］は基本的な現象学的記述を共有していたが、その評価には違いがあった。

したがってマイモニデスの立場は、ヘーゲルに対するユダヤ教の応答だとも考えられる。(7) そのマイモニデスの答えは、一切の妥協を排して神に地上的、人間的な特徴を断固認めないのであれば、崇高の宗教こそ宗教的生活のための最も純粋な真実の道だというものだろう。人格神は哲学的観点から言えば誤った想像の産物であり、宗教的観点から言えば偶像崇拝にほかならないというわけである。(8)

神はあらゆる人間的、現世的なものと絶対的に異なる。神は人間世界のものとは全く無縁で比較を絶しているのだ。人間精神が――あるいはキリスト教神学が――そういう断絶に耐えきれないとしても、それは断絶を否定することを想像力に許す根拠にはならない。真の宗教は苛酷な経験であって、偽りの慰めで和らげるべきものではない。真の宗教の道においては、超越の経験から生まれた恐るべき彼方の神というイメージのなかに、その経験の純粋さが保たれている。神への愛においても――これは形而上学的な畏怖に対応するものだが――人間と神との隔たりが失われることはないのだ。キリスト教は苦しみ悩む人間として神を提示して、神と人間との断絶を打ち消そうと試みたが、その結果キリスト教は人間的欲求を神学の原理にしてしまい、幻想に終わった。正確に言えば（マイモニデスのみるところでは）、キリスト教は偽りの慰め、哲学的な誤謬、不純な宗教的経験、そして現に偶像崇拝に終わった。

　マイモニデスはスピノザ（および後のニーチェ）と同様に、人間が作ったイメージを世界から完全に消し去ることを求める。これは普通の人間精神には実に困難なことかもしれないが、真の宗教とは困難きわまるものなのだ、とマイモニデスは言うだろう。スピノザなら「卓越したものは希有であるとともに困難である」と付け加えることだろう[9]。ヘーゲルは神の受肉と人間歴史における実現によって、人間的なものと神的なものとを和解させようと考えた。しかしそれは妥協であり、人間的弱さを大事にして、それを哲学の第一原理にまで高めることにしかならない。

　疑いもなくマイモニデスは、自分の見解が規範的であることを認めている。普通の人々や「ラビのたぐいの」多くの者（普通の宗教的指導者）がそれに従っていなくても、彼の見解で問題にされているのはユダヤ教の**あるべき**姿なのである。したがってマイモニデスは、純粋宗教と通俗宗教を区別せざるをえない。純粋宗教では（ヘーゲルが適切な呼び方をした）崇高は神に対する畏怖の形で表現される。宗教的命令の真の目的は、命令**それ自身のために**命令が遂行されることである。宗教的命令には、神の絶対的な超越性に由来する形而上学的畏怖が具体化（「図式化」）されている。マイモニデスが詳しく解説している功利的、実用的価値もその命令に含まれているが、その種の価値は二次的なものにすぎない。しかし命令に含まれている功利的価値も、恐ろしい主による賞罰という特殊な形で与えられるというより、（たとえば命令自身の衛生的、教育的な効果によって）**自動的に**有用な効果をもたらす手段になる。

　こうしてマイモニデスは主奴関係を否定し、ヘーゲルが崇高から「推定している」実利的な律法主義は認めない。さらに、ユダヤ教が命令をそれ自身のために遂行することを求める以上、カントの倫理の場合と同じように、ユダヤ教においても意図や内面的心情が決定的に重要なものになる。ユダヤ人の神への愛は主観的、内面的要素であり、宗教儀式はそれを外面的に表現する。想像を絶する無形のものへの愛はたしかに至難の業であって、ユダヤ人も人格的、人間的な神に祈りをささげる。ユダヤ教でもキリスト教でも、その点では通俗宗教のほうがすぐれている。だがキリスト教がそういう弱さを正当化して宗教的原理にしているのに対して、ユダヤ教はそれを公然と非難する。(10)

第II部ではマイモニデス(およびスピノザ)とニーチェとの驚くべき類似をあきらかにするが、ニーチェも偽りの慰めを与える「神の影」を世界から追放しようとした。ニーチェにとって「神の死」は、もともとは**キリスト教の**——慰めを与える人格的な「弱者の神」である——神の死なのである。ニーチェの運命への愛(amor fati)に必要な精神力も、脱人間化された宇宙に対抗するためにマイモニデスやスピノザが要求している力と同じである。

通俗宗教に反していたために、ユダヤ教ではマイモニデスの見解は支配的にならなかった。そこでそれが規範的理想であることを認めても、ヘーゲルの宗教の見方とこのユダヤ人の宗教の見方との間には、越えがたい深い対立がある。その対立はヘーゲルの誤りのせいでも、このユダヤ人の定型的思考のせいでもない。両者の間の本当の裂け目は、そういう誤りを超えたところにある。

フィロンとカバラ

ヘーゲルは『哲学史講義』のなかで、ユダヤ教の根源をもう二つ論じている。その一つは「ユダヤ人フイロン」である。フィロンはイエスの（「少し前に生まれ少し後まで生きていた」）同時代人でユダヤ教とヘレニズムをはじめて融合させた人なので、ヘーゲルは彼に関心を寄せている。フィロンによるユダヤ教とヘレニズムとの融合は、ヘーゲルのみならず多くの後継者たちの模範になった。

フィロンとともに「はじめて普遍的な［＝哲学的（ヨベルが「宗教的」としているのは誤り）］意識の発動がみられる」[11]。フィロンは「モーセのうちにプラトンをみる」。たとえ経験的な裏付けが得られなくても、ユダヤ人の歴史から哲学的思想を引き出すために、フィロンは神話的、寓意的な解釈を使っている。ヘーゲルがこう言っているのは、否定的な意味で言っているのではない。作者にはその意図はなかったかもしれないが、聖書の根底には哲学が隠れているという深い真理を、フィロンがみいだしたと言っているのである。ヘーゲルによると、宗教的なテキストはこういう性質のものだから、「そのなかに存在する［あるいは含まれている］（darin liegt）」ものと、表現されているものとの間には」大きな違いがある（vol. 2, p. 388）。技術的には解釈はテキストの外部から加えられるものだが、本質的には解釈の根源はテキストそのものの内部にある。周知のようにヘーゲルも聖書だけでなく、宗教的現象の多様な表現や宗教的イメージから哲学的概念を引き出している。この点で『宗教哲学講義』は、フィロン（およびマイモニデス）の構想を拡大して実現したものだと考えてもいいかもしれない。

フィロンは、キリスト教におけるグノーシス派やユダヤ教のカバラ主義者へつながっている[12]。ヘーゲルによると、カバラが成立したのは第二神殿の破壊とバル・コフバの反乱の時期である。彼のカバラにかんする知識はおもにキリスト教の資料によるものだが、ドイツの学者たちが資料に使っていたマラーノ系のアブラハム・コーヘン・エレラの『天国の門』という書物もその一つであった[13]。ヘーゲルによると、カバラは地獄、堕落、最後の審判、原罪などの観念をはじめて導入して、聖書以後のユダヤ教に革命を起こした。その結果ユダヤ教は、元の粗野な現世的性格を超えて精神的なものになった。注目すべきことはその新しいものがすべてまさにキリスト教的であることだ、――ヘーゲルによれば、ユダヤ教が精神的なものになったのはキリスト教からの影響によるのだ！　そうした変化が起こってようやく、「ユダヤ人は思想を［現世的な］現実を超えたものに高め、精神の世界、少なくとも霊の世界が彼らの前に開かれはじめた。それ以前のユダヤ人は自分のことしか考えず、現在のうぬぼれに満ちた不潔な生活に浸り、自分たちの民族や種族を維持することで精一杯であった」(vol. 2, pp. 395-6) というわけだ。

この言葉が最初に書かれたのはイェーナ時代だったかもしれない。実際この言葉を読むと、あの当時のヘーゲルの残酷な言い方が思い出される。(14) そこにはヘーゲル独特の弁証法も含まれている。ユダヤ教の精神的純化の始まりが、実に粗野な超自然的要素である霊に対するカバラの神秘的熱狂にみいだされているからである。とにかくヘーゲルのカバラにかんする見解の基礎になっている史料は欠陥だらけだったが、このテキストをみると、他のほとんどの著作では無視しているが、ヘーゲルがごく初期からユダヤ教の来世的な側面を知っていたのがよくわかる。

ヘーゲルとユダヤ人の解放

先にのべたように、ヘーゲルは聖書以後のユダヤ教にはほとんど関心がなかった（知識も乏しかった）。歴史哲学者であるけれども彼は、ユダヤ人の現実の歴史に疎かった。たしかに彼にとってはユダヤ人の現実の歴史は継続していても歴史というものではなかった。しかしそうした神学的抽象は、ヘーゲルをユダヤ教の現実からさらに遠ざけることになっただけである。ヘーゲルがよく知っていたように、ユダヤ人は生きつづけてきただけでなく、**変化**しつづけてきた、——環境や変動する時代と密接にかかわってきた。**その**点で、たとえヘーゲルがそれを偶然的で「単に経験的」にすぎないとみなしても、ユダヤ人が歴史をもっていたのは確かなことである。

その歴史をたどってユダヤ人は近代世界に入ったわけだが、近代世界の告知者、解釈者だと自任していたヘーゲルは近代世界でのユダヤ人の権利を主張していた。ヘーゲルや当時の人々は、解放を求めるユダヤ人の要求にどう応えるべきかという具体的問題に直面していた。

その問題は理論的考察というより反ユダヤ主義に対するテストである。古代ユダヤ教に対するどんなに激しい批判者であっても、反ユダヤ主義者であるとは限らない。重要な問題は、批判者が自分の批判を現代ユダヤ人に対する武器に使っているか、ユダヤ人を敵とみなしているか、ユダヤ人に脅威を感じているか、ユダヤ人を憎んでユダヤ人を傷つけ現在の彼らの権利を否定するための歴史的根拠を作り上げているかどうかである。このどの一つとしてヘーゲルには当てはまらない。また彼の痛烈な語り方も反ユダヤ主義を証明する確かな証拠にはならない。すでに指摘したように、親ユダヤ派の人々でさえユダヤ人に対して嫌悪を示し、解放によって「矯正」しようと思っていた。ヘーゲルはキリスト教的伝統の内部に身を置いて書いているが、キリスト教の伝統は稀な例外を除けば、ユダヤ人に対して当然のように残酷であった。ヘーゲルもユダヤ教についてのべるとき傲慢で否定的な言葉を使っていたが、ユダヤ人解放についての立場はあきらかに肯定的なものであった。他の多くのドイツ知識人と違って、ヘーゲルはユダヤ人に政治的平等を認めていた。さらに彼はユダヤ人の**社会的**融合と機会の平等を支持していた。ヘーゲルの体系では国家は社会的中間層によって維持されるものであることを考えると、これはなかなか重大な要求である。

ヘーゲルとユダヤ人解放との物語には、実践的契機と理論的契機という二つの契機がある。

実践的契機

一九世紀の二〇年代にヘーゲルは、学友会（Burschenschaft）として知られていた新しい学生運動に間接的に関係していた。それ以前には学生たちは――「プロシア」や「シュワーベン」や「ザクセン」といった――出身地の名前をつけた集団に入っていた。ひっくるめて「同郷人会（Landsmannschaft）」として知られていたそういう古い集団は基本的に非政治的で、自由で粗暴な学生生活を活性化するのに役立っていた。ナポレオン戦争後のドイツ・ナショナリズムの勃興とともに、学生たちは愛国的な時代風潮に応えて、真剣な精神を表現する新しい政治団体を作りはじめた。彼らが求めていたのは憲法とドイツ統一であった。最初は地方に根ざした学友会（Burschenschaften）が設立されたが、後には全ドイツ学友会同盟が組織された。

ナショナリズムの運動から想像されるように、学友会の特徴は外国人に対する深い嫌悪と反ユダヤ主義であった。多くの学生は、ナポレオンによる征服後ユダヤ人がドイツ（すなわちラインラント）で獲得しかけていた市民権を廃止することを求めていた。当時は世俗的ナショナリズムのタイプの新しい反ユダヤ主義が高まっていた時代で、ユダヤ人解放に反対したフィヒテのような一流の哲学者や、ヘーゲルの敵だったフリースのようなそれほど有名でない哲学者たちにもそういう傾向が顕著だった。国家主義的な学生たちはドイツ精神（Deutschtum）を歓迎していたが、ヘーゲルは二通の手紙のなかで、熱狂する学生たちのことをドイツ馬鹿（DeutschDUMM）とよんでいる。

学友会へのユダヤ人受け入れには学生のほとんどが反対で、博愛は普遍的でありユダヤ人を含むすべての社会構成員に向けるべきだと主張する者は少なかった。ハイデルベルク以外はすべてのドイツ大学がその少数意見を拒否しているなかで、ハイデルベルクだけがユダヤ人受け入れのために激しい闘争を展開して、最後に成功を収めた。ヘーゲルがハイデルベルクに短期間滞在して法哲学を講義したのは、ちょうどその闘争が展開されている頃であった。決議案を通させたのは、ヘーゲルの親しい学生で最初の信奉者のひとりであるフリードリヒ・ヴィルヘルム・カロべという男だった。[15] ハイデルベルクで成功したので、友人のコッペとともにカロべは、全ドイツ学友会同盟でも同様な決議をさせようと試みたが失敗した。そういう闘争のなかでカロべが必要としていたのが、尊敬する師ヘーゲルの支持と是認だった。

カロべの最大の敵だったアスベルスという名の学生は「彼の知恵はみなヘーゲルの引き写しだ」と言った後で、こう付け加えている。「**俺なら**ヘーゲルの哲学なんかに熱中するものか[16]」。ここにはヘーゲルとカロべとの密接な結びつきがあからさまに指摘されているが、同じことは(クーノー・フィッシャーが引いている[17])次の逸話にも示されている。フランスの哲学者ビクトール・クーザンが新思想を学ぶためにドイツを旅行した。ハイデルベルクではフランス語を話すカロべに出会い、カロべは案内を申し出た。カロべがヘーゲルの近著『エンチクロペディー』をかかえてクーザンとふたりで、城の庭園や(今も残っている)「哲学者の道」を歩いているところが目撃されている。(伝えられているところでは)彼らは長い間話していたがクーザンには、カロべはヘーゲルの言う意味を理解していない、ヘーゲルがそれほどわかっていないように思われたので、彼らは師自身に会いに行った。その後このフランス人はシェリングやヤコービと会うためにミュンヘンへ向かった。[18]

この話は注意して読む必要がある。ヘーゲルのわかりにくい『エンチクロペディー』は助けがなければ理解するのは困難で、それを外国語で説明するのはむずかしい。ヘーゲルはカロべが自分を理解していないとは思っていなかった。一年後に彼はカロべを助手としてベルリンに連れて行こうとした(これは失敗に終わった)。(学友会の会合で賛成論をぶった以上)カロベが本書の主題に関係あることについてのヘーゲルの立場を理解していたのは疑いない。多様な歴史的形態のうちに具体化された普遍的理性によって近代は支配されねばならず、ユダヤ人には社会的に解放され受け入れられる資格がある。こういう気持は、次節で示すように、ヘーゲルが口頭でおこなった『法の哲学』の注解にはっきりのべられている。

ユダヤ人問題が学生たちに突きつけたアポリアは、ヘーゲルにはわかっていた。学友会はドイツ民族の重要な象徴だった。ユダヤ人を受け入れることには、ユダヤ人はドイツ国民の一員であり、ドイツ統一のために戦う資格があるという意味があった。社会的観点からみても、学友会のメンバーであることは一種の階級に所属するということだった。それはユダヤ人の受け入れを促進することにもなれば、彼らの経歴にプラスになることでもあった。当時ユダヤ人は法律関係の職業に就くことを認められていなかったし、大学教授職を含めて公務から閉め出されていた。数年後ガンスや詩人ハイネのようなヘーゲルのユダヤ人学生たちは、「社会への入場券を買う」ためにキリスト教に改宗せざるをえなかった。[19]

こういう状況では、カロベがヘーゲルの支持を得てやり遂げたハイデルベルク決議は重要な業績であった。学生への影響を考えれば、ヘーゲルはカロベに助言を与えただけでなく、自分でも政治的活動をおこなっていたと言っていい。問題になっていたのは形式的な権利だけではなかった。問題はユダヤ人の社会的受け入れであった。ドイツ人であることを主張する資格、市民社会に入る資格が問題になっていた。その事情を考えれば、ヘーゲルがユダヤ人の解放を抽象的な法理論のうえで支持するにとどまらず、彼にはユダヤ人を人倫の領域や具体的共同体に受け入れることを認める用意があったことはあきらかだと思われる。

理論的契機

ユダヤ人の権利はヘーゲルの『法の哲学』で二度のべられている。二〇九節の注解にはこう書かれている。

普遍的人格という点ではあらゆる人間が同じであるが、私というものを普遍的人格として理解することは〔……〕教養の一部をなしている。人が人間として認められるのは人間だからであって、ユダヤ人、カトリック教徒、プロテスタント、ドイツ人、イタリア人などだからではない。思考が重要な役割を果たすこの〔普遍的人格であるという〕意識は限りなく重要であるが、――その意識に欠陥が生じるとすれば、それはコスモポリタニズムのような形で国家の具体的生活と対立する場合だけである(20)。

この引用には、個人的主体と彼らの平等な政治的地位を介してのみ存在する「普遍的主体」が前提になっている。このように啓蒙思想が弁証法的体系のなかに保たれているわけである。唯一違うところはヘーゲルが「コスモポリタニズム」を拒否し、それぞれの国家が特殊な性格をもつことを求めていることである。人格が普遍化されるにも現実国家の特定の性格を介しなければならない。しかし人格の権利はその特殊な性格に由来するのではなくて、個人の人間性のうちに具体化されている普遍性に由来する。

この後の二七〇節の長い追加のなかで、ヘーゲルは例外的な宗教的少数派に対する寛容を論じている。国家がその他の人々の忠節のおかげで「変則的な」集団に配慮するだけの余裕があれば、(政治的団結への参加を拒否する)クエーカーや再洗礼派には、軍務や忠誠の誓いを免除することを勧めている。ヘーゲルにとってはこれが「厳密な意味での」寛容、すなわち保護的な寛容であり、一種の**恩恵**なのである。国家から遠ざかることのないユダヤ人について、ヘーゲルは平等な**権利**を主張している。近代世界では意識が二〇九節で論じられたレベルの教養に達しているから、ユダヤ人に対する差別は好ましくないというわけである。

［過去においては］ユダヤ人は特殊な宗派に属するだけでなく別の民族に属すると考えるべきものであったから、ユダヤ人に市民権を認めるのに反対するのは形式的には正しかったかもしれない。しかしその種の観点からのユダヤ人に対する激しい抗議では、彼らが何より**人間**であること、そして人間性は単に皮相な抽象的性質ではなく（二〇九節の注解参照）、逆に自己を感じる土台である事実が無視されていた。(21)

市民権をもつ者には自己の感覚がある、——つまり自分がそれなりの者で価値があるように感じられる。——これが基礎となって一般的類似と相互協力が生まれ、それらの上に安定した社会が成り立っているのだ。(22)したがって人間の自己という在り方から、権利が要求され、権利が可能になる。抽象的な人間性が具体化され自覚されてはじめて、市民権によって人間性が実現されることになる。

ヘーゲルはさらにこうつづけている。「他方ユダヤ人に市民権を与えなければ、非難を招いた彼らの孤立状態はさらに強化されるだろう。——その結果、責められ非難されるべきものは、彼らに権利を拒んだ国家である。そういう国家によって、国家の原理や客観的制度の力が見失われたからである(23)」。ヘーゲルは実際的な考察を付け加えている。それは一般人を納得させるために付け加えたものかもしれない。ユダヤ人に市民権を与えないことは、経験から言っても「愚の骨頂」であることがあきらかになったが、「[ユダヤ人に対する]諸政府の扱い方は賢明で立派であることが証明された」。

この実際的な議論には、学友会(Burschenschaft)のようなヘーゲル周辺での論争が反映しているかもしれない。もっと注目すべきものは理論的な議論である。そこには二、三考えるべき問題がある。第一に、人間は人間**として**権利主体であるという啓蒙思想の原理を、ヘーゲルは受け入れている。この原理は抽象的であるけれども、弁証法的体系に拒否されずに**吸収されている**。ヘーゲルによれば、自己意識をもつ人間はたしかに権利の主体であり、その権利によって、自己意識をもつ「私」を社会的、制度的な用語を使って語ることができる。第二に、(こうした見方を修正することになるが)理論的には真実であっても、特定の現実的な意識や歴史に、特に倫理的実践や教養(Bildung や Sittlichkeit)のレベルで歴史的に現実化しなければ、原理に意味や現実的な妥当性が生まれることはない。こうした観点からみると、ユダヤ人解放の時が「到来した」ことには**重大な**意味がある。なぜなら近代的意識は成熟してこの普遍的原理を理解し、その原理こそ新しい時代の真髄だと認めているからである。

第三に、ヘーゲルはクエーカーのために勧める保護的寛容と、ユダヤ人のために求める完全な平等をはっきり分けている。彼にとって寛容は恩恵の行為であり、「変則」に手を焼く国家の善意と権力に依存する。そういう条件のないところに寛容は存在しない。しかしユダヤ人にとっては寛容だけでは足りない。環境条件は度外視して、ユダヤ人には**道徳的見地から**平等な権利が与えられねばならない。

ヘーゲルのユダヤ人擁護には暖かみが欠けている。同情が示されず、政治的、哲学的に客観的であるだけである。しかしイベリア半島の大審問官が魂を救済するために、愛の名においてユダヤ人改宗者たちを焚殺したことを思えば、ヘーゲルの客観的な冷静さは疑いもなく、はるかにすぐれた政治的原則だと思われるだろう。

近代世界におけるユダヤ人の位置

ヘーゲルの近代ユダヤ人にかんする政治的議論は、ほぼ以上のようなものである。それと対照的に古代ユダヤ教についての解釈は、世界精神の歴史を再構成する**非**政治的、準神学的な研究の一部であった。ヘーゲルによれば、古代ユダヤ人の評価は現存する彼らの子孫にとってほとんど無意味である。ユダヤ人の子孫については、**現在における**彼らの在り方をそのまま論じなければならないのであって、彼らの起源である宗教現象とは無関係に、これからの新しい倫理的意識に応じて判断しなければならない。ヘーゲルの歴史的ユダヤ教に対する批判と、現代におけるユダヤ人解放への支援との間に大きな隔たりがあるのは、こういう考えによる。

しかしそれだけなのだろうか。ヘーゲルは近代世界の根底を概念的に表現しようとしているわけだが、その近代世界のなかにユダヤ人のための場をみいだそうとヘーゲルは試みていたのだ、とペゲラーは主張している。それはどういう場になるはずだったのかと問うてみても、ペゲラーにもヘーゲルにも明確な解答はみいだせない。考えられる答えをいくつか検討してみよう。

同　化

カントはユダヤ人は内面的な信仰を変えずに、社会的同化の一つの在り方として名目だけキリスト教に改宗すべきだと言った。そういう解決はヘーゲルに影を落としていない。彼はユダヤ人のユニークさは、独特の独自性を忠実に守っているところにあると考えていた（そしてそれは「頑固な狂信」だと言い張っていた）。ヘーゲルはこの忠実さ**以外には、**ユダヤ人に独自性はないとみていた。忠実さが**ユダヤ人であることの一部となっている**のだ。したがってユダヤ人が同化するとしても、それは近代文化を吸収するという意味なのであって、彼ら独特の独自性を抹殺するということではない。

この結論には体系的な根拠がある。ヘーゲルの弁証法によって、人間を「普遍的な理性的存在」とみる啓蒙主義的人間観は修正されている。具体的な歴史的文化のなかの現実の個人に具体化されてはじめて、理性は存在する。それゆえユダヤ人の独自性を取り除くなどということは、——**個人的な**気持はどうあれ——ヘーゲルの考え方には根本的に合わない。

多元論——多元的社会における独特の独自性の保持

次のような見方のほうがヘーゲル的な考え方に合っている。それによると、人間は人間**であるかぎり**つねに——ロシア人、シュワーベン人、田舎者、ユダヤ人、芸術家といった——特定の特殊なものであり、そういう特定の人間が普遍的人格として認められねばならない。今日では自由主義（および寛容）の拡大解釈は「ポストモダン」とよばれることがあるが、そういう解釈の根拠は、モダニティの創設者のひとりであるヘーゲルの思想のなかにあるのだ。多元論はヘーゲルの一つの可能性であり——彼の体系の論理のうちに潜在している、——なぜならヘーゲル的国家の前提は、多様な集団や勢力が社会的基盤となっていることであって、国家はそれを単に**超越する**だけではなく、それらをまとめて高次の領域で**保持している**からである。ヘーゲルは今日の意味での「多文化社会」を考えてはいなかったが、少し修正を加えれば彼

をそういう意味に解釈できないわけではない。(24)

だがこの解決は、ユダヤ人は歴史の外部に投げ出されてきたというヘーゲルの偏った考えと矛盾する。彼がユダヤ人は過去の古文書のような廃墟だと考えている以上、生成躍動する多元的社会に対して、ユダヤ人がどういう重要な貢献を現実になしうるというのだろうか。

ユダヤ的独自性の再生

答えはユダヤ人の独自性を**再生し**、現実の歴史に**取り戻す**ことだと考えられるかもしれない。これはヘーゲル以後のユダヤ人のナショナリズム、特にシオニズムの綱領となった。しかしユダヤ人問題へのヘーゲルの関心はそこまではいかない。ヘーゲルがユダヤ人について考えるのは、ユダヤ人自身のためではない。ヨーロッパの歴史という観点に立ってのことだが、そこにはユダヤ人には何の役割も残っていないのである。ユダヤ人が**生き生きとした**歴史的な独自性を保っていたら、多元的な現代世界に迎え入れる必要があるかもしれないが——それだけのためにユダヤ人の独自性を再生させるのだろうか。ヘーゲルにとってはそういう試みは作為的で、ユダヤ人の存在そのものに劣らず時代錯誤としかみえなかっただろう。

ナショナリズムとシオニズム

もっと視野を広げれば、ユダヤ人の独自性の再生をめざす主な近代的試みであるナショナリズムとシオニズムに対して、ヘーゲルはどういう態度をとっていたのだろうか。ユダヤ人のナショナリズムは、ユダヤ人を宗教よりも一つの民族、独特の民族とみている。そのためユダヤ人のナショナリズムは、ユダヤ人を受け入れている国民国家の一般的主張と衝突する。国民国家がユダヤ人に、イギリス人、ドイツ人、アメリカ人になることを求め、**宗教の点に限って**ユダヤ人であることを求めるからである。その結果ナショナリズムによって独自性を再生させるには、ユダヤ人はもう一歩進めて自分たちの国家を創設する必要があるという結論になるかもしれない。それがシオニストの解決である（偶然の一致かどうかはともかく、最初にそれを提唱したのはヘーゲル左派の思想家モーゼス・ヘスだった）。シオニズムの主張によれば、ユダヤ人は歴史に立ち返って独自の政体を創設し、宗教、世俗の両面にわたって文化的独自性を発展させることによって、現代世界での場を獲得しなければならない。ヘーゲルはシオニズムを予想していなかったが、いま検討しているテキストには、ユダヤ人は「救済の門前で」差し止められて再起不能で、もはや歴史をもちえないと考える以上、彼はシオニズムに異議を唱えただろうと思わせる示唆がある。

シオニズムも文化多元論もヘーゲルの**体系的**哲学に対立するものではない。それらと対立するのはヘーゲル独特のユダヤ人の歴史にかんする偏見なのである。その偏見にはキリスト教徒の挑戦的主張が反映しているが、それが弁証法の用語で枠づけられているわけだ。だとすると（個人としての権利は認めるにもかかわらず）、近代世界において**ユダヤ人として**生きる場をヘーゲルが認めないのは、ユダヤ人に徹底的な平等を許すこと、つまり民族や共同体として平等な精神的、歴史的地位を認めることを彼が拒否するからである。

だがヘーゲルの立場は複雑というよりも未完成なのである。ユダヤ人を個人として認めるだけでなく、過去を担っている人間集団として認めるべきだという、一種の保護的多元論をヘーゲルが採ると考えても矛盾は起こらない。ユダヤ人の過去が今では遺品となって、担い手の強固な意志によって辛うじて保たれているだけであっても構うことはない。歴史的価値はもうほとんどなくなっていても、彼らの意志は重んじなければならないのだ。このようにも推定できるヘーゲルの立場からすれば、ユダヤ人が一個人として近代世界に入ってきた場合には、民族ないし宗教としてのユダヤ人に歴史的価値や未来がなくても、ユダヤ人には権利もあれば**未来も**ある。たとえ時代遅れのものであろうが生気のないものであろうが、自分が共感するものであれば個人にはそれに執着する権利がある。ユダヤ人には自分の宗教に執着して、先祖伝来の独自性と切り離さずに、**その独自性によって**、**またその独自性のままに**自分の人間性が認められることを求める権利がある。ヘーゲル自身がその道をとったかどうかは定かでないが、レッシングやカントや啓蒙思想と比べると、ヘーゲルの**体系**にはリベラルな原理のかなりの進歩が可能になっていることがこういうところにうかがわれる。

それはともかくとして、近代のユダヤ人がヘーゲルに格別の感銘を与えることはなかった。ヘーゲルは醒めた態度ではあったがユダヤ人の権利を支持していたし、ユダヤ人を受け入れる気持もあったが、特別な感情はいだいていなかった。彼はニーチェと違って、ユダヤ人の受け入れがヨーロッパにとって特別の利益になるわけではないが、それが近代の成り行きである以上、ユダヤ人という「変則的な」マージナル・グループも受け入れるべきだと考えていたにすぎない。

批判的考察——ヘーゲルのキリスト教中心主義

ヘーゲルが長い道のりを経て、初期著作の克服を試みていたのはあきらかである。その克服は成功したかと言うと、これはどちらとも言えない。初期の著作には、きわめて否定的な態度が示されていた。ユダヤ教はヨーロッパの歴史や世界精神にみるべき貢献をしたことはなく、それを偽造し歪曲したにすぎないというわけであった。

最初の転換が起こったのは『精神現象学』においてだったが、それは文章の底に秘められた形で密かに起こっていただけであった。逆転が生じたのは数年後ベルリンで、特に『歴史哲学講義』と『美学』においてであった。その間にヘーゲルは若い頃の反ユダヤ主義的な憎悪を克服するとともに、『精神現象学』時代の抑制を振り切っている。ベルリンではかなり気楽に、時には同情さえ示しながらユダヤ教に関心を寄せていて、変化が進むとともにユダヤ教の内面的な、詩的な深さを認めるようになった。ユダヤ教の歴史的貢献を明白だとみるだけではなく、重大なものだと考えるようにさえなっていた。

しかしユダヤ教は——絶対者の主体化という——新しい思想を最初誤った仕方で提示したため、原理を見誤ってそれを実現できなかったのだ。これがベルリンでの『宗教哲学講義』の見解だった。これは円熟期のヘーゲルによるユダヤ教にかんする最も重要なテキストである。若い頃の立場は本質的に克服していたが、ヘーゲルの論調が極端に揺れ、水面下では特にユダヤ教に対して、啓蒙思想的な宗教一般への——恐怖、隷属、疎外を非難する——批判を向けているのはみたとおりである。

だがヘーゲルはでき上がった究極の立場にけっして安住することはなかった。それは一八二七年に生じた新たな変化にみたとおりである。彼の論調は再びかなり柔らかになっているが、ユダヤ教への実質的な批判に変更はなかった。

したがってヘーゲルの不完全な自己超克——包括的体系における変化の背後には、逆行を繰り返しながら完成に達しない緩慢な過程があると言える。ヘーゲルが自分の立場を最終的に仕上げるまえに死んだため、その物語はまさに果てしない物語に終わった。(25)

ヘーゲルの体系にはここで別れを告げよう。彼はユダヤ人が存在していることのアポリアを解決できなかったし、近代世界におけるユダヤ人の位置をめぐるアポリアも解決できなかったのは確かである。しかしユダヤ人であるなしにかかわらず、誰かほかの思想家がこのアポリアを解決しただろうか。円熟期のヘーゲルでも、ユダヤ教に対する固定観念や二面的な感情を免れていなかった。しかし重要な点では彼は反ユダヤ主義者ではなかった。ユダヤ人を傷つけようとはしなかったし、ユダヤ教に脅威を感じてもいなかった。ユダヤ人をドイツ人社会の敵とはみていなかったし、ユダヤ人の権利を否定するどころか、ドイツにおけるユダヤ人の政治的解放と社会的受け入れを支援した。またヘーゲルの弁証法は少なくとも暗黙のうちに、寛容の多元論的形態の始まりを示してもいた。キリスト教中心の保護者的な優越感は拭い切れていなかったけれども、それは啓蒙思想的な寛容を超えた重要な方向を示すものであった。

キリスト教中心の絶対的立場

ヘーゲルについて議論する場合にはいつでも、ユダヤ教に対する批判的見解がみられるにもかかわらず、彼を反ユダヤ主義者だと非難するわけにいかないことを踏まえておかねばならない。たしかに彼は保護者的な構えをとり全くキリスト教中心主義的だが、それだからと言って彼が反ユダヤ主義的であるとは限らない。自分の優秀さを示す他者の態度に腹を立てたユダヤ人は、自分のプライドが傷つけられたことを他者の反ユダヤ主義と混同しがちである。しかし自分の信仰や慣習が優秀だと考えても、それは必ずしも他者の人間性を傷つけることではない。寛容は価値や独自性や意見などについての競合と両立すると考えられる。[26] 社会主義者が自分の主義のほうが自由主義にまさると考え、ハーバードの新入生が自分のカレッジはオックスフォードのどのカレッジより上だと信じ、イスラム教徒が自分の宗教は仏教よりすばらしいと考えても、ただちに帝国主義者とか反ユダヤ主義者という烙印を押されることはない。

しかしながらキリスト教（およびキリスト教に従うヘーゲル）は、キリスト教のほうがユダヤ教よりすぐれていると言うだけでは満足しなかった。すなわちキリスト教はユダヤ教から平然と意味や精神的遺産を吸い上げてしまった、――これは、まさにこれこそ精神的な暴力行為だ。キリスト教は「真に神に選ばれしもの」だと自任して、ユダヤ人から神による選び（という疑わしい観念）を奪っただけでなく、歴史をも奪ってしまった。ユダヤ人の古代史はキリスト教教会の「聖書に記された歴史」となり、イエス以後のユダヤ人の歴史は宗教的、精神的な意味の領域外に投げ出されてしまった。独特な独自性を有していた――とりわけ明確な個性を有していた――一つの古代民族の歴史が、キリスト教徒がキリストの身体(Corpus Christi)だと信じる教会の歴史のなかに沈められてしまった、――そこでユダヤ人はキリストを絶対他者とみなし、全力で拒絶しているわけである。ところがそれだけではない。一部その拒絶から作り上げられた永続的な個性をもつ離散したユダヤ人は、その絶対他者に先行していたが、そのなかに吸収されてしまって、いまや一つの「契機」として「キリストの身体」に押し込まれている。

はっきり言えば、これがヘーゲルのユダヤ教批判にみられるキリスト教中心主義が示している事態であり、その批判の核にある止揚という概念に含まれている事柄なのである。たしかに憎悪に満ちた若い頃の偏見は克服したものの、上にのべたようにヘーゲルは、ユダヤ教を「弁証法的に公平に」――つまり彼自身の弁証法的体系の意味で公平に扱っている。しかしその弁証法そのものが、ユダヤ教に対して根本的に不公平なのだ。なぜならイエス以後のユダヤ教の歴史を無意味なものとして斥け、ユダヤ教をキリスト教のなかに止揚してしまっているからである。この点でヘーゲルの弁証法は、中世教会(ecclesia)がユダヤ教教会(synagoga)に対してやったことをユダヤ教に対してやっている。

こういう考察は、もはやヘーゲル自身の立場を内在的に説明するものではなく、外部からそれを批判するものである。ヘーゲルには失礼ながら、どういう本物の思考でもそうするほかはない。ヘーゲルの体系において時代遅れで危険だと思われるものは、精神の顕現のすべてを評価すると称する全体化的な絶対的立場である。そのためヘーゲルは――人間の有限性にかんするカントの思想という――近代で最も重要な批判的事業から後退し、特殊だが重大なこの点において、きわめて**非**近代的な哲学者になっている。

「絶対知」について堂々と語るヘーゲルの限りない自信は、いったいどこから生まれているかと問いたい人がいるかもしれない。それは存在論的な考察に由来するものではなくて、彼の体系の基礎にあるもっと根本的な、強力な神学的、宗教的な衝動に由来するものだと思われる。[27] 神自身が現実化して、人間の歴史を介して自分自身を認識するに至るという確信（キリスト教的観念の異端的解釈）がなければ、ヘーゲルはカント的な批判という障碍を越えて、絶対知への道を進むことはできなかっただろう。彼の自信を強めたのは、哲学は宗教的真理の概念化だという中世思想から吹き込まれた考え方による、――それが哲学を一種の神崇拝とか神の自己認識というものにしているのだ。無論、神学的要素はヘーゲルの体系においては世俗化されて、社会とか歴史、仕事、倫理的生活、現実的思考といった現世的な領域で具体化されているが、**そういうもの**に疑似宗教的な次元を提供しているのは実は神学的要素なのである。世俗化(secularization) は二重の仕方で起こる。それは宗教化 (sacralization) の一形態でもあるのだ。世俗的なものと聖なるものは弁証法的に結びついているのである。[28]

ヘーゲル思想の独自の特徴は、精神の宗教的次元の絶頂をキリスト教――すなわち、ルター派（ないしルター派以後）のキリスト教――にみていることである。キリスト教が歴史上の諸宗教のトップに立って、絶対知に至る道を整えている。これがヘーゲルの――キリスト教中心であるとともにドイツ中心的な――第二の主張なのである。それは絶対知の主張に支えられているが、また絶対知が実現するうえでの主要な経路という役割も果たしている。

（私自身のような）共感をいだく批判者にも、このすべてが地平の驚くべき閉塞をもたらしているように思われる。広大な歴史的視野を開いているにもかかわらず、ヘーゲルは自分の村に執着しつづけている。ヨーロッパ・キリスト教的地域が彼にとっては世界史のエッセンスである。歴史的進歩、精神の形成、現実そのものさえ、ヨーロッパ・キリスト教文化に依存している。アジアその他の地域はそれとの関係で役目を終えた原始的下層である。それに対してユダヤ教は、二つの世界を橋で結ぶ弁証法的手段として役立ったが、この役目もすでに過去のものになってしまっている。

カント、ニュートン、ラプラス以後、「開かれた宇宙」についての鋭い意識が近代天文学によって生み出され、（ヘーゲルが好んで引用した）ハラーのような詩人がそれを歌い上げた。そういうことが起こった後であるにもかかわらず、ヘーゲルは宇宙の膨大な銀河系のなかでもこの惑星の人間の歴史と文化において、――神自身が現実化するために必要な局面として――無限な神が有限な精神となり、具体的な無限へ向かって展開すると考えた。その事情を説明してくれるのは、深いが正統ではないヘーゲルのキリスト教である。カント（および）その他の近代的な批判的思想家の批判的、非キリスト教的な目には、そういう考えは宇宙論的には一種の地方主義とみえるだろうが、そういう批判ではヘーゲルの心を動かすことはできない。なぜなら根本的に、そういう考えはキリスト教の核心をなす受肉という観念だからである。キリスト教の教えにおいてもヘーゲルの弁証法においても、無限の神は特定の場所に具体化されて経験できるものとなる（そして展開し発展する、とヘーゲルは付け加える）。もっともヘーゲルにとってその場所はベツレヘムとかガリラヤではなくて、この地球であり（ヨーロッパを中心とする）地球住民の歴史であった。

その点でヘーゲルの形而上学は、ユダヤ教からキリスト教を根本的に区別する中心的な問題を受け入れている。ヘーゲルの形而上学も、キリスト教がユダヤ教から受け継いで、普遍化したと称していた神による選びという観念を世俗化している。宇宙的な観点から言えば、地球住民がヘーゲルの「選民」の役目を果たし、彼らを介して神の歴史そのものが起こるというわけである。

このように彼の哲学では最初から最後まで、表には出ないがヘーゲルのキリスト教中心の立場がものを言っている。受肉の世俗版を前提として、それを「絶対知」にまで高めることによって、彼の哲学の始点が正しかったことが証明される。あきらかに、こういう自己充足的な目的論的円環では、ユダヤ教はヘーゲルの弁証法の指定する場所に据えられてしまわざるをえない。したがってヘーゲルを学んだ（ナハマン・クロホマールのような）ユダヤ人たちが、ユダヤ教をキリスト教より上に置いて、ヘーゲルの用語を使って師匠の説を「修正」しようとするとき、その試みは悲愴な趣を呈することになる[29]。ヘーゲルの体系がキリスト教的真理を世俗的に概念化したものであるかぎり、そういうやり方では失敗するに決まっているからである。エミール・ファッケンハイムは、ヘーゲルのユダヤ教論を「ヘーゲル体系の欠陥[30]」とよんでいるが、それは一部手直せば修復できるような偶然にできた欠陥ではない。ヘーゲル思想の欠陥や限界は（ユダヤ人問題の場合のように）特定の折衷的な部分修正で修復されうるものではない。もっと広大な包括的な処置を施して――絶対知の主張を批判的な一撃によって破壊して――はじめて修復できるようになるのだ。そうしてはじめて、深く豊かなヘーゲルの思想や考え方の宝庫を開くことができる。ヘーゲルの思想や考え方によって、現代の分析哲学の多くにみられる幻想（形式的基準によって支配される無時間的、普遍的な真理という幻想）から解放され、また（次に主題とするニーチェが、死せる神の「影」であることを見抜いた）概念装備に守られた宗教的絶対者というヘーゲルの幻想からも解放されて、歴史意識をもって弁証法的な仕方で哲学することができる。そうした徹底した手段をとった場合にはじめて、ヘーゲルのキリスト教中心の立場を克服することが可能になる。

第II部　ニーチェとユダヤ民族

第7章　ニーチェと死せる神の影

誰にとってもそれぞれのニーチェがいるだろうが、哲学の根本的改革を試みた近代で最も魅力的な、いや最も刺激的なこの人物を頼りにしなかった者がいるだろうか。彼を活用（または悪用）しなかった者がいるだろうか。多種多様な解釈を加えられ、文化上の争いでは異なる意見の根拠にされたものとして、聖書をのぞけばニーチェの著作にまさるものはない。自分でも悪用されかねないとは思っていたが、彼自身にもいささか責任がある。アフォリズムによる表現、哲学的意見と個人的見解との意図的混合、体系的な厳密さは忌避すべしという主張、そういうニーチェのやり方のために、引用癖のある人々や逆説や矛盾した表現を好む人々が、気ままな解釈をくだすことができる。特にニーチェは仮面を好んだ。彼の考えによると、卓越した者は自分の意図や苦闘や苦悩、抗しがたい誘惑との格闘などを、晦渋な文体や複雑なアイロニー、曖昧な語り口などで覆い隠さねばならない。難解さを深遠と勘違いした重苦しく冗漫な哲学者に向かって、ニーチェは楽しげに毒矢を放つとともに、デカルト的な（イギリス風でもある）明晰さという理想を嘲笑し、端的な一義的表現は皮相浅薄の証拠とも、（彼にとっては）有害の極みである賤民根性の証拠とも趣味の欠如の証拠ともみなしていた。

さらに、ニーチェが書いたのは少数の人々のためであった。彼らは同じような心理的変容を経験し、ニーチェを理解できる幸せな人々である。ニーチェに「学派」を作る気はなかった。自分の説の単純な「肯定」は皮相浅薄である証拠としか、彼には思えなかったのだろう。何より人はそれぞれ独自の個人であり、真理は独断的な「テーゼ」では表現できず（後述参照）、それは土台を掘り崩さないかぎり価値あるものになるわけがない。こういった考えが著者と読者を結びつける基本的な親和力である以上、自分に反対する者こそ、少数であっても真実の読者だと思われた。個人が既存の普遍的理性の真理や慣習道徳の（いかがわしい）諸観念から解放されてはじめて、善悪の彼岸における自由な実験としてみずからの生を展開することになる。しかしニーチェの理論にも、そして彼以外の人の理論にも、そういう実験の法則があるわけではない。

しかしニーチェの著作を無秩序な、あるいは単に「詩的な」作品だと思うのは間違いである。大半の重要問題にかんするニーチェの観念は、かなり明確で説明できる形で互いに連関している。そこには通常の世界と異なる世界に生きる者だけに許される、体験に即したVerstehen(1)というような深い理解の対象となる次元があるのかもしれない。——重要なメッセージにはそうした深いレベルが必要になるかもしれない（それならレトリックへの彼の強い執着も説明がつく）。だがここで扱おうとしている相手は予言者でも詩人でも深遠な神秘家でもない。目立たないがニーチェには十分説明できる一連の概念があって、哲学的思考に慣れた読者なら明確に解釈することができる。そのためにはそうした概念を関連づけ、その底にある思考や議論の構造をあきらかにして、そこにどういう典型的な哲学的欠陥があるかを見届けなければならない。そういう読み方をすれば、ニーチェの思想はかなり公平に、しかも明確に解釈することができる。単に一連の概念にとどまっているのではなく、大半が身構え方や評価であるところに、彼の思想の特徴があるからだ。

哲学と生

方法論的にはニーチェの考え方の基本は、哲学——というより哲学的思考——がめざすものは学問的な理想や目的ではなく、価値の観点に立って現実の生に臨むことに対して評価の構えをとることだというところにある。学問としての哲学という理想は哲学の開始以来、タレスやプラトンからデカルト、カント、ヘーゲル、そしてニーチェ以後もフレーゲ、フッサール、ラッセルや分析哲学に至るまで哲学を支配してきた。だがニーチェにとっては、そういう理想は哲学ばかりか生そのものの頽廃であって、それはソクラテスとその弟子たちによって西洋文化に注ぎ込まれた合理主義という毒なのである。ニーチェはショーペンハウアーを踏襲して、哲学の重要な使命は生の意味ないし価値という問題への取り組みにあると言う。生がつねに個人の生である以上、哲学は必然的に個人をターゲットにした活動である。哲学的思考とは、個人が生に対してある立場をとり、生に意味を与え、生に対する否定もしくは肯定によって生を形成してゆくことにほかならない。これをおこなうのは単なる知性ではない。そこには本能や情熱が、さらには個人の生に具体化される力への意志などをともなう個人の生の全体がかかわるのだ。したがって生は哲学的思考の主体であるとともに、哲学的思考の対象でもある。生は判断し形成すると同時に、また判断され形成される。言い換えれば、生に対する哲学者のかかわりそのものが、与えられた生に意味を与えることによって、生の力を方向づけ、鍛え上げ、強化してゆく生の在り方にほかならない。

このように生を形成し、意味づけ、自己を乗り越える活動こそ、ニーチェが（精神という言葉は避けているが内心では）精神として理解しているものである。精神は個人の生に外部から（いわゆる純粋意識を介して）付加された高遠で観念的な要素ではない。精神とは本能や関心などあらゆる力を有する生そのものである。精神が生の意味を形成し、意味を創り出しながら自己を乗り越えることによって、生の活力を奪うどころか活力を強化し、生のために創造的な道を切り開くものであるかぎり、精神とはそういうものなのだ。理性や道徳や宗教などの束縛によっても、またあらゆる種類の普遍的価値によっても、その創造的活動を抑えることはできない。伝統的には精神という概念には普遍的価値が含まれていると考えられてきたが、それは誤りであって、普遍的価値というものは逆に精神の出現を阻止し妨げるものなのだ。普遍的価値とは空虚な形而上学の偶像にすぎず[2]、生存の恐怖に駆られる頽廃した想像力の産物なのだ。想像力がそういうものを作り上げ、それを世界の構造に投影して、形而上学によって安心させようとするのだが、それはまさしく幻惑のたぐいの幻想的慰めである。

形而上学的偶像の網の目

西洋文化の核をなしている概念や価値にはこういう形而上学的虚構が含まれており、その虚構があらゆる個人の生を支配し、生を歪めている。ニーチェがまず攻撃するのは古典的哲学の概念による体系ないし世界だが、古典的哲学の基礎をなしているものは、真理自体のための真理の追求であり、また普遍的理性という概念、つまり同一性や永遠不変性、因果律、論理法則、人間共通の道徳価値といった観念である。そういう観念が集まって作り上げるのが非現実的な形而上学的偶像の網の目である。そういう観念のおかげで人間は理性とロゴスによって、理性に支配されている宇宙に適応することができ、宇宙に具体的に表現されている意味が合理的――実に目的論的――であることを理解できるという確信が生まれる。そしてそういう確信に、頽廃した弱い者も平安と慰めをみいだすことができる。もはや宇宙は――客観的、論理的な意味を欠いた世界には耐えられない——弱者から活力を奪ってしまいかねない恐るべき混沌ではない。このことから考えると、人間の住まいとなっている認識や道徳の諸観念の網の目全体が、逃走とか抑圧の心理のあらわれなのだ。逃走や抑圧の心理とはニーチェの言い方では、真理に直面することへの恐怖であり、(3)深淵を前にしてたじろぐ臆病な心理である。さらに言えば、理性が世界に投げかける虚構の体系は、弱小な者にも自分は世界を支配しているのだと想像させるという、手の込んだ形で力への意志を表現している。自ら発明した規則や法則の網の目に世界を組み込んで、世界に対する怪しげな優越を確立して宇宙そのものを形而上学の幻想に従属させているのだ。

人間の弱さや意気地なさや生の否定のために役立つ幻惑のベールを作り、それを人間に提供している点では、キリスト教は合理主義的な学問や道徳以上である。超越的な神や来世という観念は、地上の現実生活を無に等しい無価値なもののように思わせる。罰と報い、神の摂理、道徳的世界秩序、良心、悔い改め、罪悪感のような道徳的観念によって、男も女も生への憎しみを内面化して、挙げ句の果ては自己抑圧的になる。ニーチェはニヒリストとよばれたが、自分ではニヒリズムこそ第一の敵だと考えている。キリスト教には紛れもないニヒリズムが潜んでいて、キリスト教の本質は生の価値を否定し、生を抑圧し、生に敵対することだ、とニーチェは主張する。生に対するキリスト教の戦いは人間の外部から指導されるだけではなく、教育や訓練など複雑な手段を使って人間の内部からも指導される。個人の敬虔な感情や信仰を介して、特に良心や罪悪感を巧妙に操ることによって、抑圧の起源が個人の内なる法廷へ移されてしまうのだ。禁欲主義的理想はキリスト者の目には(無神論者ショーペンハウアーの目にも)霊性の極致だが、ニーチェにとっては、それはキリスト教が広めている最も重大な精神の歪曲にほかならない。

ハンマーとメス

合理主義的哲学やキリスト教神学に対するニーチェの批判によって、厄介な状況が生まれてきた。西洋人が生きている世界は有害な偶像や観念の世界であり、緊密に織り上げられた虚構の世界であり、その存在意義は生を抑圧し生本来の力の発展を阻害するところにある。世界は霊性という観念にもとづいて築かれているようにみえるが（この観念もその世界のため頽廃しており）、基本的にはその世界は反-精神的な世界なのである。したがって頽廃した観念の網を取り除くニーチェの仕事は途方もないものになり、時代文化の土台をなす石材のひとかけらも見逃さないようにしなければならない。発見した際にニーチェが苦悶や狂気に達するほどの孤独を感じ、「ハンマーを振るって哲学的に思考する」ほかなかったのもいわれのないことではなかった。

だがニーチェはハンマーを振るうばかりではない。メスも振るっている。哲学や宗教の基本概念に対する攻撃の土台になっているのは綿密な分析である。その分析のモデルになっているのがギリシア人の懐疑論とデビッド・ヒュームである。(4) ヒュームは原因・結果という概念には、論理的根拠はなく心理的な根拠があるにすぎず、主観的な観念を世界に投影するのは習慣や生の必要によることだと論じて、原因・結果という概念を使うことを非難したが、ニーチェも同じように、科学、形而上学、道徳のあらゆる重要な概念を攻撃する。どの領域においても概括的な批判には満足せず、どの概念についてもその根拠やそれを構成する要素、とりわけ概念を使う心理に踏み込んで、その作業を系譜学とよんでいる。(5) この点ではニーチェの著作にも、従来の哲学と同じ方式による細かな議論や分析が含まれていて、そこに彼が支持する生としての哲学と、彼が拒絶する学問としての哲学をつなぐ（彼のうちに当然存在している）連関がみられる。もっと正確に言えば、ニーチェは分析を進めるうえで哲学にとって不可欠な要素である、原因や同一性や真理や知識や価値のような概念にかんする議論や分析は否定していない。彼自身がいつもそういう方法を用い、その種の概念を使っている。生としての哲学という考えによって、哲学の分析に必要な要素は排除されるどころか、むしろ要求される。西洋人にとっては、伝統的哲学の概念の網の目に支配されて形成された（ニーチェに言わせれば、歪められた）ものが自分自身の生である以上、生を救済しようとする哲学的治療が、その種の諸概念に批判的分析を加える道をたどるのは当然である。[6] 分析抜きの説教や説得、あるいは詩情に訴える勧誘で、そういう治療を簡単にやれるはずがない。分析的な議論がめざすものが結局は説得とか勧誘とか教唆であるのは確かだとしても、それだから分析的議論は要らないということにはならない。

哲学的転回——系譜学

生を変革して新しい人間を作り上げるという目標をめざすには、生としての哲学を生き抜く者自身が伝統的哲学に専念して、その概念によって構成された世界を転覆させる（変革する）、あるいはカントの言い方をすればその世界を包括的な批判にさらさねばならない。だがニーチェはカントとは反対に（もう一度ヒュームに従い、ヒュームの方法を大幅に拡張して）、基本的に心理学的な方法で批判を展開している。伝統的哲学では「認識や存在論や道徳の原理は何か」が問われてきた。知識や道徳の**根拠**が主要な関心事だった。そうした方法論を、ニーチェは逆転させる。根拠の探求（および根拠という問題）は放棄されて、全く別の相互に連関した二つの問題が取り上げられる。まず最初に、これまで根拠づけが試みられてきた「真理」や「道徳的善」のような伝統的価値に、どういう価値があるかが問われる。この問いによって伝統的価値ならびにその根拠は、何ものにも依存しない絶対的価値ではなくて、生に依存するものであることが示される。これは方法論にかかわるきわめて哲学的な転回だが、ニーチェの言い方をすれば次のように言うことができる。カントや合理主義者たちはみな「知識や道徳におけるアプリオリな綜合判断の根拠は何か」と問うが、それに対してニーチェが問うのは、そういう判断についての確信が必要なのはなぜか、そういう確信が役に立ち、可能とする生はどういう種類でどういう形態のものかということである。これは今日なら「反‐根拠主義的」転回と言われかねない転回であるが、それにとどまらず（伝統的な「道徳的善」や「道徳的悪」という言葉では表現できない）価値の問題を、最も重要な哲学的問題とする実存的倫理への転回でもある。ほとんどいつも無意識のうちに心を深く捉えている生や文化の維持手段にもなる哲学的、道徳的、宗教的な確信を、形成したり採用したりする隠微な心理的からくりの探求が、ニーチェの方法論の第二部で展開されるのはそのためである。そういう心理のからくりは生の本能や欲望において働いているのであって、意識のうちに組み込まれているものではない（意識は本能や欲望の氷山の一角にすぎない）。

こういう事情でニーチェは哲学的、宗教的概念についての**系譜学者**となって、そういう概念の隠れた起源や、概念がある種の生の本能や関心から生まれる過程をあばきだそうとする。[7] その種の本能や関心は意識にのぼらないため、本能や関心から独立に妥当する概念や価値があるような幻想が生まれるのだ（したがってフロイトはニーチェと密接な関係にあるが、フロイトはそれを認めながら隠そうとしていた）。[8] 概念の系譜学的起源を発見すれば、概念が純粋だとか永遠不変に妥当するという主張を失効させ、そういう概念への隷属的な依存を断つことができる。これはカントの成果の大半とは対立するものだが、カントによる批判と似た治療効果のある批判的仕事である。価値や科学的確信からなる文化全体が縛られてきた

（神学的でもある）形而上学的な幻想から解放し、時代文化全体の根拠を解明して、その再生を試みたのがカントの批判であった。それに対してニーチェの批判は、（カントの批判が示した根拠も含めて）科学的、道徳的確信の全体が巨大な形而上学的幻想の産物であって、そういう幻想の網が西洋の生と思想の全面を覆い尽くしてきたことをあきらかにする。

神の影

この徹底的批判の試みの深さと広がりをドラマティックに示しているのが、ニーチェの神の死にかんする言葉だが、『悦ばしい知』にはもっと印象的な表現がある。これはあまり有名ではないがもっと正確な叫びである。「こうした神の影のために物がみえない状態は、いつになったら終わるのか！　自然を神から完全に解放してしまう（entgöttlicht haben）のは、いつのことだろう！」[9]。「神は死んだ。……われわれが神を殺したのだ」（『悦ばしい知』一二五節）と叫びながら、ランタンを手に市場を駆け抜けているのは無論ニーチェ自身であり、彼にはこの恐ろしい行為、人類史上最も恐るべき行為がすでになされたこと、そして神の死から人間が得たのは、無意味な宇宙における自由だが孤独な生であることがわかっている。そのことの代償は、耐え難いというよりも崇高な償いなのである。その新しい認識によってはじめて、人間は自分の生に（ニーチェが〈ディオニュソス的〉と称する）真実の意味を与え、生と世界と価値の創造者になることができるからである。

だが神の死以後もなお神の影が世界を支配している。したがって哲学的批判の本当の役割は、死せる神の影を世界から追放してしまうことである（『悦ばしい知』一〇八節）。

死せる神の影とはロゴスが支配するコスモスという合理的世界についての確信、つまり自然科学の妥当性や論理の「純粋」法則の妥当性、因果律の支配、実体や同一性という概念の妥当性についての確信のなごりのことである。近代自然科学は自然像から神を追放したと称しながら裏口から神の影を引き戻したのだ。哲学的合理主義と科学信仰は道徳的世界秩序という昔の宗教的観念の変形であって、いずれも等しく人間の願望や要求や習慣や欲望を宇宙の構造に投影する人間化にもとづいている。人間化は徹底的に拒否すべきであり、知恵、美、秩序、形式、目的を世界の属性としてはならない。さらには「宇宙は機械だと考えないように」しなければならない（『悦ばしい知』一〇九節）。非形而上学的と称する近代科学の基礎をなしている機械論的因果性も同様な幻想の一つである。スピノザにとって世界は（神と同一であるから）神に満ち満ちていたが、スピノザと対照的なニーチェにとっては、自然を「神とは無縁のもの」として捉えようという要求こそ、人間が「自然に戻る」前提であり、頽廃から癒える前提である。これは目的も永遠的法則も原因もなく、弱い人間の知識欲に応える内的秩序も欠けている合理的意味のない宇宙を、人間は幻想を捨てて直視しなければならないことを意味している。〈ディオニュソス的な〉強い人間だけが認めうる純粋な宇宙は「永遠の混沌」であり、永久に同じ状態を繰り返す、目的も意味もないエネルギーの流れとして描かれている。それは（プラトン風に言えば）存在なき生成の世界、あるいはロゴスなきヘラクレイトスの世界である。ショーペンハウアーがやったように宇宙の力を「意志」と表現することも人間化の一つの形であって、それは無神論者の心の奥に潜む神の影なのだ。

絶えず流れ何一つとして常住不変でないこの世界には、同一性の存在する余地はない。何一つとして同じものはない（すべてが自分自身とも異なる）。論理的思考の法則というものそれ自体が、ばかげた考えにもとづいているのだ。それは同一の場合が存在し、あらゆる事物も状態もそれ自身と同一とみなしうることを前提としているからである。こういう確信は、生の根本的欲望から生まれたものだ。ものを「同じもの」として確認し、食べ物や自然現象などに永久不変の特徴を認めるということがなければ、人間は生きていけないからだ。このため隠微なからくりが働いて一連の有用な虚構が生み出され、それが世代から世代へと受け継がれてきたのだ。「永続するものがあり、等しいものがあり、(とにかく)事物や物質や物体があり、事物はみえるとおりのものである」と思いこまれている(『悦ばしい知』一一〇節)。こうした「根本的誤謬」が人間の器官そのものに備わり、強力に支配するようになったため、それが論理の規範、知識上の一切の「真偽」の規範とされて、批判を一切寄せつけぬものとされてきた。

このような虚構は高度の段階では科学にも役立って、別の意味でも生のために作り出されている。科学は作業に必要な「原因と結果」のような一連の虚構や、「線、平面、物体、原子、可分的時間、可分的空間」といった架空のもの(『悦ばしい知』一一二節)を作り出すが、そういうものはみな人間化された形であり、「像、われわれの像」なのである。合理主義的な世界観が可能になり、そういう世界観を支える頽廃した生き方も可能になるのは、科学を可能にしている基本原理のうちにこういう虚構が機能しているからなのだ。生き方というとき、ニーチェはあきらかに別の意味の生を考えている。もはやその基礎をなす生物学的基層ではなく、心理学的性質や文化的な特徴や特質が問題なのだ。合理主義的虚構は幻想の上に築かれた生に仕え、人間に偽りの形而上学的な慰めを与えて、人間存在の深淵をのぞき込まずにすむようにする。したがってニーチェの科学に対する批判も科学的世界観を追放しようとする願いも、科学的関心とか(頽廃的虚構の極とみなされている)真理自体のための真理の探究心に由来するものではない。形而上学的問題に向けられている関心は、彼が最高に評価するディオニュソス的な生という新しい種類の生に寄せているのと同じ関心なのである。

真理の問題

ところがニーチェの真理概念は、彼の著作における至難の問題の一つである。客観的真理も利害関心を超えた「真理への意志」も存在しないとすれば、どんな形態の知識も、生の選び方次第で変わる物の見方にすぎないことになる。しかしこれは全面的な懐疑論と同様、この主張そのものにも当てはまる。ではニーチェ自身の考えについてはどうであろうか。自分の考えは世界についての別種の見方であって、これはディオニュソス的な生き方に（必要条件として）結びつくものだと、ニーチェが考えているのはあきらかだ。しかし彼の著作には「真理」という言葉を物の見方としてではなく絶対的なものとして使っていて、（日常的にも哲学的にも）ふつう「真理」という場合に含まれる評価や感情が込められている箇所が少なくない。真理の価値を教条的に認めることを拒否して、「真理の価値」そのものをまず知るべきだとするにもかかわらず、厳然たる形而上学的真理を逃れて、虚構や偽りや慰めを好む者を厳しく戒めている箇所は枚挙にいとまがない。ディオニュソス的人間を測る尺度は「（厳然たる）真理にどれだけ耐えられるか」なのだと繰り返しのべている。これは矛盾したことなのだろうか。真理からの逃走に対する戒めのなかには、ニーチェが真理の価値の問題を解決したことが示されている。そこに示されているのは、真理自体に価値はないが、ディオニュソス的な生を可能にするかぎり、真理には価値があり、その真理は古い意味の認識の真理ではなく一種の「真実の生」であって、陳述の仕方ではなく生き方ないし生活の質にかかわる「真実さ」に近い新しい真理の概念であるということにほかならない。表面に現れていないさまざまな問題があるけれども、ニーチェの真理論は一種の「真実さ」という観念に至りつくように思われる。これは陳述と対象との（または陳述の間の）合致ではなく、主体の生命活動と生そのものとの合致を意味している。その合致によって生に新しい精神的質が獲得される。いくらか単純化して言えば、問題はいかにして本当の**知識**に達するかではなくて、いかにして本当に**生きる**か、つまり「本当の」（真実の）仕方で生きるかということである。これは普遍的、客観的である外的規範に従って生きるという意味ではない。生命活動をそれ自身と躍動的に一致させることである。躍動的にというのは、生の意味は生に付随するレディメイドのものではなくて、自己克服の過程をつうじて創出されるものだからである。

以上のような考えの前提となっているのは、世界には客観的な意味や価値はなく、世界は神も神の影も脱ぎ捨てたという認識である。それゆえ——ニーチェが到来を告げている「超人」という——高貴な人間を測る基準は、「真理にどれだけ耐えられるか」という問いにある。ディオニュソス的人間は極力多くの仮面を剝ぎ取って、合理的意味も永遠不変の価値の支えも失った宇宙を直視し、その恐るべき認識から生の力を汲み新たな喜びを生み出すことができると考えられている。（ニーチェの La Gaya Scienza という有名な副題がこの考えをあらわしているわけだが、これは「悦ばしい知」と訳すのがいいと思われる。）どういうたぐいの知かというと、それが単に知識の性質でないことはあきらかであって、それは態度表明であるとともに情熱でもあり意志の一つの形態でもあるのだ。それは一種の**認識**であるとともに**体得**でもあるが、そこにはある考え方をする、行為を遂行する、確固たる態度をとるという意味が含まれている。ディオニュソス的人間の〈知〉は陳述の確認ではないが、単に幻想からの覚醒にとどまるものでもなく、個人の全体による活動である。それは人間存在の「運命」の総体を肯定し、他者には悲惨とみえる生き方をも引き受けて、それを喜びと創造の基礎とする活動なのである。凡庸な人間の心理はそれとは違う。凡庸な人間は苛酷な真実に直面すると、生を否定し絶望してニヒリズムに陥ったり、慰めを与える幻想に急いで戻ったりしがちだ。弱い人間はペシミズムを克服できないためにオプティミズムを選びとるものだが、ニーチェが予感している種類の人間にとって「ペシミスティック」な世界観はまず克服すべき出発点であり、生を肯定し困難と苦悩を引き受けて力と喜びの新しい源を獲得するための前奏なのである。ニヒリズム（および浅薄なオプティミズム）の誘惑の弁証法的克服こそニーチェの主要なメッセージである。それこそ彼の言う〈ディオニュソス的〉態度の核心であり悲劇の本質であり、悲劇的な生き方の本質なのだ。ディオニュソス的人間は（精神的・肉体的）苦痛や混沌についての認識を回避せず、苦痛や認識によって絶望の深淵に引き込まれることもない。むしろあらゆる偶然で非合理で恐るべき側面を含む生を「肯定する」ことによって、ディオニュソス的人間はそういう認識から現実を生き抜く力を汲む。

最初の価値転換

度重ねてニーチェは一切価値の「価値転換」（または再検討）について語り、そういう表題の著作の草稿も書いていたが、その著作は完成されることはなかった。多くの解説者たちが問題にしたことだが、ニーチェの推奨する新しい「価値のリスト」はどういうものか、「善悪の彼岸」に立つというニーチェの主張を考えればそういうリストがありうるだろうか。この種の問いに答えるなら、ニーチェは何よりもまず倫理的な哲学者であるということになる。しかしそれは道徳的命令に関心があるというのではなく、ある種の生き方を選びとるという意味においてである。ニーチェは規範的、命令的な善悪は拒否するが、個人や生き方に内在する価値（ないし値打ち）をあらわす「よい」と「わるい」の区別は重要視している。（精神的な）貴族は賤民（ないし大衆）にまさり、ディオニュソス的な生き方のほうがキリスト教的な生き方よりもまさっている。いずれの場合も、劣っているものは道徳的意味で悪いのではなく、低級とか劣悪というように質的にわるいのだ。それが示しているのは（性質の）わるい人物という概念であって、罪人という概念ではない（ニーチェはschlecht（わるい）とböse（悪い）を区別している）。この点で彼の哲学は価値評価を数多く含んでいるし、価値評価をめざしている場合が少なくない。

しかしその価値や評価は狭義の倫理の範囲に限られてはいない。核心的な問題である最も重要な価値転換はニーチェの場合、むしろ**存在論的**なものだ（と考えられる）。それが問題にしているのは、確実性も堅固さも永続性もない生の価値であり、神とかプラトン的イデアの世界に由来する超越的な光に照らされることもなく流れ、過ぎ去っていく全く内在的な存在が有している価値なのである。すでにあきらかなようにニーチェはこの内在的な存在を肯定して、自分自身の意志と生命活動によってそういう存在に価値を作り出し、そこに（生を否定する）ニヒリスティックな絶望ではなく力と喜びをみいだすことを求める。したがってニーチェの新しいリストの一番最初の価値は、仮面を脱ぎ捨てた生の肯定であり、完全に無常流転する内在的生の肯定である。

真理の価値は何かというニーチェの問いは、真理があるという信念の価値は何かという意味である。たとえ到達していなくても（また到達できなくても）たいていの人は永遠不変の真理があると思っている。ニーチェにとっては、あらゆる人が生きているのは無常流転する**此岸の**世界であって、そこでは何一つ永続的なものはなく、すべてが多様なパースペクティブで捉えられ評価される。しかし現実についてのこうした理解を受け入れようとせず（同意せずに拒否して）、客観的、科学的、合理的な真理があると想定するため、そのような理解がわからなくなる。そうなったとき真理の価値とは、永続性がなく超越的次元を欠いた、完全に絶えず流転する此岸的な現実存在への不安や恐怖を変形し、隠蔽することにほかならない。したがって真理の価値は人を欺き、より深い意味での非真理として役立つことにある。[10] これは逃走の一形態、つまり現実と生を恐れ幻想のベールをかぶってしか生きられない弱者の逃亡の形態である。ニーチェにとって最初の価値転換は真理という幻想を拒否して、永遠でもなく内的永続性もない無常流転の現実を受け入れる生き方に価値を認めることであり、自分を欺いて世界の客観的構造から意味を引き出すか写し取ることができると信じ込んで、外部に意味を探し求めるのではなく、自分自身で意味を創り出す生き方そのものに意味をみいだすことである。これが第一の価値であることを理解し、それを体得した者は、永遠的真理のない世界にあっても恐怖や絶望のうちに生きることなく、**運命への愛**（amor fati）と「悦ばしい知」を特徴とする生を、喜びをもって生きる。

こういう思想家が反ユダヤ主義やユダヤ人に対してどういう態度をとったと考えられるか、いや現実にどういう態度をとったのだろうか。これが本書第二部の主題である。

方法論にかんするコメント

ユダヤ人の思想家が次のように言うとしてみよう。

かつて告発者が出したどういう告発にもまさって、私はユダヤ教を激しく告発する。私にとってユダヤ教は、考えられるもののなかで最もおぞましい頽廃である。ユダヤ教はできれば究極の頽廃へ進みたいと考えていた。ユダヤ教が腐敗させせなかったものは何もない。あらゆる価値を非‐価値とし、あらゆる真理を虚偽に変え、あらゆる誠実さを魂の卑劣さと化してしまった［……］。果てしないこうした告発をあたり一面の壁に書き付けておきたい［……］。ユダヤ教はまれにみる極度の呪い、極度の内面的頽廃、極度の復讐心、いかに有害で陰険で地下的で卑小な手段でもまだ不十分な復讐本能であり――人類の無類の永続的汚点だと、私は考えている。[11]

ヨーロッパではユダヤ人が解放されたのち、こういう言葉が危険な反ユダヤ主義者の口から聞かれるのは珍しいことではなかった。だが似たようなことをユダヤ人が言ったことがあるだろうか。ユダヤ人が自分自身およびユダヤ民族に対して辛辣な批判や痛ましい自虐的憎悪をしばしば感じたことがあるとしても、こういう言葉が語られたとか将来語られるというのはありそうもないことだ。引用はニーチェの『反キリスト者』から取ったものだが、原文の「キリスト教」を「ユダヤ教」に書き換えている。ニーチェはここで自分の育った文化や宗教に対する告発状を作っている。だから原文は「キリスト教は最もおぞましい頽廃にほかならない。云々」となっている。

ニーチェのユダヤ教についての言葉を読み――ニーチェの場合には、語られる内容よりも音や調子のほうがまさるとも劣らないから――彼の言葉を聴き取る際にも、その言葉の背景には以上のようなことがあるわけだ。だがその問題を論じるに先立って、方法論について言っておかねばならないことがある。第一に、ここでの関心はニーチェ自身の思想や哲学的構想にあって、(経験的歴史の研究にとっては非常に興味深く重要ではあるが）ニーチェの多種多様な利用や悪用や通俗化にあるのでもなければ、いわゆる「ニーチェ主義」にあるのでもない。第二に、ここでの関心は哲学者としてのニーチェにある。すなわち彼のユダヤ人の見方を彼の思想全体と結びつけて考えるのであって、知識人や芸術家や作家や科学者がユダヤ人についていだいた一時的な意見、または偶然の意見として考えようというのではない。第三に、ニーチェの言葉を哲学的な文脈で吟味するときにも、**言葉が語られる背景**にも耳を傾け、ニーチェその他の人々が発する声のなかで、その言葉がどう響くかにも耳を傾けるように努力する。第四に何よりもニーチェのユダヤ人との関係は「二面的」だという決まり文句で満足しないで、二面性を醸し出している構造や構成要素の解明を試みる。

そのために二つの区別をしておかねばならない。その一つはニーチェの反ユダヤ主義に対する態度と歴史的ユダヤ教に対する態度の区別である。もう一つは歴史的ユダヤ教を三つの局面に分ける区別である。つまりニーチェがその「雄大さ」を賞賛した旧約時代のユダヤ教、キリスト教文化の生みの親として彼が心から軽蔑し非難した第二神殿期の「神官的」ユダヤ教、ニーチェが擁護し、賞賛し、「新しいヨーロッパ」で治癒をもたらす要素と考えていた、離散した近代ユダヤ人たちにおけるキリスト教後のユダヤ教という三つの局面を区別しなければならない。

矛盾しているようにも思われるこの複雑な関係を理解するためには、方法論的に重要な事柄を認めておく必要がある。反ユダヤ主義者を攻撃するかユダヤ人を擁護するときにニーチェが考えているのは、現代ヨーロッパのユダヤ人社会のことであり、それを攻撃する現実の反ユダヤ主義運動という具体的な事柄である。逆に古代ユダヤ教を批判するときには、ニーチェは心理的・文化的（あるいは「系譜学的」）**カテゴリー**としてそれを論じている。すなわち彼にとって古代ユダヤ教は西洋文化に深くしみ込んだ一つの質的特徴なのであって、その文化の「系譜学者」であるニーチェは、その心理学的構造を分析し暴露しようとする。こういうところから、第二神殿期のユダヤ教への批判と同時代のユダヤ人擁護との間に独特のギャップが生まれている。通俗的な論者もいれば深い洞察を有する論者もいるが、反ユダヤ主義論者とは異なり、また多くのユダヤ人擁護論者とも異なり、ニーチェは古代ユダヤ教の分析を現代ユダヤ人に対する態度に持ち込むことはない。ニーチェが反ユダヤ主義の敵であると同時に、同じ情熱をいだいてキリスト教の揺籃である古代ユダヤ教に対する批判者でありうるのは、こういう方法論上のエポケー（判断停止）、自己抑制的処置（および彼独特の心理学の特質）にもとづいている。

第8章　反ユダヤ主義批判

ユダヤ人に好感をいだいているドイツ人にはまだ出会ったことがない。政治にかかわる慎重な人々がみな現実の反ユダヤ主義的行動をたとえ無条件に拒否しているとしても、その深慮遠謀は反ユダヤ主義的感情そのものに向けられているのではなく、その種の感情の危険きわまる極端な昂揚に、特に昂揚した感情の悪趣味な恥ずべき表現に向けられているにすぎない、――このことを見損なってはならない。

『善悪の彼岸』二五一節

（別の実例はサルトルだが）他のこの種の証言と同様に、ニーチェのこの言葉はそのまま受け止めていい。ニーチェ自身が若い頃、彼の言う同じ「病気」に冒されていたのだ（下記参照）。キリスト教によって教育されたどういう子供でも、潜在的に反ユダヤ主義的感情を幾分かは吸収していると考えても、少しもおかしいことではない。問題は、成人してその反ユダヤ主義的感情をどう処理するかだ。それを理論化するか。それに対して反論を展開するか。それともその感情を温存したまま、ニーチェの言う「政治的な」理由からそれを残酷な形で示すのは控えても、「ソフトな」または「手の込んだ」反ユダヤ主義は一生引きずっていくことにするのか。

自分の考えをのべるに当たってニーチェはこう書いている。「ひどく汚染された地帯に短期間、滞在している間に、私も病気に全然罹らなかったわけではない(1)」。ニーチェがのべているのは自分の学生時代のことだが、特に過激な反ユダヤ主義者だったリヒャルト・ワグナーおよびその妻コジマとの、短くはあったが熱烈な交流を楽しんだ時期のことである。バーゼル大学の若い教授だった頃、ニーチェにはどうしても反ユダヤ主義者だとしか思えなかった、ルネサンスについての有名な歴史家ヤーコプ・ブルクハルトから影響を受け、困ったことに大家としてのその姿は、ニーチェが正気であった最後の日々に至るまでつきまとうことになった。そして無論ニーチェにとっては、その「汚染された地帯」は妹のエリーザベットと後にその夫となるフェルスターという形で身近なところに存在していた。だが後にのべるように、こういう人物とのニーチェの複雑な深い関係は、結局はみごとな自己超克の梃子となり、**反ユダヤ主義に対する批判者**としての立場を内的に強化することになった。

汚染地帯でのニーチェ

「病気」の証拠記録は、特に一八六六年から一八七二年までの手紙のなかでニーチェが表明している、反ユダヤ主義的な意見のなかにみいだされる。[2] この数年間はドイツ統一とビスマルクによる戦争の時代であって、政治的な反ユダヤ主義がドイツでは大きな話題になり、熱狂を巻き起こしていた。当時ニーチェはワグナーやコジマの影響下にあった。それ以前にもライプツィヒ大学の新入生の頃、カール・フォン・ゲルスドルフのような反ユダヤ主義者である仲間がいた。ニーチェは彼が好きで、バーやレストランで何時間も一緒に過ごすこともあって、後年になっても親しく文通をつづけている。

たとえば母と妹にあてて（一八六六年四月二二日・*BW*, 1/2, no. 502）ニーチェは、次のように不満をのべている。ライプツィヒのレストランの食事はひどく、街は「おそろしく覇気のない愚か者やその他の商人など」で埋め尽くされている。ようやくゲルスドルフとふたりだけになれて、「溶けたバターを食べたり、ユダヤ人の渋面（Juden-fratzen）をみたり」せずにすむ居酒屋（Kneipe）をみつけた次第である、というような調子である（ニーチェは食卓でのゲルスドルフの言葉を再現しているだけかもしれない）。その五日後、ニーチェはまた不平を言っている（H・ムシャッケに、一八六六年四月二七日・*BW*, 1/2, no. 504）。食事はまずいうえに高く、「劇場には訳のわからぬアフリカの女がいて、至るところにユダヤ人の連中（Judengenossen）がいる」。「長いことゲルスドルフと一緒にいた」ともニーチェは付け加えている。

当時ニーチェはしばらくの間ドイツ愛国者であって、二度もビスマルクの軍隊に入隊しようとしたことがある（結局、近眼なので許可されなかった）。「溶けたバターを食べたり、ユダヤ人の渋面をみたり」と書いた手紙には「臨戦態勢にある者」という署名がある。砲兵隊への入隊が認められたときには、（士官になっていた）ゲルスドルフに誇らしげな手紙を書いて、「砲兵隊員フリードリヒ・ニーチェ」と署名している（一八六七年一二月一日・*BW*, 1/2, no. 554）。哲学においてはショーペンハウアーやドイツ・ロマン主義の影響下にあり、親しくなったワグナーをヨーロッパの救い主とみていた。ニーチェにとって「ユダヤ人」という概念は、ワグナーやショーペンハウアーの精神と対立するすべてを意味していた。（反ユダヤ主義という妄想にとりつかれていることがニーチェには十分わかっていた）ワグナーとコジマにあてた手紙には、「ユダヤ人の貪欲がドイツ衰退の一因なのです」と書いている（一八六九年五月二二日・*BW*, 1/2, no. 4）」。ゲルスドルフへの手紙ではショーペンハウアーの意志否定説を賞賛した後（成熟してからは非難することになるが）、「〈ユダヤ人たち〉――周知のように、この概念には実に多くの意味があるけれども――彼らは、シラーのような人々に強く結びつくワグナーの理想主義的なやり方が大嫌いだ」

と付け加えている（一八七〇年三月一一日・*BW*, 2/1, no. 65）。こういう考え方は、成熟したニーチェの立場とは正反対である。

若いニーチェのワグナー崇拝は『音楽の精神からの悲劇の誕生』（一八七〇年）で絶頂に達する。その年ゲルスドルフはたまたま、ワグナーの『音楽におけるユダヤ性』という反ユダヤ主義的パンフレットを読んですっかり魅了され、ニーチェに書き送っている。これまでは「ユダヤ化した新聞」のせいでワグナーについて誤解していたが、もう「君の友人であるワグナーは天才だ」と確信している、「あの論文が完全に僕の目を開かせてくれた。……まだはじめたばかりだが……彼の思想に含まれた真理にわくわくしながら、豊かな内容とすばらしい形式に感嘆している」（一八七〇年三月一一日・*BW*, 2/1, no. 65）。

その論文のなかでワグナーは、ユダヤ人の作曲家であるマイヤーベーアとメンデルスゾーンを特に攻撃しているから、一年あまり後にニーチェの手紙（一八七二年二月四日・*BW*, 2/1, no. 197）を読んで、ゲルスドルフは気をよくしたにちがいない。そこには次のようなエピソードが書かれていた。「復活祭の休みに隣町のフライブルク（バーデン州）から来た教授と一緒に、アテネ、ナクソス、クレタ島に行かないかと熱心に誘われている――君ならどう言うかね。――彼が誰かわかったらなおさらのことだ。――フェリックス・メンデルスゾーン゠バルトルディの息子なんだ（原文のまま）。僕なら断るね」。とにかくニーチェはギリシアに行く気はなかったが、ゲルスドルフへの手紙にみられるように、ニーチェが断ったのは、メンデルスゾーン教授がユダヤ人（実際にはキリスト教に改宗したユダヤ人二世）だったからではない。その教授がワグナーの斥けるものを、誰よりもよく示している男の息子だったからである。ヘイマンが指摘しているように(3)、ニーチェがその教授の誘いに乗っていたら、ワグナーとコジマのひどい不興を買ったにちがいない。

別の小さな出来事では、ニーチェはフォルクマン博士とかいう知人と口をきく気にもなれなかった、「劇場でみかけるユダヤ人のような、趣味の悪い服装をしていたからだ」（一八七〇年二月一三日のオスカー・エーラーあての手紙・*BW*, 2/1, no. 63）。ハイキングに出かけようとしてみると、ホテルにいた仲間のひとりは「運のわるいことにユダヤ人だった」（一八七二年一〇月一日・*BW*, 2/1）。

当時のニーチェには、反ユダヤ主義的な友人と対立してまで、小さい頃から受け継いだユダヤ人に対する偏見を検討し直す理由がなかった。もっとも、彼の反ユダヤ主義的偏見は表面的で気まぐれなものであって、ワグナー、ゲルスドルフ、後年のエリーザベットなどの、過激なほど熱烈な反ユダヤ主義とは縁遠いものだった。「病気に感染していた」時期のニーチェの手紙に時折みられる反ユダヤ主義的見解には、ユダヤ人に対する型通りの嫌悪感がうかがわれるが、その当時のニーチェの生活環境のせいでそれが幾分誇張されていた（周囲への迎合もあったのだろう。彼の反ユダヤ主義的意見を聞かされた人々の大半が反ユダヤ主義的であることは、彼にはよくわかっていた）。だがそれはほかの人々のような強烈なイデオロギーにはなっていなかった。それはニーチェが悟ったように治癒可能な「感染症」であった。

事実ニーチェは――内心の動揺を乗り越えてみごとに――その病いを克服した。もっともワグナーと決定的に訣別するまでは、十分に克服したわけではなかった。すでにのべたように、反ワグナー的な感情が成熟したニーチェには、その病いを克服するうえで一つの梃子として役立ったのだが、その克服が起こったのは主要な著作の大半を書くまえのことであった。

ワグナーから解放された後の――過渡期におけるニーチェの気分をよく示しているのは、『解き放たれたプロメテウス』という書物も書いた崇拝者のユダヤ人ジークフリート・リーピナーに対して彼がとった態度である。ヘイマンが伝えているように(4)、ニーチェの友人たちはリーピナーのことを良く言っていなかった。（自己嫌悪に陥ったユダヤ人の）パウル・レーはリーピナーを「つまらない奴」だといい、エルビン・ローデは「ユダヤ人のなかでも最も不格好な男」だと書いている（一八七七年六月二九日・*BW*, 2/6, no. 425）。しかしニーチェはそういうことで左右されてはいない。リーピナーは「天才」だとローデに書き送り、同じ日にリーピナーには次のように書いている。「血筋の点で君がユダヤ人とつながりがあるのかどうか、率直に教えてください。実は最近、ユダヤ系の若者たちに非常に大きな期待をいだかせるようなことを経験したからです」（一八七七年八月二四日・*BW*, 2/6, no. 652）。この後のほうの文章は非常に重要である。成熟したニーチェが数年後『曙光』その他で、新しいヨーロッパでのユダヤ人に対する大きな期待をのべるようになるが、この文章にその先取りがみられるからである（第10章参照）。

これからは成熟期のニーチェを論じることにしよう。

自己超克

自己超克がここではキーコンセプトになる。この概念はニーチェ哲学全般で中心的なものであるだけではない。そこにはユダヤ人のことにかんして、彼が自分自身において実現したことが示されている。頽廃した文化のなかでニーチェは育った。そこには合理主義的な形而上学やキリスト教道徳のみならず、その変形であるナショナリズムとか反ユダヤ主義という、異常な権力意志や**ルサンチマン**に由来する小粒のものも含まれていた。したがって「新しい哲学者」による自己超克には、そのような頽廃した文化を克服するという意味があったわけである。ニーチェは自分が受けた教育のなかにある、「ユダヤ的」（ユダヤ - キリスト教的）要素**と**反ユダヤ主義の両方を、**一緒に**克服しなければならなかった。——そして彼は実際それをかなり成し遂げた。

キリスト教徒の意識には、ユダヤ人は否定的人間の原型として埋め込まれ、そういうイメージが消しがたいほど深く刻み込まれている。否定的人間というイメージには、ユダヤ人は神の死に責任があるという意味がこもっている。ユダヤ人が神を殺したのだ。救世主を拒絶した以上、ユダヤ人が神による選びと歴史的使命を奪い取られたのは当然のことだ。追放され踏みつけにされるのも当然だ。ところがユダヤ人は頑固に誤りを正そうともせず、排除された境遇に対して抗議し、憎しみをいだいて異教徒に復讐する機会をうかがっている。

他方ユダヤ人の意識では異教徒であるキリスト教徒は、ユダヤ人とは異質な敵対的存在であって――ユダヤ人に代わって聖なる歴史と神の選びを得ようとしている反対世界の代表であって、理解不能な「他者」であると理解されている。そういう意識があるうえ、さらに迫害や虐殺の記憶があることは言うまでもない。

こういう根本的なイメージがある場合には、自己超克以外に道はない。無論ニーチェは自己超克ということで、リベラルな文化とか単純な政治的束縛を意味しているのではない。善意とか寛容を普遍的価値として語っているのでもない。そういうものは自己超克にとっては脆い障碍にすぎず、最初の噴火で破壊されてしまう。ニーチェが考えている自己超克は、個人の内的な衝動や欲求のなかに浸透していって、それを作り変えてしまう一つの行為――というより一つの過程なのである。外部から合理的な束縛や検閲を課すということではない。その過程には人格的な力と自分に対する一種強固な誠実さが必要だが、そういうものは普通の個人心理からは生まれない。生まれる可能性もない。もっと目を広げないかぎり、そういうものが生まれる見込みはない。ここでもニーチェの解決は、少数者にしかふさわしくないようにみえる。衝動の内的変化に必要な力が働くためには、(準ニーチェ主義者であるフロイトが感情転移論のなかで示唆しているように）、他者との特別な関係から生まれるエネルギーの上昇が必要である。ニーチェの場合、反ユダヤ主義の誘惑の克服に必要なエネルギーの一部を与えたのは、先にのべたように妹その他との親密な関係であり、彼らとの激しい葛藤であっただろう。

反ユダヤ主義批判——事実問題

まず文献上の証拠、言い換えれば一種の事実問題を確定するために、反ユダヤ主義にかんするニーチェの意見の見本を引いておこう。(1)ニーチェの出版物、(2)妹、母、親友にあてた私信、(3)有名な反ユダヤ主義の宣伝者テオドール・フリッチュとの皮肉な往復書簡、(4)ニーチェが昏倒後の朦朧たる意識状態で書いた手紙、この四種類のテキストから引用する。

出版された著作

反ユダヤ主義に対する強烈な反論があらわれるのは、意外ではないが『道徳の系譜』であって、この書物では古代ユダヤ教も同じ系譜学的理由で非難されている。「反ユダヤ主義者はみなルサンチマンをいだく者たちであって、身体も病気に蝕まれているが、陰険な復讐心で全地を揺るがさんばかりで、幸福な者に対して際限なく飽きもせず復讐心を燃やしている(5)」。『善悪の彼岸』ではニーチェは、ユダヤ人のドイツ移住を抑制しようとする反ユダヤ主義者たちをこうたしなめている。

「これ以上新たにユダヤ人を入れるな。特に東方には（オーストリアにも）門をあけるな。」こういう命令を発するのは、特質が曖昧模糊ですぐにぼやけ、優秀な民族の手で簡単に消されてしまうような民族がもっている本能なのだ。ユダヤ人は全く疑いもなく、今日ヨーロッパに生きているうちでも最高の最も強靭で最も純潔な民族である。彼らは（恵まれた状況にあるとき以上に）最悪の状況でも栄えるだけの術を心得ている。それは今日では悪徳と言われかねない力にもよるが、何よりも「近代思想」に対しても恥じる必要のない堅固な信仰のおかげなのである。もっとも、彼らも変わる**ときには**変わるのだが、――成熟し悠然とした帝国である――ロシア帝国が征服するときと同様に、いつも「なるべくゆっくり」をモットーにしているだけなのだ。（*BGE*, § 251）

さらにニーチェは、現在ヨーロッパに台頭してきた人為的に作られた若い国民と違って、ユダヤ人は永遠に存在するほど安定した古来の民族だと言って、そこで重要なことをのべている。その内容もさることながら、（ユダヤ人への共感をあらわにした）語調や味わいが独特なので引用しておきたい。

ユダヤ人にその気さえあれば、――あるいは反ユダヤ主義者なら望むところだろうが、無理矢理ユダヤ人をその気にさせれば、――今すぐでもヨーロッパで優勢になり、全く文字どおりヨーロッパを支配することも**できるだろう**。これは確かなことだ。だが彼らがそのために活動したり計画したり**していない**ことも、それに劣らず確かなことだ。

むしろ彼らは当座は厚かましいとみられても、ヨーロッパに受け入れられて同化することを望み、そうなることを願っている。彼らが熱望しているのは、ともかくどこかに定住し、許可を得て、生活を妨げられないこと、自分たちの放浪生活に、つまり「さまよえるユダヤ人」にケリをつけることなのだ。こういう傾向や衝動は（ユダヤ人の本能の衰弱を示すものかもしれぬが）それなりに重んじて**認めてあげる**べきである。そのためには、この国の騒ぎ回っている反ユダヤ主義者の連中を追放したほうが有益であり、理にもかなうことだろう。（*BGE*, § 251）

この箇所はあきらかにユダヤ人を擁護しているが、これはユダヤ人について大げさに書かれている『曙光』の一節と一緒に読むべきだろう。その箇所にはほかのことも言われているが、次のようにのべられている。

今日のユダヤ人の魂や精神の資源は驚くべきものである。［……］父祖の歴史のなかにはどのユダヤ人にとっても、おそろしい状況での冷静きわまる沈着さや堅忍不抜の実例とか、不幸や偶然を甚だ巧みに活用した例がいくらでもある。惨めな屈従を装う彼らの勇気や［……］ヒロイズムは、あらゆる聖者の美徳よりすぐれている。［……］彼ら自身は至高の使命を与えられていることを信じつづけていた。そしてすべての苦しむ者の美徳も、彼らに華を添えるのを止めることはなかった。［……］ヨーロッパの征服とかそのための暴力沙汰など考えようもないことは、彼ら自身が一番よく知っている。だが将来いつかヨーロッパは熟した果実のように落下して、自分たちは手を伸ばしさえすればいいこともよく心得ている。そのためユダヤ人は［……］、ヨーロッパのあらゆる優秀な領域で傑出し、どこにおいても一流の者となることがまず必要なのだ。そして最後に偉大な精神的人間と偉大な作品に結晶するのでなければ、——どのユダヤ人の家庭にとってもまさにユダヤ人の歴史である、この蓄積されたあらゆる種類の情熱や美徳、決意、諦念、闘争、勝利など壮大な印象を与えるものはいったいどうなるのか[6]！

ユダヤ人ではなく「騒ぎ回る反ユダヤ主義者」を追放せよと提案することによって、ニーチェは反ユダヤ主義に対する自分の意見を先鋭な形で示している。『ニーチェ対ワグナー』ではワグナーの立腹を、最悪の腐敗の兆候の一つとして例にあげている。「ドイツへ移ってからワグナーは堕落して、私の軽蔑するありとあらゆるものに手を出して、――反ユダヤ主義にまで手を出すありさまだった[7]」。もう一つの後期著作である『反キリスト者』では、反ユダヤ主義者の「内的確信」についてのべる際にこう言っている。

確信は真理の敵としては、嘘以上に危険なのではなかろうか。かつてこれを問題にしたことがある。……「確信をいだくすべての人々に敬意を払え」。この種の言葉を反ユダヤ主義者の口からさえ聞いたことがある。諸君、事態は全く逆なのだ！　反ユダヤ主義者は原則に則って嘘をつくが、だからといってけっして立派であるわけではない。（A, § 55）

出版された著作に言われていることは、おのずからあきらかである。もっと重要なのはニーチェの私信である――特に家族にあてたものがそうである。この場合には、「政治的」な配慮を疑う必要はない。その種の手紙には、家族が反ユダヤ主義にかぶれたためニーチェが味わった苦悩が示されている。

妹、母、オーバーベックへの手紙

オーバーベックにはこう書いている。

僕と妹の仲がひどくまずくなったのは……この呪わしい反ユダヤ主義のせいなのだ。

（一八八四年四月二日・*BW*, 3/1, no. 503）

母へはこう言っている。

この種の連中［反ユダヤ主義者］のために、パラグアイに行くわけにはまいりません［パラグアイにはフォレスターの仲間の反ユダヤ主義者たちが実験的なコロニーを作っていた］。彼らが自発的にヨーロッパから追放されて嬉しいかぎりです。僕がたとえ悪いドイツ人であるとしても、僕はとにかく非常に**立派なヨーロッパ人**だからです。

（一八八六年八月一七日・*BW*, 3/3, no. 736）

猛烈な反ユダヤ主義者であるフォレスターと結婚した妹には、こう書いている。

おまえは最大の愚行を犯したのだ――おまえ自身にとっても僕自身にとってもだ！　おまえが反ユダヤ主義者のボスと結婚したのは、僕の生き方全体になじまないものであって、そのために僕はいつも再三怒りと憂鬱に襲われている。……反ユダヤ主義との関係では絶対に潔白で後ろめたいところがない、つまり著作と同様に、それに**反対している**ことは、僕にとっては名誉にかかわる問題なのだ。近頃、手紙や『反ユダヤ主義通信』の記事でひどく悩まされている。（あまりにも僕の名前を利用したがる）この党派への嫌悪はできるだけ**率直に言わせてもらっている**。……それに対して何もやれないということ、『反ユダヤ主義通信』が毎号ツァラトゥストラという名前を使っていることで、再々ほとんど病気になってしまいそうだ。

（一八八七年クリスマス・*BW*, 3/5, no. 968）

フリッチュ事件

先の手紙でニーチェが念頭においている――ニーチェの気に入ろうと「ひどく悩ましていた」――反ユダヤ主義者のひとりは、テオドール・フリッチュだった。彼は『鉄槌』と題する雑誌の編集者で、よく売れていた猛烈な反ユダヤ主義パンフレットの作者でもあった。ユダヤ人にかんするニーチェの「誤った判断」を嘆いて、それは（パウル・レーのような）ユダヤ人の友人との個人的関係によるものだ、とフリッチュはほのめかしている。彼がニーチェに送りつけた反ユダヤ主義的資料には、ニーチェの義弟であるフォレスターが書いたパンフレットも含まれていた。その文書では、ほかの有名な反ユダヤ主義者たちが次のように賞賛されていた。「きわめて高尚な道徳的観点からユダヤ人問題を論じているのは……リヒャルト・ワグナー、パウル・ド・ラガルデ、オイゲン・デューリング、アドルフ・ドルモントである。彼らの著作はどの反ユダヤ主義者にも不可欠な武器として役立つにちがいない。それはまさにタルムードがラビに役立つのと同じようなものだ」。

頭の鈍いフリッチュであっても、これ以上に見当違いなことは言いようがなかっただろう。彼が引いている「権威者たち」はニーチェの嘲笑と軽蔑を招くだけで、ワグナーの場合には嫌悪を引き起こすにとどまった。（一八八七年三月二三日の）最初の返事では、ニーチェはまだ皮肉を言うだけで、かなり丁寧な言い方をしている。

拝復

お手紙は今しがた受け取ったばかりですが、敬意を表していただけましたので、私の「誤った判断」についてのべられるのをなおいっそう正当化することにしかならないかもしれませんが、私としましては、著作のなかでユダヤ人を論じている別の箇所に注意を向けていただくほかはありません。どうか『曙光』の九四ページをお読みください。(*BW*, 3/5, no. 819)

ニーチェがここでフリッチュに言っているのは、先に引いた『曙光』の二〇五節である(それが親ユダヤ的であるため反ユダヤ主義者が怒るのは、ニーチェにはよくわかっている)。さらに次のようにつづけている。

客観的に言って私にとっては、ユダヤ人はドイツ人よりも興味深いものなのです。彼らの歴史は多くの原理的問題を提起しています。こういう重要な問題の場合には、共感や反感といった感情はいつも無視することにしています。それが科学者の要求することであり、科学者の倫理や訓練が——そして結局は科学者の**センス**が求めることだからです。さらに告白しておかねばなりませんが、現代の「ドイツ精神」ほど私にとって縁遠いものはなく、私はその［特異体質的な］独特の表現をみると耐えがたい思いがいたします。特に反ユダヤ主義はその一つだと考えています。あなたのパンフレットの六ページで賞賛されている反ユダヤ主義運動の「古典」のおかげで、しばらく楽しませていただきました。実を言うと、昨年の春パウル・ド・ラガルデとかいうセンチメンタルなつむじ曲がりの作品を読みながら私は大笑いしました。そのページで言われている「きわめて高尚な道徳的観点」を、私はあきらかに持ち合わせていません。最後に、ユダヤ人について私が「誤った判断」に達したのは

「仲間に気兼ねしたからではない」と、ご親切にお考えくださっていることにはお礼を申し上げねばなりません。ちなみに私の友人にユダヤ人はいませんが、反ユダヤ主義者もいないことを申し上げておけば、お怒りも収まるのではなかろうかと存じます。

敬具

フリードリヒ・ニーチェ

お願い。ユダヤ系のドイツの学者、芸術家、詩人、作家、俳優、音楽家のリストをどうか出版してください。それはドイツ文化の歴史（ならびに批判）への多大な貢献となることでしょう。

「私の友人にユダヤ人はいませんが、反ユダヤ主義者もいない」という末尾のせりふはあきらかに、「親友の大半はユダヤ人だ」という反ユダヤ主義者たちの主張に対する嘲笑である。逆にニーチェは「私の友人にユダヤ人はいません」と言うことで、反ユダヤ主義者とは縁を切ることを皮肉まじりに示しているが、次に「反ユダヤ主義者もいない」と言うときには本気なのだ。

その後もフリッチュからは、さらに反ユダヤ主義的な資料がニーチェに送られてきたらしい。六日後ニーチェはフリッチュに、今度はもっと辛辣で皮肉たっぷりの手紙を書いている。

お送りくださった『通信』三冊を同封にてお返しします。おかげさまで、あなたがたの奇妙な運動の土台となっている原理のでっち上げや混同がよくわかりました。そういうわけでお便りはもういただかなくて結構です。我慢できそうもないからです。実を言うと、愚かな物好きが民族や人種の価値について発言しようとする不愉快な欲望や、知性があれば嫌がってはねつける（A・デューリング、

R・ワグナー、ドルモント、ド・ラガルデなどのような）「権威者たち」への屈服、それに「ゲルマン的」、「ユダヤ的」、「アーリア人的」、「キリスト教的」、「ドイツ的」といった曖昧な概念についての決まり切ったばかげた歪曲――こういうのはどれもこれも、いつまでも私を憤慨させずにおかぬものです。現代ドイツ人の空転や偽善は大目にみてきましたが、いささか皮肉まじりのその好意も消えてなくなりそうです。

なお、ツァラトゥストラという名を反ユダヤ主義者たちが口にするとき、私はどんな気がすると思いますか。

草々

フリードリヒ・ニーチェ

（*BW*, 3/5, no. 823）

昏倒後のニーチェの手紙

一八八九年一月はじめ、ニーチェはトリノの街頭で昏倒した。下宿に連れていかれて意識が戻ったのち、彼は数日のあいだに親友（フランツ・オーバーベック、ペーター・ガスト［ハインリヒ・ケーゼリッツ］、エルウィン・ローデ）やヤーコプ・ブルクハルト、アウグスト・ストリンドベリ、マルウィーダ・フォン・マイゼンブルクその他に手紙を何通も出した。手紙の大半に「磔刑にされる者」または「ディオニュソス」という署名がなされている。それはニーチェの『この人をみよ』の最後を思い起こさせる［ヨベルが『反キリスト者』の最後としているのは思い違い］。そこにニーチェは「私は理解されただろうか――**磔刑にされた者に敵対するディオニュソス**――」と書いている。ここに矛盾はない。ディオニュソスは磔刑にされた者を追放するために登場したわけだが、彼自身が一種の新たに磔刑にされる者だからである。昏倒後の手紙でもニーチェは同じように、自分を神の子の役割を果たす者、世界や文化を創り直して全く新しい価値を創造する半神とみている。彼の苦悩や忍耐や力はキリストのそれと同じである。ニーチェは新しいキリストである反キリスト者なのである。あるいは、キリスト教を揺るがすために登場したディオニュソスだが、そのことでキリスト教創設者と同様な役割を彼自身が果たすことになる。一八八九年一月四日の手紙が典型的なものである。

巨匠ピエトロ君へ［ペーター・ガストは音楽家］
新しい歌を歌ってくれたまえ。世界が変容して、天をあげて大喜びだ。

磔刑にされる者
(*BW*, 3/5, no. 1247)

オーバーベック夫妻への手紙。

僕の返済能力はこれまでは信じられる様子はなかったが、僕が負債はちゃんと払う男であることを――たとえば君たちに証明できると思う。……反ユダヤ主義者はみな銃殺させているところだ。

ディオニュソス
(*BW*, 3/5, no. 1249)

一番長い手紙は、老いた文化史家ヤーコプ・ブルクハルトにあてたものだろう。ブルクハルトはバーゼルで若い頃のニーチェに影響を与え、ニーチェと複雑な関係をつづけた人だったが、ペシミスティックな人文学者でルネサンス研究家で、当時はもう晩年にさしかかっていて、文化上の大爆発が起こってヨーロッパを震撼させるのではないかと心配していた。同時代の他の人々と比べると比較的、頑迷固陋ではなかったけれども、ブルクハルトはユダヤ人に対して一つの偏見をいだきつづけていた。迫りつつあるヨーロッパの破局でユダヤ人だけは得することになると（今からみれば残酷な皮肉だが）考えていた。多くの人たちと同様にニーチェも、彼を反ユダヤ主義者とみなしていたのは疑いがない[8]。正気を失う数時間まえニーチェはブルクハルトにこう書いている（一八八九年一月六日）。

拝啓
結局僕は神になるよりも、むしろバーゼルの教授でありたかったのだが、自分の個人的なエゴイズムを貫いて、そのために世界の創造を諦めるわけにはいかなかった。周知のように、人は犠牲を払わねばならぬ……

(*BW*, 3/5, no. 1256)

その後ニーチェはトリノでの自分の生活について、買い物の様子や自分が借りている部屋、悩みの種になっている破れ靴のことを——まるで地上の神としてのイエスをほのめかすかのように——つぶさにのべている。手紙のなかでは自分をいろんな人物と同一視し、彼らをとおして自分の役柄が裏返しの神の子、あるいは反キリスト者の役割を果たすディオニュソスであることをはっきり示している。彼の署名——もしくは別れの言葉——は珍しく暖かみのある「心から愛をこめて、ニーチェ」となっている。だが追伸にはこう付け加えている。「カヤパは鎖につながせ……、ウィルヘルムやビスマルクや反ユダヤ主義者たちはみな追放させた」。

ここではブルクハルトも正しく――それも磔刑にされる者自身の手で――反ユダヤ主義者として扱われているが、それと同時に磔刑にされた者は自分を磔刑にした大祭司カヤパにも復讐している。正気を失うまえの数時間、ニーチェは特にナショナリストや反ユダヤ主義的ドイツ人を非難し、新しいドイツというイデオロギーを攻撃した。錯乱状態のなかで彼は、自分の支配のもとにヨーロッパを統一する計画を練り、一月四日には必要な会合を命じる手紙を、ローマのイタリア王ウムベルト一世とマリアーニ枢機卿に送っている。

狂気に陥ってしまう寸前のいくつかの言葉には、このように歪んではいるが示唆的な仕方で、現在の世界の転倒、新しい文化の創造、ディオニュソス的予言者であり反キリスト者である彼の役割、ヨーロッパの頽廃文化の再生手段としてのヨーロッパの政治的統一など、ニーチェの心の奥底にあるいくつかのモチーフが示されている。そういう願望や観念がいまやはっきりと表明され、狂気の眩しい光で照らし出されている。したがって彼の精神の黄昏は、正気だった頃のニーチェの内奥の精神を解く鍵を提供しているかぎり、解釈にとってかなり重要な意味がある。そこには、反ユダヤ主義やそれが結びついていたドイツ・ナショナリズムへの反感が、彼の心が乱れる最大原因の一部だったことが示されている。

ニーチェが反ユダヤ主義者と同時に、カヤパを処罰しているのは重要だとみていい。ユダヤの祭司だったカヤパはイエスを磔刑にしただけではない。彼は深い意味でイエスを生み出したのだ。つまりキリスト教は、後年反ユダヤ主義を可能にしたのと同じ曲解から生まれた。したがってユダヤ祭司のカヤパ、ドイツのナショナリストで国家崇拝者であるビスマルクも現代の反ユダヤ主義者もみな、ルサンチマンという系譜学的には同一の始祖をもっているのだ。次の節では、ニーチェが正気で体系的なテキストのなかで、特に『道徳の系譜』のなかでこのことをあきらかにしている次第をのべることにしよう。

「反ユダヤ主義者はみな銃殺させているところなのだ」も、「ウィルヘルムやビスマルクや反ユダヤ主義者たちはみな追放させた」も——これは「ドイツ文化の頽廃に責任があり、そのためヨーロッパ文化全体の崩壊に責任があるとみなされる者たちに対する」戦いのなかで、ニーチェが偶然に発した叫びであるわけではない。

私信、とりわけ昏倒後の手紙は解釈にとって非常に重要である。なぜなら反ユダヤ主義に対するニーチェの反感は、多くの自由主義者の場合のように、単に上辺だけの「政治的な」(ないし「当たり障りのない」)ものではなく、ニーチェの骨の髄までしみ込んだものであることを証明しているからである。彼の反感は、ヤーコプ・ブルクハルトも含めて、妹やワグナーやコジマなどのせいでいっそう強まったようである。彼らとの関係は、ニーチェが実際に克服したように、リベラルな合理主義者たちとは違う真剣な——「ニーチェ的な」——仕方で、若い頃の反ユダヤ主義を克服する強い力となっただろう。

先に引いた四通りのテキストも、この問題が周辺的であるどころか、ニーチェにとっては理論的にも心理的にも中心的なものだったことを示している。現代ユダヤ人に対する彼の擁護や賞賛もけっして不明確なものではない。しかしその理論的な根拠はどういうものだったのだろうか。事実問題に答えたからには、今度は権利問題に目を向けて、ニーチェがあれほど反ユダヤ主義を主要問題とし、反ユダヤ主義に反対する態度をとるようになったのは、彼の哲学のなかの何によるかを問うことにしよう。

ニーチェの反ユダヤ主義批判の根源――権利問題

ニーチェのような実存的思想家を論じる場合には、理論的なものだけからはじめるのは無論困難である。先にのべたように彼の反ユダヤ主義克服には、エリーザベット、ワグナー、ブルクハルトといった人々との葛藤や、愛と憎しみの人間関係の再編や、そういう人々との顕わな対立または密かな対立が影響していたのは間違いがない。だが心理の領域の外にもニーチェには、反ユダヤ主義に対して積極的に反論するだけの哲学的な根拠が十分にある。その主要な点をあげて、それぞれについて一、二引用を加えながら説明することにしよう。

新しい奴隷一揆

反ユダヤ主義はイデオロギー的な通俗的大衆運動である。それゆえ反ユダヤ主義は、(ニーチェの言う超人やディオニュソス的人間とは正反対に)、自信のない弱くて不安な人々が罹る陳腐なノイローゼであって、そのあらわれが新種の「奴隷一揆」である。一般に大衆運動の力は、弱い個人が共通の憎悪対象で結びつくところから生まれる。そして弱者本人の思いとは逆に、弱者はさらに群衆のなかに沈み込んでいく。なぜなら弱者に力があるようにみえるのは、彼らが自分のなけなしのパーソナリティを埋め込んでしまった顔のない大衆という、**他なるもの**のおかげだからである。弱者が最初からいだいていたつまらない不安は、群衆のなかに入ることで癒されるどころか、いっそうひどくなる。自己欺瞞のベールによって弱者は、いかにも(政治的、非実存的な力だが)力を得たような気がする。そしてその気分を持ちつづけるためには、陰画のような「他なるもの」に投影するほかはない。

さらにニーチェが考えていた反ユダヤ主義運動は、強力な創造性を発揮する立場が衰えたものなどではない。運動の発起人にはもう最初から、全く基本的な形で集団心理が示されていた。ニーチェにおいて「群れ」というイメージに意味があるとすれば、その軽蔑的な意味合いが最も的確にあてはまるのは、創造力を失った「群衆」や「奴隷」の心情を近代的にあらわしていた反ユダヤ主義運動である。

ナショナリズム的ノイローゼ

特にドイツの反ユダヤ主義はナショナリズムのもう一つの顔であって、ニーチェは狂気やノイローゼだとしてそれに反対していた。ニーチェはナショナリズム一般を攻撃していたが、それとともに特にプロシア皇帝とビスマルクの帝国（Reich）によるドイツ統一で得意の絶頂にあった、当時の新しいドイツのナショナリズムを攻撃していた。ナショナリズムを「群衆心理」の近代的形態として暴き出したが、その際に彼はドイツの反ユダヤ主義が機能する文脈と、反ユダヤ主義の動機や否定的なエネルギーの基となった文脈は同じだと考えている。

ナショナリズムの種々の変種に代わるべきものとしてニーチェは、理想としてのヨーロッパ主義を提唱していた。——もっとも、それは現代のような基本的に経済的である形態ではなくて、「大いなる政治」の産物としてのヨーロッパ主義であった。「大いなる政治」がけちな攻撃的ナショナリズムを克服して、生の「ディオニュソス的」性質と「価値転換された」感覚を兼ね備えた超国家的な文化を生み出すのである。ユダヤ人がその新しいヨーロッパを作り上げる役割を果たし、ヨーロッパ以外の世界中の人間に規範的な新風を吹き込むことになるのだ。（この点ではニーチェは依然として、狭いヨーロッパ中心の考え方にとどまっていた。）これを示すため次の実例を引いておこう。

少しきれいな空気を！　ヨーロッパのこんなばかげた状態はもう結構だ！　鈍重なナショナリズムを操っているのは思想というものだろうか。現在あらゆる事柄がもっと広範な共通の利害への注意を喚起しているときに、粗野な自尊心をかきたてることにどういう意味があるのだろうか。精神的な依存関係と脱国家の傾向がめだって、相互融合や共存共栄にこそ現代文化の本当の価値や意味がある状況にあるというのに(9)！。

国家という妄想がヨーロッパ諸民族にもたらし、現にもたらしてもいる病的な相互離反のために、またこの妄想を使って現在、幅をきかしている短慮で軽率な政治家どものせいで、［……］明白この上ない——ヨーロッパが統一を望んでいる——徴候が見逃されるか、勝手にねじ曲げて解釈されている。（*BGE*, § 256）

ナショナリズムへのニーチェの攻撃は、（政治的意味よりも文化的意味でだが）普通の言い方では「右翼」に分類されることは注意しておくべきだ。今日ではナショナリズムは右翼の政治に結びつけられるが、一九世紀はじめ、特に抑圧的だった「神聖同盟」の時期には、ナショナリズムは力の大半を「左翼」から得ていた。彼ら「左翼」は各民族の独自性を主張し、そのかぎりで民族解放の前提として少数民族の解放をも要求していた。その後ナショナリズムは国粋主義的右翼の運動に姿を変えていった。ニーチェはビスマルク時代にあって、まさにその変化を目撃していた。しかし彼にはそれ以前の姿の記憶があって、ナショナリズムは啓蒙思想から生まれた（自由主義、民主主義、社会主義、平等、最大多数の最大幸福などなどの）「近代思想」の一つであると考えつづけていた。そうした思想はすべてキリスト教から派生し現代の大衆文化によって強化されたものであって、そのかぎり系譜学的には同系のものとしてニーチェはそのすべてに反対していた。

国家崇拝——新しい偶像

反ユダヤ主義がいかがわしいのは、それがドイツ帝国ならびに政治や国家——特に近代の国民国家への崇拝を強化するからであって、国民国家をニーチェは「新しい偶像」として非難していた。[10] 彼は政治が神格化されて、政治が生のあらゆる領域を支配することには全く反対であった。近代国民国家、とりわけドイツ帝国（Reich）はまさに生のあらゆる領域を支配することで尊ばれ、偶像崇拝やフェティシズムの対象になっていた。その状態をみて、ニーチェは「最後の非政治的なドイツ人」と自称した。[11] 彼にとって政治は文化の敵であり、文化の最低の形態だった。ドイツがその極致に達したことが、ドイツ精神の破壊とドイツ文化の衰退をもたらした。

ドイツ人に対して私は公平でありたい。［……］権力を握った代償は大きい。権力が**人を愚かにする**からである。ドイツ人は——かつては思索の民とよばれた。今日ドイツ人が思索しているだろうか。［……］いまやドイツ人は精神を信じていない、真に精神的な事柄に対する真剣な関心を、政治が呑み込んでしまっているのだ。「ドイツ、世界に冠たるドイツ」——あれがドイツ哲学の末路だったのではないかという気がする。[12]

少しでも考えてみれば、ドイツ文化が衰えつつあることはあきらかであり、その理由も十分にあるのがわかる。［……］文化と国家は対立するものである――これについて勘違いしてはならない。［……］あらゆる文化的にすばらしい時代は政治的には衰退期であった。文化的にすばらしいものはいつも非政治的、いや反政治的だった。

（*TI* Ⅷ, § 4）

ツァラトゥストラも例のごとく怒り、これに声を合わせるように語っている。

国家というのは、冷酷な怪獣のなかでも最も冷酷な怪獣の名前だ。それがつく嘘も冷酷なもので、「民族とは、かく申す国家のことなり」のような嘘がその口からゾロゾロ出てくる。

どういう民族にも善悪を語る独特の言い方がある。しかし国家には善悪を語るあらゆる言い方が備わっている。だが、それはみな嘘だ。［……］国家の言うのは何もかも嘘なのだ。国家には嚙み癖があるが、嚙みつくのも盗んだ歯で嚙みつく。内臓さえ自分のものではない……。

国家の果てるところに――兄弟たちよ、みるがいい。そこに虹と超人の橋がみえないか。

（*Z* I, "On the New Idol," § 14）

これもニーチェの反ユダヤ主義に対する立場を理解するうえでの背景となる。つまり反ユダヤ主義はドイツ帝国の国家崇拝の一部をなしていた。ドイツ人の国家に対する敬愛の念がドイツ帝国（Reich）への偶像崇拝に投影され、反ユダヤ主義に依存して集団ヒステリーや熱狂となった。

人種的偏見と新しいヨーロッパ

反ユダヤ主義は人種的偏見にも依存していた。それは人種上の「純血」を守ることにほかならなかった。ニーチェの理論は人種という**概念**は認めているが、生物学だけで価値を区分することを認めるものではない。彼の理論が求めているのは、新しいヨーロッパ統合による人種の融合なのである。つまり、ニーチェは事実問題としての人種についてはいかがわしい科学理論を支持しているが、人種差別は規範的な理論とかイデオロギーとしては拒否している。人種というものを事実として認める際に、彼は人種と「民族」とをはっきり分けていない。さらに彼は人種の歴史的経験は生物学的遺産に組み込まれると信じているように思われる。そうした準ラマルク的な立場に立てば、人種には過去の経験を内部に取り込み、過去の経験を「血」にすり込んで次の世代へ伝える能力があるということになる(*WP*, §942参照)。

だがニーチェは、人種の違いに価値にかかわる意味があるとは考えていなかったし、(全く特別な)一つの例外を除けば、人種上の純血を維持することを求めもしなかった。それどころか彼が再三要求していたのは、ヨーロッパにいる多くの人種の分離ではなく**混血**だった。ユダヤ人は特に数世紀にわたって自己克服や鍛錬につとめてきた。今ではユダヤ人の「血」のなかには、運命に忠実であった長い間の意味深い歴史が蓄えられていて、そのためユダヤ人は新しい混血ヨーロッパ人の望ましい手本となり、推進させる要素ともなる。したがって人種にかんするニーチェの立場は不明確で混乱しているが、人種差別についての立場は明確で、少しも疑問の余地はない。

再三、精神構造のほうが人種の違いより重要だとされている。たとえばキリスト教を脅かすものとしては、「ユダヤ人」よりも「神官的」精神構造のほうが重要なのである。

今日では新約聖書の**ユダヤ的**精神についてしきりに語られている。しかしユダヤ的と称されているものは、単に神官的であるというだけのことだ——この種の「ユダヤ的精神」すなわち**神官の精神**が抜群にひどい形で現れているのは、最も純粋な人種であるアーリア人のマヌ法典だ。ユダヤの神官階級の発展はユダヤ民族固有のものでは**ない**。彼らは模範をバビロンに学んだのであって、模範はアーリア人のものである。

（*WP*, § 143）

ニーチェの反ユダヤ主義批判の三つのファクターである人種的偏見、ナショナリズム、国民国家に対する否定が相互に連関していることは、『人間的、あまりに人間的なもの』の「ヨーロッパ人および諸国民廃止」と題した一節によく示されている。ナショナリストたるよりも「よきヨーロッパ人」であることを選ぶとのべた後で、ニーチェはこうつづけている。

ところでユダヤ人問題というものの全体が、国民国家の内部にしか存在しないものなのである。国民国家においてこそユダヤ人の逞しい行動力や高度の知性、あるいは長い間の苦難をつうじて代々彼らが獲得した精神や意志の資本が、羨望や憎しみを呼び起こすほど優勢になるにちがいないからだ。またその結果、ほぼすべての国民に——しかも国民が国民らしい振る舞いをするにつれて——、公私いずれの苦境の場合にもユダヤ人を槍玉にあげスケープゴートにするという、皮相きわまる悪癖が広まりつつあるからだ。諸国民の保存ではなく、最高に強力なヨーロッパ混血人種の育成が重要になれば、たちまちユダヤ人はその要素として、どの国民にも劣らず有用で望ましいものになるだろう。(13)

この一節には、ニーチェの反ユダヤ主義批判と政治崇拝と国民国家が、絡み合って問題化してくる思想的背景の大半が示されている。

隠れた心理——ルサンチマン

以上のあらゆる問題の底には、ある共通の心理がある。それは恐怖、不安、実存的弱点、「奴隷」根性、そして何よりも——知的にすぐれ自信ある者への憎しみや怨恨であるとともに、すぐれた他人に対する嫌悪でもあるルサンチマンである。そしてそれが劣等者の自己意識を規定し支えている。反ユダヤ主義者の情熱には、深刻な自信喪失が覆い隠されている。反ユダヤ主義者のもともとの立場は自分自身の存在や価値の晴れやかな肯定でなくて、自分と絶対に異質だと思われるユダヤ人に対する、——ユダヤ人を貶めることで得られた優越感をもってくだされた——否定なのである。そういう否定によってのみ反ユダヤ主義者は自分を認め、自分を肯定することもできるのだが、——そのやり方は大仰な虚しいやり方で、大衆のみせかけの力を頼りとし、実存的確信を狭量な傲慢さで代用する始末だ。

したがって反ユダヤ主義とルサンチマンを結びつけている次のような一節が、ほかならぬ『道徳の系譜』にみられるのは少しもふしぎではない。両者のつながりがその他のすべての系譜学的根拠になっている。それに劣らず注意すべきことは、ニーチェが反ユダヤ主義者を、現代の「パリサイ人」として攻撃していることである(ニーチェは「パリサイ人」と「ユダヤ教の神官」とを混同している)。

科学という聖域にまで病犬どもの嗄れ声、つまりこのような「気高い」パリサイ人たちの悪辣な法螺や怒声は聞こえているかもしれない（——理解ある読者は、今日のドイツで最もいかがわしい鼻もちならぬデタラメを、道徳について言いふらしている、ベルリンの復讐の使徒オイゲン・デューリング、道徳にかんしては同類の反ユダヤ主義者のなかでも今日最大のあのほら吹きを、もう一度思い出していただきたい）。彼らはみなルサンチマンをいだく者たちであって、身体も病的で蝕まれているが、陰険な復讐心で全地を揺るがさんばかりで、幸福な者に対して際限なく飽きもせず復讐心を燃やしている。（*GM* III, § 14）

したがって皮肉な成り行きだが、反ユダヤ主義者が古代ユダヤの神官を現代におけるルサンチマン心理の原型として引き継いで、そのまぎれもない跡継ぎになっているのに対して、ユダヤ教のほうは、放浪生活での長年の苦難を受け自己克服によって強化され、現代ヨーロッパが大いに必要としている積極的な力を貯えている。——そしてその力こそ、ヨーロッパにおける高度の文化的統一を実現する力だとニーチェは考えている。

現代の現象である反ユダヤ主義者の特徴はルサンチマンだけではない。ルサンチマンと群衆心理が融合しているところにその特徴があるのだ。現代大衆社会はルサンチマンの力を増大させ、その力を発揮する新しい場を提供している。古代ユダヤ教の神官が価値改革を遂行したとき、それは比較的に私的な場でおこなわれた。異教徒の国たるローマへの巧妙な復讐は深部に達するものだったが、ほとんどは地下でひそかにおこなわれていた。復讐の担い手となった初期キリスト教徒は抑圧された少数者であって、公的には発言できなかった。ニーチェ風に言えば、彼らは系譜学的な従兄弟と言うべき現代の反ユダヤ主義者よりも強力な精神の持ち主だったにちがいない。それに対して現代の反ユダヤ主義者はルサンチマンを粗野な大衆運動に投影せざるをえないのであって、大衆運動が彼らが自己を肯定する力の（第二の）前提となっている。現代の反ユダヤ主義が頼りにしているのは、「他者」への憎悪で結束した群衆から流れ出る想像上の力なのである。これは反ユダヤ主義が結局は他に対して必ず抑圧的になるということでもあって、ポグロムもホロコーストも反ユダヤ主義の当然のあらわれなのである。

ファシズムやナチズムはそれ自身のためにニーチェを活用したというより悪用したが、ニーチェによる――ナショナリズム、人種的偏見、反ユダヤ主義、国家崇拝に対する――四通りの否定をまとめれば、彼の哲学がもともとそうしたイデオロギーと対立する理由があきらかになる。反ユダヤ主義へのニーチェの敵意は必ずしも彼を親ユダヤ派にしたわけではない。その特徴をよく示していることだが、『道徳の系譜』にはユダヤ教――正確に言えばキリスト教を生み出した第二神殿の「神官」期のユダヤ教を、最も批判的に攻撃している箇所がある。これについては章を改めて論じることにしよう。

第9章　ニーチェと古代ユダヤ教――反キリスト者

前章では反ユダヤ主義を論じたが、ニーチェは紛れもなくそれに反対だったことがあきらかになった。本章では古代ユダヤ教を取り上げて、それに対するニーチェの態度が複雑で二面的であるのをみることにする。ここでも課題はその二面性を作り出している要素を分析し、それぞれの要素にかかわる時期を区別することである。

まずニーチェの言うことに耳を傾けてみよう。

ユダヤ人は――タキトゥスや古代世界のあらゆる人々から「奴隷に生まれついた」民族と言われ、自分たちでは「諸民族のなかから選ばれた民族」と称し、自らそう信じていたが――そのユダヤ人が成し遂げたのは価値の転倒という奇跡だった。そのためこの世の生活には、新しい危険な魅力が二千年にわたって備わることになってしまった。――彼らの予言者たちは「豊か」も「罪深い」も「邪悪な」も「残忍な」も「官能的」もごちゃまぜにした。「この世」という言葉を非難の言葉にしたのも彼らが最初だ。(「貧」という語を「聖」や「友」の同意語として使うのもそのせいだが) この価値の転倒に、ユダヤ民族の意義はあるのだ。この民族とともにはじまったのが道徳における奴隷一揆にほかならない。

(*BGE*, § 195)

「奴隷」というのはニーチェにとっては、政治的概念ではなく心理学的概念である。奴隷とは、当時の神官文化の子たるユダヤ人イエスによって、天国を約束された「心やさしき者たち」のことである。普遍的道徳を説いた初期の予言者たちが播いたのは、ユダヤ人による革命の**種子**にすぎなかった。彼らはその革命を**開始した**だけだった(したがって彼らの跡を継いだ連中よりも彼らのほうが強かったことがわかる)。弱者の文化がイスラエルを支配し、(ニーチェが「奴隷道徳」とよぶ)神官道徳という形で溢れ出て、しだいにイスラエル以外の世界をも支配するに至ったのはずっと後、第二神殿の神官たちやパリサイ人によって起こったことであった。ユダヤ民族は異教徒に対する精神的復讐として、キリスト教を世界に残したのである。

古代の(「神官的」)ユダヤ教へのニーチェの攻撃は、反ユダヤ主義に対する彼の非難と同様に激しく容赦がない。「道徳的秩序」とか罪悪とか、罪と罰とか悔い改めとか憐れみとか隣人愛といった、うさん臭い観念を広めたのは、ユダヤ教の神官たちだった。その際彼らはあらゆる自然的な価値に手を加えたのだ。従順な者や弱い者こそ救われるに値する善人である。超越の神と神の命じる愛や恵みの価値を尊ぶ義務を負う点で、人はみな平等である。(このようにニーチェはキリスト教の教えそのものをユダヤ教の神官に押しつけて、しばしば彼らを**根っからの**キリスト教徒だとしている)。しかし恵みを説きながら、神官の魂は悪意やルサンチマンや怨恨に満ちている。それは権力意志が他者への敵意や復讐心に転じてしまった、精神的弱者の悪意やルサンチマンや怨恨なのだ。それ以外に神官が自分を肯定する道はない。系譜学的に言えば、これが——初期のキリスト教徒として描かれる——ユダヤ教の神官たちが「奴隷道徳」を創り出したやり方なのである。そしてその後正式のキリスト教が、世界中にそれを広めた。反ユダヤ主義者が、イエスを殺したと言ってユダヤ人を責めるのに対して、ニーチェはユダヤ人がイエスを**生み出した**ことを責める。神官的道徳は実存的無能者の道徳であって、そういう者にあっては強者や自信に溢れる者に対するルサンチマンが価値を創り出す力になっている。自分たちが創り出した価値を主人にまんまと押しつけ、新しい価値を受け入れさせて主人を支配することで、実存的な「奴隷たち」は観念的な次元で主人に復讐を果たす。その後は、強い者が他人の目だけでなくわが目にも自分は罪人とみえるようになってしまう。それは隷属と頽廃の極致である。

そのためニーチェは古代ユダヤ教への批判を自分の哲学の重要なつなぎ目に据えている。古代ユダヤ教はニーチェの決定的カテゴリーであるルサンチマンにもとづいており、キリスト教によって起こったヨーロッパの頽廃について責任がある。ニーチェは古代ユダヤ教への批判を、当時のユダヤ人と戦うためではなくて、むしろ当時のキリスト教およびその世俗的支流と彼がみている(自由主義、ナショナリズム、社会主義などの)「近代思想」と戦うために使う。

磔刑にされた者に敵対するディオニュソス

ニーチェが古代ユダヤ教を批判するのは反ユダヤ教徒としてではない。反キリスト者として批判している。彼は繰り返し、ユダヤ教はキリスト教というはるかに大きな悪を生み出したと言っている。『反キリスト者』がニーチェによるユダヤ教批判の二大資料の一つだ(もう一つは『道徳の系譜』だ)が、『この人をみよ』の末尾には「私は理解されただろうか――磔刑にされた者に敵対する反キリスト者――」と書いている。この驚くべき言葉を調べれば、ニーチェが磔刑にされた者に**敵対する**反キリスト者であるにとどまらず、（昏倒後の手紙に書いているように）彼自身が磔刑にされる者であり、ディオニュソスという新しい衣装をまとって、むかし磔刑にされた者の撲滅を開始した者であることがあきらかになる。その両者が対決する形で結びついているとき、両者が一体となった言葉のなかで決定権を握っているのはイエスよりもディオニュソスであり、その結びついた形が「反キリスト者」とよばれているのだ。新しいキリストはディオニュソス的であるところにこそ意味があり、そのかぎりでニーチェはあきらかに反キリスト者である。（誤って悪者とみられている）神話上の人物と同じように、ニーチェもキリストとその教会を破滅させ、彼らの頽廃した道徳の世界を追放するために立ち上がる。

これが『この人をみよ』でニーチェが挑発的かつ二律背反的に提示している自画像である。この書物の表題は、ふつうイエスをさすとされている言葉でニーチェ自身をあらわしている。ニーチェはイエスに敵対する者であり、キリスト教文化をおびやかす者である。その書物のなかでニーチェはもう一度叫んでいる。「私は理解されただろうか。私を定義し、私を他の一切の人々から区別するものは、私がキリスト教道徳のベールを剝がしたことなのだ」。[1] この暴露の前提となっているのが古代ユダヤ教の分析であって、その分析はニーチェの思想に不可欠なものである。

その分析そのものにも論じ方のうえでの前提がある。現実の人間が相手である同時代のユダヤ人や反ユダヤ主義者についての議論とは違って、古代のユダヤ教あるいはその「神官的」段階へのニーチェの攻撃では、古代ユダヤ教は西洋文化に埋め込まれている一つの心理的‐文化的カテゴリーとして扱われている。哲学者ニーチェはそれを西洋文化の意味の一部をなすものとして掘り起こして、それを自分の批判の基礎に据えねばならない。ユダヤ教を批判する第二の主要著作が、系譜学と名づけられているのは不思議ではない。つまりニーチェは「系譜学者」として、キリスト教を世俗化させた近代的形態［＝近代思想］をも生み出したキリスト教の心理学的根源を究明するわけだ。「神官的」ユダヤ教とよぶ心理的‐歴史的な複合概念のうちに、彼はキリスト教の心理学的根源をみいだしたが、――それは、西洋の頽廃のもう一つの根源である科学的合理主義が、ヘレニズムの「ソクラテス的」段階に由来するのをみいだしたのと全く同じやり方であった。こうした系譜学的探求をはじめてやったのが、（実際には悲劇の死も論じている）『悲劇の誕生』である。

系譜学的方法についてのノート

プロの歴史家はそういうやり方を粗野で軽率なやり方だと思うかもしれないが、ニーチェは過去について事実を描き出そうと思っているわけではない。彼は史料を使って解釈学的なパラダイムを作り、ヘレニズムのオリンポス段階、悲劇段階、ソクラテス段階、あるいはユダヤ教の聖書段階、「神官」段階、ディアスポラ段階など――さまざまな文化形態の根源である、生への秘められた衝動や態度を照らし出す。そういう三段階を別の形で考える人があるとしても、ニーチェはあきらかに、ユダヤ教でもヘレニズムでも（他のどういう歴史的形態でも）、固定的な本質を有するものとしては扱っていない。また彼には、古代ユダヤ教批判を反ユダヤ主義のための理論的基礎にするつもりもない。それを彼はキリスト教を拒否するための系譜学的基礎にしようとする。

ニーチェの系譜学的方法は、史実にもとづく歴史とか直接的な因果関係の記述として考えられたものではない。それはさまざまな深層心理の構造やカテゴリーを組み立て、それによって多種多様な民族の隠れた好みや傾向を説明できるようにするものである。そうした構造は――科学や道徳や宗教といった――比較的大きな文化形態を支配しているにもかかわらず、逆の形で意識され、あるいはみせかけの目標で隠されてしまって、文化形態の起源がみえなくなっている。系譜学者であるニーチェの課題は、そうした文化形態の真実の起源や創始者を暴き出し、そこにある**心理学的な**血統を見定めて、その血統が卑賤か高貴かを確かめることである。

こういう方法は思弁的（speculative）である点で、ヘーゲルの『精神現象学』にけっして劣らない。劣るどころか、それ以上に思弁的である。そのうえニーチェには依拠すべき弁証法的論理がなく、議論の展開をわかりやすくしてくれる途中経過も示されない。またニーチェを動かしている力も、ヘーゲルの場合のように自由や自覚を求める願望ではなくて、（自分の在り方を乗り越えて「より以上のもの」になる実存的な力である）「力」を求める、もっと捉えがたい願望である。そして何よりもニーチェには、過程全体に上昇・進歩といった外観を与えることになる、複雑だが究極的には楽観的である止揚（Aufhebung）というものが存在しない。ヘーゲルにとっては、ユダヤ教からキリスト教への移動は進歩であったのに対して、ニーチェにとっては堕落の徴候だった。ユダヤ教そのものについてみても、聖書の時期から第二神殿期のユダヤ教への移行は衝撃的な後退であった。[2]

もちろんヘーゲルは啓蒙思想を批判し、カントの比較的単純なオプティミズムに反対して、歴史には——情熱や偶然や暴力といった——非合理なファクターが働くことを認めている。しかし最終的には、そういうファクターは弁証法的に歴史の進歩に貢献することになる。ヘーゲルでは歴史に合理的な目的があるのだ。その目的が暴力や野心や支配など、正反対のものを使って働いていて、普通は目にはみえない。また合理的目標そのものも、それを左右する偶然によって変貌する。こういうことのためにヘーゲルは進歩をユートピア的に考えず、道徳的説明で片づけたりしない醒めた哲学者になっている。しかし彼が進歩の哲学者であることに変わりはない（ニーチェが激烈な批判の矛先を、ヘーゲルにも向けているのはそのためである）。

ニーチェにとっては歴史における変動は、必ずしも進歩ではない。歴史の進行には目的も合理性も欠けている。それはあらゆる存在や生命活動の根源、つまり内在的な「力への意志」がさまざまにあらわれる力の戯れである。どういう結果になる場合でも、――摂理とか目的とか内的合理性といった――超越的な基本様式が、歴史の上に浮かんでいるのでも歴史のなかに埋め込まれているわけでもない。

形而上学的幻想から解放されて、永遠的真理も目的も価値もその他さまざまな（偽りの慰めを与える）人間向きの作品もなしに、不断に流れ去る瞬間に存在する包括的な内在として存在を捉える見方、超越を否定する見方を、ニーチェは「同一者の永遠回帰」とよぶ。別種の形而上学の説であるように思われるかもしれないが、永遠回帰は、強力なディオニュソス的人物が内在的世界についての経験をあらわし、世界を肯定する決意を試練にかけるための寓話か神話、または物語であるにすぎない。それとは対照的に、ユダヤ教のメシアニズムやキリスト教的終末論から、近代のヘーゲル以後の歴史哲学に至るあらゆる進歩理論は――そして現世か来世に神の国が実現するというあらゆる信念も――、弱さと生への倦怠の心理、つまりは「奴隷」根性に由来するものであって、ニーチェは西洋文化の根源にそういう根性があったと考える。キリスト教によって、つまりユダヤ人から生まれ出た奴隷根性によって、西洋の道徳的価値が転倒されてしまった。一切の存在を貫いている力への意志が、自分に逆らい頽廃に至る架空の道をたどって、西洋人を生に飽かせ生に対立するものにしてしまった。

先にのべたように、「力への意志」は、ニーチェにとっては――たしかに本来の意味では――政治的ではなく実存的な概念である。力への意志とは「より以上のものであろうとする」熱望であり、自分の存在を肯定するとともに生のエネルギーと活動を高め、自分をさらに乗り越えようとする熱望である。そこには自分の限界を突破し、実存の恐怖や重荷、環境の脅威、他者による抵抗を克服しようとする努力も含まれている。力への意志の基本的なあらわれが自己超克である。本能は合理主義の場合のように抑制される（その結果、中性化されるか弱体化される）のではなく作り直される。本能のもつ生のエネルギーが保存され強化されて、別の道をとることになる。これは時には物理的拡大あるいは政治的支配という形をとるかもしれないが、それは偶然に起こることであって必然的結果ではない。また他者に危害を与えることがあるかもしれないが、それは他者への悪意にもとづくことではなくて、力を肯定し力を表現する活動がもたらす当然の結果なのである。別の状況では、同じ「ディオニュソス的」人物が他の人々に寛大な態度を示し、他者を援助したり励ましたりすることもあるだろう。それは利他主義とか憐れみとか良心の呵責によるのではない（そういうものは生を抑圧する感情であり、悪意やルサンチマンと同様に悪である）。また計算づくの利害関心や道徳的義務感によるものでもない。それは自己を肯定する力（と溢れんばかりの過剰）のあらわれなのである。これはあきらかに貴族的な見方であるが、貴族と言っても政治的または伝統的な意味ではなく精神的な意味における貴族である。いかにも政治的な力（および宗教的、イデオロギー的な力）がありそうな人々が、心理学的には「弱い」ということが現実にある。ニーチェの貴族主義的な目標には、道徳に先立ち政治から基本的に独立した、一種の人間完成にかんする彼の信念がよく示されている。

それではニーチェによると、どういう者が「ディオニュソス的」な力をもっていることになるのか。それはまず、自分の存在の意味や自信を獲得するために、（厳格な道学者のように）他の人々への冷淡な否定に頼るとか、慰めを与える形而上学的幻想のような外部の力に頼るということをしない人間である。ニーチェによれば、ディオニュソス的人間は、他者の生の否定（または肯定）によってではなくて、生きること**それ自体によって**生を肯定する。また罪悪感や後悔にさいなまれることがない。それゆえその種の感情を他の人々に吹き込んで、支配や処罰の手段にする必要もない。ディオニュソス的貴族は独立独歩、完全自足であって孤独な趣さえある。他の人々への依存関係が（社会的、政治的、道徳的、感情的にも）ないことが、自信をもち自己を肯定するディオニュソス的性格の条件なのである。他人に危害を与えるとか他人に助力するということは、ディオニュソス人間の自負心や自尊心の前提ではない。**以前からあった**強烈な個性の自然な表現であり、また個性の確認でもある。したがってディオニュソス的人間の行為は、（道徳的束縛という意味での）善悪を超えた、その人の存在そのもののあらわれである。[3]

ディオニュソス的な力のもう一つのしるしは、ニヒリズムの拒否によって生じた形而上学的幻想の不在である。神の存在しない徹底的に内在的なニーチェ的世界観は、虚無的な絶望を生み出すのではない。むしろ喜びと創造的エネルギーの源である。キリスト教的な言葉遣いのために、「精神的なもの」は「物質的なもの」（あるいは「現世的なもの」）を排除すると思われてさえいなければ、ニーチェはディオニュソス的な力が伝統的な精神概念に取って代わるのだと言ったかもしれない。しかしディオニュソス的な力という概念の真の意味を示すためには、精神／物質という二分法を拒否するニーチェ自身の文脈においてその概念を捉えなければならない。

力への意志は至るところに働いているが、そのあらわれ方には、ストレートなものと歪んだものがある。後者を典型的に示しているのが自己欺瞞的な「真理への意志」である。これは宇宙を法則や原因、理性や道徳的世界秩序などの網の目に絡め取って、幻想の力で宇宙の混沌を克服しようとする弱者の虚しい願いに由来する。そうした願望に対応しているのが、社会的一致をめざす衝動である「畜群道徳」というもう一つの願望である。これは力への意志の歪んだ形態である。

ニーチェによると、あらゆる世界観の源は道徳的、実存的な関心である。どういう生き方を（無意識に）望んでいるか、また恐るべき真実に堂々とどれだけ耐えられるかがすべてだ。ニーチェの系譜学は、真理への意志とか合理的科学と称するものの背後に働いているいろんな道徳的動因をあきらかにし、道徳そのものを吟味して、高尚な道徳的要求の源も、力への意志の歪んだ形態にほかならぬことをみつけだす（あるいは、歪んだ形態であると主張する）。力への意志の歪んだ形態は、——個性が強烈で充足し満ち足りている——他の人々を、攻撃的に憎悪を込めて否定しなければ、自分を肯定できない歪んだ力への意志に由来している。そういう歪んだ力への意志が、ニーチェの道徳批判のキーコンセプトであるルサンチマンにほかならない。

ルサンチマン・ユダヤ教神官・奴隷道徳

歴史的にみると、ルサンチマンが革命的な力になったのは古代の神官的ユダヤ教においてであった。そこではルサンチマンが新しい価値を創り出し、その価値をキリスト教のなかに投げ込むことになった。その結果、「弱者」の道徳だったものが、普遍的な万能のシステムになってしまった。

このためニーチェは、古代ユダヤ教に対して最大限に辛辣かつ痛烈な毒舌を浴びせかける。そこには二面的なところは全くない。反ユダヤ主義——またはキリスト教——を否定するときと同じように、ここでもニーチェは攻撃の手をゆるめない。怒りをあらわすために「奴隷道徳」のような的確な言葉を使って、レトリックの能力を発揮している。反ユダヤ主義やキリスト教に劣らず、神官的ユダヤ教に対して激しい非難があびせられる。――この三つが系譜学的には従兄弟関係にあると考えられているからである。数カ所選んで引用してみよう。

道徳における奴隷一揆はルサンチマンそのものが創造的になり、価値を生み出すようになったときにはじまる。すなわちこれは、真の反応である行為による反応が阻まれて、想像上の復讐でその埋め合わせをつけるような種類のルサンチマンなのだ。すべての貴族道徳が意気軒昂たる自己肯定から生まれるのに対して、奴隷道徳は「外のもの」、「他なるもの」、「自分以外のもの」を最初から否定する。**この**否定こそ奴隷道徳の創造的行為なのだ。（*GM* I, § 10）

この逆転にこそルサンチマンの本質がある、とニーチェは付け加えている。価値の源はもはや高貴な人間が自分のあるがままをみる内的な目にあるのではなくて、奴隷が目を外へ向けて自分がそうでないものをみる恨みがましいけちな目にあるのだ。

奴隷道徳が存在するにはいつもまず、敵対する外界が必要である。［……］その活動は根本的に反動なのだ。貴族的評価の仕方では事情は逆である。それは自発的に活動し成長する。それが自分と対立するものを求めるのは、いっそうの感謝をもって意気軒昂と自分を肯定するためにほかならない。――「下賤」、「卑俗」、「わるい」といった否定的概念は、――生命と情熱に満ちあふれた――肯定的な基本概念である「われら高貴なる者、善良で美しく幸福なわれわれ！」との関係で言えば、後で作られた弱々しい対照概念にすぎない。（同所）

高貴な人間は自分自身を信頼し、自分に正直に生きている（「gennaios（高貴な生まれ）」は「率直」と同時におそらく「質朴」という意味合いが強い）、それに対してルサンチマンをいだく人間は率直でも質朴でもなく、自分に正直でも率直でもない。そういう人間の魂は横目を使い、精神は隠れ場所や間道や裏口を好む。（同所）

要するに、

［ルサンチマンをいだく人間は］貴族的人間がすることと正反対だ。貴族的人間は「よい」という基本概念をまず自発的に自分自身から考え、その後はじめて「わるい」という観念を作る。

（*GM* I, § 11）

ルサンチマンをいだく人間は、他者に対するけちな否定によって自分の存在を肯定する。それゆえ彼にとっては悪の概念のほうが根源的で善の概念よりも強力である。本来は彼自身や彼の力や価値をさすと考えられていた「善」が、もっと重要な役割を担うことになる。つまり自分を肯定する一手段として他者を非難または否定するための規範を与えることによって、悪の概念とその概念に含まれている他の人々に対する攻撃に一役買うのだ。これは逆立ちした善であり、その（ひとしく歪み逆立ちした）双子が「悪」である。だが高貴な人では、善であるのは充実感や自尊心という根源的な力であって、それを確認するために何も外部に対する否定など必要ではない。道徳的悪というより「質が悪い」という意味で「劣悪」(schlecht) だと他者をみなすときでさえ、その価値基準は自分自身の自己肯定の淡い反映にすぎない。そこには怨恨も非難も憎悪もない。あるのは自然な優越感であり、貴族的な軽蔑がまじることがあっても、そこにはユーモアがあり鷹揚な寛大さがある。この点で高貴な人間では心の出来具合がみごとで、素晴らしいと言われるが、それはそういう人間には、ルサンチマンをいだく者の心を毒する復讐心や憎悪という重荷がないからである。

ニーチェの考えによれば、はるかな昔、支配者が優秀だと自任して、「優秀・劣悪」という区別を「善・悪」と異なるものとして創り出したときには、精神的貴族と政治的貴族が一部重なるところがあった。しかしもはやそうではない。そこでニーチェは人間の卓越性について**別の**モデルを提示する。そこでは真の貴族は政治的とか世襲のものではなくて実存的なものである。ニーチェのディオニュソス的人間はキリスト教的な愛の道徳の外に立っている。しかし普通の見解とは違うが、ぜひ指摘しておかねばならないのは、ディオニュソス的人間は価値の領域（倫理的領域）を完全に踏み越えているわけではないということである。それどころかディオニュソス的人間は、自分自身のうちに価値（「善」）を具体化している。それに対して、その反対の人間である慈悲とか愛という仮面を被るか、そういう変装をして行動する独善的道学者は、「悪」を責め立てることに自分の「劣悪さ」加減を暴露する低級な人間である。人間的完成を熱望している――高次の生き方に到達しようとしている――という意味で、ニーチェをモラリストとよんでいいが、それは命令するとか強制するという意味においてではない。「私の最近の著書『善悪の彼岸』は［……］［優秀と劣悪の彼岸］ということではない」と彼ははっきりのべている（*GM* I, § 17）。ニーチェが自覚しているように（またそれが彼の理論にふさわしいことだが）、彼自身の哲学の背後にも道徳的な動機や関心がある。

次に古代のユダヤ革命に引き継がれた、価値や倫理の世界に立ってみることにしよう。ニーチェにとって「支配すること」は、もともとは政治的または肉体的な力をもっているという意味ではなくて、文化的な価値を左右し、規範や基本的な評価を創造することによって人々の生活を支配するということだった。（次章で現代のユダヤ人を論じるときこういう考え方に出会うことになる。）そういう意味において古代ユダヤ人は、頽廃に荷担してヨーロッパを支配してきたわけである。ルサンチマンという道具を活用することによって、彼らは「弱い」人間が強力な者に対する想像上の復讐を成し遂げ、彼らを支配することを可能にした。そのことによってユダヤ人は異教世界に復讐したのだ。ルサンチマンの道徳によって、相手に憎悪を及ぼす新しい道が与えられた。なぜならルサンチマンの道徳によって相手に圧力を加えることもできれば、相手の道徳的な罪を責めることもでき、相手を公然と非難することもできるようになったからである。その過程の仕上げとして、相手に対する攻撃欲を内面化し、それを自分自身への攻撃欲へと変形し、後悔とか良心の呵責とか悔い改めその他、自己否定の形にしてしまうということが起こった。

> ルサンチマン道徳の意味で「悪い」のは**誰**か。これに対して厳密に答えれば、それは**まさに**別の道徳における「よい者」、つまり高貴で強力な者、支配する者に**ほかならない**が、ルサンチマンの悪意に満ちた眼差しによって変色され、解釈し直され、逆の見方をされている。（*GM* I, § 11）

ニーチェはそうはっきりとは言っていないが、キリスト教だけではその革命を遂行することはできなかったのであって、そのためには柔和な復讐心を燃やすルサンチマンを集めただけでは足りなかった。キリスト教による革命が起こるためには、「ルサンチマンそのものが**価値を創り出す創造的な力**になったはずだ」（同所、強調はヨベル）。そしてこの創造的な力を供給したのがユダヤ教、特に「理想を創造しうるユダヤ人の憎悪」であった。

だが起こったのは**次のようなこと**なのだ。ユダヤ的憎悪——それ以前にはその種のものがなかった理想を創造し、価値を転倒する奥深く崇高な憎悪——という復讐と憎悪のあの樹の幹から、同じように比較を絶した奥深く崇高な憎悪である**新しい愛**が生まれ出た〔……〕。その愛があの復讐心の否定として、すなわちユダヤ的憎悪の正反対のものとして、成長したと思ってはならない！　実状は全く逆なのだ！　その愛はユダヤ的憎悪の幹から樹冠として成長し、澄み切った光り輝く陽光を浴びながら、まるで光の国に入り天頂へ達しようとするかのように、あの憎悪の目標をめざして誇らしげに伸びつづけてきたのである。（*GM* I, §8）

これは系譜学的分析の一つの練習である。キリスト教的愛は生みの親であるユダヤ人の憎悪と同じものだ。つまりキリスト教的愛とは、ユダヤ人の異教徒に対する複雑で激しい憎悪の具体的表現にほかならない。ユダヤ人がこの復讐をしたのは第二神殿の時期だが、その頃ユダヤ人自身が聖職者に支配されて、「神官的民族」になってしまっていた——「神官的民族」はニーチェにとっては、ただちにキリスト教の聖職者を思い出させる言葉であって、彼はその言葉を自分で作っていながら不愉快になっている。

周知のとおり神官は**最悪の敵**である——だがなぜか。それは彼らが最も無力な者だからだ。〔……〕世界史で本当に大物の憎悪者と言えばきまって神官であった。最も抜け目のない憎悪者もそうだった。〔……〕さっそくその最も注目すべき実例をあげることにしよう。地上で「貴族」、「有力者」、「支配者」、「主人」に対してなされたことのどれ一つとして、ユダヤ人がやったことに比べれば物の数ではない。神官的民族であるユダヤ人は敵や征服者に対抗するのに、結局はほかならぬ相手の価値を根本的に価値転換させること、すなわち**最も精神的な復讐**をすることで満足した。というのも神官的な民族には、あの神官的な復讐心を心の底に秘めた民族には、それほどふさわしいものはなかったからである。（善い＝高貴な＝強力な＝美しい＝幸福な＝神に愛されるという）貴族的な価値の等式について恐ろしいほど徹底的な転倒を試み、その転倒にしがみついたのはほかならぬユダヤ人であった。

（*GM* I, §7）

ユダヤ人はこの等式を何に置き換えたのだろうか。ニーチェの文章は興味深いが意味深長でもある。ユダヤ人はこの等式をただちにイエス・キリストの福音に置き換えたのだ。「惨めな者のみが善き者である。貧しい者、無力な者、下層の者のみが善き者であり、恵まれぬ者、病める者、醜い者のみが敬虔であり、神に祝福される者であって、幸福は彼らだけのものである」（同所）。

この文章に紛れもなくキリスト教的な口調や観念を聞き取るのに、何も特別に訓練された耳をもつ必要はない。これは新約聖書の代弁である。宗教心の中心に天国と救済の問題を据えて、従順で謙遜な者に天国と救済を約束すること――これはユダヤ教でなくキリスト教の本質的主題である。それは当時の貴族的、神官的体制へのイエスの挑戦に由来している。ここには他のテキストにもみられる興味深い特徴がある。ニーチェは最初からユダヤ教とキリスト教を同一視している。ニーチェは二つの別個の教義からはじめて、それを後で因果的または系譜学的に結びつけるようなことはしてない。彼はユダヤ教そのもの（少なくとも「神官的」段階）をただちに、キリスト教的内容をもつものとして解釈している。そのかぎりユダヤ教のメッセージは、キリスト教の生みの親であるばかりかキリスト教そのものである。

後にローマとユダヤとの戦いを二つの価値世界の争いとして捉えるとき、ニーチェがユダヤ教の説明にキリスト教の聖書正典を引用しているのも不思議ではない。「ローマではユダヤ人は『全人類に対する憎悪の罪ありとされて』いた。［……］他方、ユダヤ人はローマに対してどう思っていたのだろうか。無数の徴候から読みとることができるが、理不尽な復讐心を爆発させた文書のなかでもその最たるものである『ヨハネ黙示録』を思い出すだけで十分である」（*GM* I, § 16）。ニーチェが言っているのは、ローマが「バビロンの売春婦」として扱われている黙示録のことである。しかしここで、またも疑問が湧いてくる。きわめてキリスト教的な書物である黙示録が、どうして**ユダヤ教の**テキストの説明になると考えられるのだろうか。新約聖書がユダヤ人のローマに対する態度の最もあきらかな証言なのだろうか。あきらかにニーチェは暗黙のうちに、キリスト教とユダヤ教を同一視している。もしそうであれば、彼が攻撃対象としている「ユダヤ人」というのは初期のキリスト教徒であって、第二神殿の神官だけをさすものではないことになる。初期のキリスト教徒はあらゆる重要な点で、つまり出身や言葉においても、他民族の目にも、彼ら**自身の**目にも長い間たしかにユダヤ人だった。ニーチェは抜け目なくこの事実をレトリックのうえでの武器として、自分の時代のキリスト教徒に無礼な「フェアでない一撃」を加える。

よく考えてもらいたい。今日ローマそのもので、——ローマのみならず地球上のほぼ半分で——あらゆる最高価値の権化であるかのように人々から拝まれているのは誰か。［……］周知のとおり三人のユダヤ男とひとりのユダヤ女（ナザレのイエス、漁夫のペテロ、織物師のパウロ、それと最初に名をあげたイエスの母であるマリア）だ。（同所）

こういう引用文は、ニーチェが「ユダヤ的な」性質があるとして自分の敵をけなすために、反ユダヤ主義的なイメージを使う時があることの実例である。今の場合には、キリスト教徒の心のなかにあるユダヤ人についての卑しむべきイメージがキリスト教を批判する道具に使われている。反ユダヤ主義者はキリストを殺したことでユダヤ人を責め、ニーチェはキリストを生んだことでユダヤ人を責めるわけだが、いずれにしてもユダヤ人が悪いのだ。そういう罪があるというのが、ニーチェも子供の頃から吸収し、ここでは伝統的なやり方とは違う仕方で――もはやキリストを拒んだユダヤ人や現代のユダヤ人に対する武器としてではなく、キリストを**生み出した**ユダヤ人に対する武器として、キリストというユダヤ人に対しても、キリストの最初の弟子や使徒になったユダヤ人たちに対しても武器として使っている強烈なイメージなのである。

その際キリスト教徒と古代ユダヤ人との違いはぼかされている。イエスはユダヤ教の神官の特使なのであって、神官たちは衝撃的な(また深刻な)宗教的象徴を創り出すために彼を磔刑にして、彼らの思想で世界を支配しようとした。

> 愛の福音を体現したこのナザレのイエス、貧者や病人や罪人に祝福と勝利をもたらすこの「救い主」、――彼こそは[……]まさにあの**ユダヤ的な**価値と新しい理想へ誘う迂回路だったのではないだろうか。イスラエルがその崇高な復讐心の最終目標を達成したのは、見かけはイスラエルの敵で解体者であるこの「救い主」という迂回路によってではなかったか。(*GM* I, §8)

ニーチェは自分の思想に酔って本当に熱中していた。ユダヤ人は実に大がかりな復讐、執念深い「将来を見越した」計画を遂行した。復讐の道具に役立つ男を磔にして、彼らは世界に毒餌を飲ませることになったのだ。何という毒餌だろうか！——ニーチェの興奮は高まるばかりだ。ユダヤの天才が目的達成のために発明したあの「十字架上の神」という、激烈な威圧的イメージに似たものがあるだろうか。それは心の底から感動させ熱狂させる恐ろしいイメージ、「人間の救済のために神自身が磔にされるという想像を絶する残忍きわまる秘蹟」であった（同所）。

ニーチェはマキアベリ的な意図がユダヤ人にあったと考えているのだろうか。おそらくそうではない。彼がその内的連関を描いている過程はむしろ、創造的な復讐の天才の心の底から直感的に無意識に流れ出ているものなのだ。いずれにしても、ニーチェの華麗なレトリックのために、キリスト教が「神官的」ユダヤ教から引き継いだのは明白な思想内容ではなく底流をなしている秘められた心理構造であるという、一つの重要な系譜学的テーゼが隠されているようにみえる。ニーチェの系譜学は、愛の宗教の根底に潜む憎悪を暴き出したのだ。

ここにはニーチェの二面的感情の典型的な姿がみられる。すなわちユダヤ人の能力や天分への賞賛とユダヤ人による革命の心理的、文化的な内容へのそれに劣らぬ嫌悪がそれである。ニーチェが反ユダヤ主義的な固定観念を使ってキリスト教を破壊しようとするときには、こういう二面的感情が危険なレトリックの形になることがある。彼が想定している読者の心にはそうした固定観念が働いているが、それはニーチェ自身の心のなかにも、克服されたが、記憶から拭い去れない過去の痕跡として、目立たない形で存在していると考えられる。

ニーチェは徹底的にそのコースを逆転させて自分のレトリック上の必要に合わせているけれども、詳しく調べてみると、彼の心のなかには事実、ユダヤ教の四つの否定的なイメージが存在しつづけているように思われる。そのうち最初の三つは内容にかんする固定観念だが、四つめのイメージは基本的に情緒的、評価的なイメージである。

1　ユダヤ人はふつう憎悪をいだいている民族として示される（タキトゥスが「人類に対する憎悪（odium humani generis）」と言ったように――彼らは人類を憎み、また人類に憎まれている）。ニーチェはこのイメージをルサンチマンの心理に読み替えている。

2　自分たちが復讐心から引き起こしたヨーロッパの（ありとあらゆる）不幸について、ユダヤ人は責任がある。ニーチェはこれをヨーロッパ最大の不幸と考えられるキリスト教に移し替えている。

3　ユダヤ人はイエスを殺害した。ニーチェはこの非難を逆転させて、ユダヤ人がイエスを生み出したのだと言う。

4　ユダヤ人とかユダヤ的という言葉は卑劣なものをさす言葉で、嫌悪感を引き起こす。ニーチェはキリスト教の理想を「ユダヤ的」とし、その創設者たちを「三人のユダヤ男とひとりのユダヤ女」とよぶことで、こういう反応をキリスト教へ振り向けている。そうして彼は（反女性的偏見によって増幅した）反ユダヤ主義的なイメージを使ってキリスト教を傷つけ、キリスト教信者を狼狽させる。

ニーチェのレトリックが、かつて彼の心のなかにあったユダヤ人の否定的イメージに近づいていることはほとんど疑いがない。彼はその後、若い頃の反ユダヤ主義的な「病気」を克服したけれども、その痕跡は記憶から消え去らず、彼はキリスト教に対する戦いにおいて（後でのべるが、反ユダヤ主義者たちそのものに対する戦いにおいても）その痕跡を使っている。自己を乗り越えたニーチェは、自分が克服した反ユダヤ主義の痕跡を使っても、それで偏見に立ち戻ることはなかった。しかしこれは危険なゲームである。ニーチェは自分についても、読者についても危険な火遊びをしている。（誘惑はけっして抵抗しきれるものではない。ドイツやヨーロッパのニーチェ読者は、特に彼の弁証法的なアイロニーを捉えかねて、彼のイメージを額面通りに取ってしまったのだ。）

ユダヤ教の三局面

だがニーチェは本質主義者《エッセンシャリスト》ではなく、彼にとってユダヤ教は一つの形のものではなかった。また彼は民族や歴史的文化に、不変の本質（または「運命」）があるとは考えなかった（これは根本的な形而上学的意味において、彼には人種的偏見がなかったことを示すものである）。ヘレニズムには固定的な本質はなく、（『悲劇の誕生』その他に示されているように）何度も変容を経験した。それと同じように、唯一のユダヤ教というのがあるわけではなく、何度も根本的に生き方を変え、それと同時にその遍歴の途上で経験を重ね、歴史的な「深み」を増してきた民族がいるだけである。

したがってニーチェはユダヤ教に、原始キリスト教的転回をとげるまえの賞賛すべき初期の純粋な局面をみいだしている。——それは一部ある点では、ニーチェの理想に近いからである。このことはユダヤ教の聖書（旧約聖書）と新約聖書を峻別することに示されている。

キリスト教神学の主張に反して、ユダヤ教からキリスト教への移行は進歩ではなく、退化なのである。ユダヤ教の聖書の雄大さや崇高さと比べれば、第二神殿期の（「神官的」）ユダヤ教には、衰退と堕落の時期の特徴がみられる。

今日になってもキリスト教神学者の愚かさを真に受けて、彼らと一緒に、神の概念が民族の神たる「イスラエルの神」から、一切の善の真髄というキリスト教の神への展開を**進歩**だなどと、どうして言い張ることができるのだろうか。［……］正反対であることが明白なのに。（*A*, § 17）

その違いが旧約聖書と新約聖書との相違に反映している。

神の義をのべたユダヤの『旧約聖書』には、ギリシアやインドの文献とは比べものにならない雄大な人物や物事や話がある。昔の人間の姿を示すこの巨大な遺物を前にすれば、恐怖と畏敬をおぼえずにはいられない。［……］あらゆる点で一種のロココ趣味である［この］新約聖書を旧約聖書とくっつけて、それを『聖書』つまり「書物の典型」という一**巻の**書にしてしまったこと、――これこそ言葉に敏感なヨーロッパが良心の呵責に堪えぬ最大の厚顔無恥であり、それこそ「聖霊に背く罪」であろう。（*BGE*, § 52）

もうわかっているはずだが、私は『新約聖書』が気に食わない。［……］旧約聖書――これはまた別だ。旧約聖書には大いに敬意を表しておこう。そこには偉大な人間たちや雄大な景色や世界でも希

有のもの、比類ない**質実剛健さ**がみいだされる。それればかりか一つの民族がみいだされるのだ。それに対して新約にみられるのはくだらぬ宗教上の派閥主義、ロココ風の魂、秘密めいたもの、疑わしげなもの、秘密礼拝会めいたものだけだ。なお忘れてならないが、この時代（**それも**ローマ領）特有のユダヤ的と言うより、ヘレニズム風の牧歌的な甘ったるさが鼻につくことがある。恭順と尊大さがくっつき合っている。耳を聾する感情的な騒ぎや、情熱のない昂ぶりはあるが情熱はない。興奮した身振りがあるばかりでとてもみるに堪えない。　（*GM* III, § 22）

表面上の議論でなく裏に隠れている心理構造を比べれば、新約聖書を「秘密めいたもの、疑わしげなもの」などというニーチェの説明が、『道徳の系譜』でルサンチマンをいだく人間を「彼の魂は偏っていて、彼の心は隠れ家や間道や裏口を好む」（*GM* I, § 10）と描いたやり方を繰り返しているのがわかるだろう。高貴な人間の真率さや、率直で自信のある者の貴族的な質実剛健さ（同所）を旧約聖書の人間像と比べてもいい。ニーチェは旧約聖書に、「質実剛健さ」や「雄大な景色」のなかで働く「偉大な人間たち」をみいだしている。それを比べてみると、ニーチェがユダヤ教の聖書にはディオニュソス的人間の高貴な特徴を認めているのに対して、新約聖書がルサンチマンをいだく人間の特徴をあらわしているのがわかる。いずれもユダヤ人の書物であるが、ユダヤ教そのものがいくつかの時期に分かれ、その生き方も異なっている。もともとのユダヤ教の精神が具体的に表現されているのは旧約聖書であって、ニーチェが拒絶する「ユダヤ教」とは新約聖書の精神なのである。

旧約聖書と新約聖書の相違に、さらに古代ユダヤ教についてニーチェがおこなっている——聖書の時期と第二神殿期との——区別が現れている。聖書の時代には古代ユダヤ教のあらゆる雄大さや崇高さが存在

していたが、――ニーチェにとっては、これもユダヤ教の書物である――新約聖書は第二神殿期のユダヤ教をあらわしている。ユダヤ人の歴史における――第二神殿の破壊以後の国外追放や離散と、ユダヤ王国の滅亡という――第三の最も長期にわたる時期について言えば、それも質において差はあるが（次章参照）ニーチェに賛嘆の念を呼び起こす。聖書時代のユダヤ教の特徴は内的な雄大さと自然との永続的調和であるが、離散期のユダヤ教は意志力、忍耐、長い苦難、多くの自己鍛錬を示している。

古代ユダヤ教を二つに分けてニーチェが言おうとしているのは、ユダヤ教の「律法主義的」特徴は最初からあったのではなくて、第二神殿期にはじめて現れたということである。聖書時代のユダヤ教は全く別の――自然で生き生きとした崇高な――宗教であった。無論、その崇高さはヘーゲルの意味で理解すべきものではなくて、その正反対のものである。第Ⅰ部でみたように、ヘーゲルの言う「崇高の宗教」は全く崇高ならぬものであった。その律法は崇高な神を前にしての人間の謙遜であり、それゆえ奴隷的な性質のものであった。ニーチェにとって聖書の宗教は自由で自然な民族の宗教であり、それは生き生きとした肯定的な力に満ちていて、それゆえ崇高そのものである。

聖書的ユダヤ教と神官的ユダヤ教というニーチェの区別に影響しているのは、有名な（論争の的でもある）聖書学者のウェルハウゼンである。もっとも、ニーチェはウェルハウゼンの区別を自分自身の思想や感情で装っている。ここにも彼の声がある。

列王の時代には、イスラエルにもあらゆるものとの正しい自然な関係があった。エホバは力の意識の表現であり、わが身に感じられる喜びの表現であり、希望の表現であった。勝利や救いが期待できるのも、自然が民族の必要とするもの――特に雨――を与えてくれると信じられるのも、エホバのお

かげだった。エホバがイスラエルの神であり、それゆえ義の神なのだ。これは、力があって良心に恥じるところがなければ、どういう民族も用いる論理である。祭祀のうちにそうした民族の自己肯定がもっている二つの側面があらわされる。すなわち彼らは、民族を成功させてくれた素晴らしい運命に感謝するとともに、四季の巡りや牧畜・農業上のあらゆる幸運についても感謝をささげる。そういった状態は、悲しい結末を迎えたのちも長い間、理想でありつづけたが［……］なかでも（時勢の批判者であり風刺家でもあった）あの預言者イザヤがその典型であった。（A, § 25）

ニーチェはこの理想化されたもののなかに、あきらかに自分自身の価値をあらわす言葉を注ぎ込んでいる。聖書のユダヤ教では感謝の感情が自信の源から溢れ出ているのであって、前もって存在している義務や強制の感覚からではない。ユダヤ人の神は、外面的な道徳法則を課す弾圧的な暴君ではなくて、民族自身の自己肯定と満ちあふれる力の表現である。民族の自信溢れる感謝は休日や祝祭というきわめて自然な姿をとる。正義はルサンチマンから生まれたものではなくて（後に「律法の宗教」でそうなることについては、『道徳の系譜』の「正義の起源について」を参照）、自己肯定的な力から生まれたものなのである。ユダヤ人の神は義の神であり（この文章の精神をふまえて付け加えるなら、ユダヤ民族は優秀だったと言ってよいが）、それは自発的な力から生まれた最初の自然な事実である。その理由は、民族の力を忌み嫌う人々によって制定された外的な道徳規範に従属するからでも、世界を支配する「道徳的世界秩序」のイメージに一致したからでもない。

こういう理想が神官的文化によって破壊された。神官文化が自然的価値の「変性」の手本を示したわけである。

神の概念は神官的な扇動家たちの道具となって、彼らは幸福はすべて報奨で、不幸はすべて神に背いた「罪」に対する罰だと解釈する。これは欺瞞きわまる解釈法であり、その「道徳的世界秩序」と称するものによって、自然な原因・結果の概念は確実に逆転されてしまう。（A, § 25）

こうして賞罰の原則によって、「神官」は自然原因を超自然的な原因に置き換え、彼らの仕事の特徴である「変性」を遂行した。それ以後、神は助ける神ではなく苛酷な神となった。神はもはや自信や勇気を吹き込むこともなく、要求をつきつける煩わしいものになる。道徳命令は「もはや民族の生と成長の条件の表現でも、その最も基本的な生命の本能でもなくて、［……］生のアンチテーゼなのである」（同所）。

神の概念を偽造し、道徳の概念を偽造したが、ユダヤの神官階級はそれだけではやめなかった。イスラエルの全歴史は何の役にも立たなかったのだ。そんなものは捨ててしまえ！　神官たちは奇跡じみた偽造をやってのけたのだ。今残されている聖書の大半はその証拠である。彼らはありとあらゆる伝統や史実に無類の罵倒を加えて、わが民族の過去を宗教的な言葉に翻訳した。すなわちその過去を、エホバに対する罪と罰という［……］愚にもつかない救済の仕組みに作りかえてしまった。彼らはイスラエル史上の力強い、多くは非常に大胆だった人々を憐れむべき意気地なしとか［……］「神を公然と無視する者」に仕立て上げた。素晴らしい出来事に出会ったときのどういう心理でも、すべて「神への服従か、**それとも**神への反抗か」というばかげた定式に単純化してしまった。

もう一歩進めれば、「神の意志」（すなわち神官の権力を保存するための条件）は知られなければならない。そのためには「啓示」が不可欠だ。わかりやすく言うなら、大がかりな文学上の偽造が必要になり、そこで「聖書」が見つけられるというわけだ。聖職者の好みどおりに豪華絢爛と「聖書」が公開されると、久しい「罪」に対する懺悔や悲嘆に暮れる日々も訪れることとなった。「神の意志」ははるか昔に確立していた以上、一切の災いは「聖書」を疎んじてきたせいだと言われる。(A, § 26)

それ以後は人生の諸事万般が、神官抜きではすまないように秩序づけられてしまった。「犠牲」(食事)は言うまでもなく、出産、結婚、病気、死といった人生におけるすべての自然の出来事に、聖なる寄生動物がそれを非自然化するために——つまり「神聖化する」ために現れるようになった。というのも次の諸点を理解する必要があるからだ。すなわち(国家、司法組織、結婚、病人や貧者の救済といった)どういう自然の慣習や制度であれ、生の本能から生まれる要求であれ、要するに**それ自体で**価値があるものはすべて、神官の寄生的生活(ないし「道徳的世界秩序」)によって全く無価値にされ、反価値のものにされる。その後で一つの処置を受けねばならない。——つまり、それ自身のうちにある自然のものを否定して価値を創造するには、価値を授与する権力が必要なのである。神官が自然の価値を否定し**神聖さを剝奪する**。これは神官が存在する代償なのだ。(同所)

神聖さは自然の否定であり自然からの疎外であるとするこの分析に、ニーチェは第二のもっと伝統的なモチーフである、神官階級を利益集団であり権力体制とする説明を付け加えている。

神への反抗、すなわち神官や「律法」への反抗は「罪」とよばれる。「神との和解」の手段は当然、神官へのより徹底的な服従を保証する手段にほかならない。神官だけが「救う」のだ。心理学的に考えると、神官によって組織された社会ならどこでも「罪」が不可欠なものとなる。罪は権力の格好の口実なのだ。神官は罪のおかげで生きているのであり、神官にとっては人々が「罪を犯す」ことが絶対に必要なのである。最高の原則は「神は悔い改める者を赦したもう」——率直に言えば、神官に服従する者を赦すということだ。（同所）

そして『道徳の系譜』と同様、こうした「神官の血統」がさらに大きな災厄をもたらす。「あらゆる自然、あらゆる自然価値、**現実**に対して、支配階級の最も深い本能が敵対するこの全く**偽り**の地盤の上に、——現実に対する前代未聞の深い敵意の一形態である——**キリスト教**が育ったのだ」（*A*, §27）。これはあきらかに辛辣な言葉である。このテキストでは、ニーチェは仮面を脱ぎ、あるいは仮面の皮を何枚か脱いでいる。しかし彼は、自然なものと聖なるものとの対比はユダヤ教に限られたものではないことを忘れている。ユダヤ人が特殊な祝福や祈りや儀式で、満ちあふれる自然から多くの日常的活動を引き離して神聖化する傾向があったのは確かである。たとえば一日のあらゆる区切りに、ユダヤ人は自然なものと神聖なものとの間にくさびを打ち込む。しかし度合いは低いとしても他の宗教も同様である。また聖職者が自分の利益を守るために聖なるものを活用する権力構造を作る現象も、ほとんど普遍的な現象である。ニーチェはいくらかヘーゲルと同じように、（おそらく汎神論的宗教を考えながら）宗教一般にみいだした否定的特徴を（第二神殿期の）ユダヤ教に投影している。

『反キリスト者』でのユダヤ教批判は、ある重要な点でそれ以前の『道徳の系譜』とは異なっている。『道徳の系譜』は（憐れみとか罪悪感とか自己否定とか別の類を差し出すというようなことに示される）ルサンチマンの心理を、価値のユダヤ人による逆転の根源として強調していた。それに対して『反キリスト者』は、その根源を生の否定、現実への反感、自然に対する「道徳的世界秩序」の人為的な押しつけである「変性」とよぶものに移している。したがって主要な歪曲は、世俗的なもの——すなわち自然的なもの——に対して、聖なるものを対抗させるところに生じる。ユダヤ教の神官たちは自然な生き方を一切の価値を欠いたものとして扱う。聖なるものの印を帯びて自然の性質を失い、別の架空のものに変形してはじめて、存在するものに価値が生まれる。

この二つの変化は関連している。自然の存在が無意味で無価値だと経験されるなら、その価値はそれを支配する「道徳的世界秩序」から引き出すほかはない。同様に、想像によって自然のものを聖なるものに変形させる儀式によって、価値や意味のない存在に価値や意味が授けられると考えられる。いずれにおいても、自然はことごとく抜き去られて、自然の存在としての人間の自己経験は蝕まれている。外からの正当化を必要としない（逆にそういう外からの正当化が自然の存在を疎外し、その内在的な意味を抜き取ってしまうと感じる）。自己充足的な生の感覚、充足感はもはやありえない。このことが自然を希薄化して、自然と一体となった内在的な存在としての、人間本来の自信や自己経験を破壊してしまう。

ここで読者には、ヘーゲルのユダヤ教分析からの大きな影響があるように思われるかもしれない。ユダヤ人が自然の世界から霊性も内在的意味も剝ぎ取って、世界を「散文的」なものにしたのだ。ヘーゲルにとってはそれが重要な進歩である。ユダヤ人は「自然宗教」に固有の偶像崇拝を克服して、一切の霊性を神に引き渡し、精神を超自然的なものとした。しかし彼らはそれを「崇高」という欠陥のあるやり方でやったために、自分たちが打ち立てた原理から疎外されたままであった。ニーチェにとっては、ユダヤ人が疎外されたのは**その原理そのもののため**にほかならない。その原理が彼の生き方を「変性」させたからである。ユダヤ人による革命は反動的であった。それは「道徳的世界秩序」として考えられる超自然的な架空の価値領域を創り出して、内在的価値を有する自然を奪い去ってしまったのだ。

もう一つ『道徳の系譜』との明白な違いは、『反キリスト者』がもはや、罪悪感や良心や自己否定などを備えたユダヤ教による「奴隷道徳」の革命を強調しないで、本来のユダヤ教の精神が堅苦しい「神官法典」のうちに硬直してしまったことを主として主張しているところにある。表面的には、これは「律法主義」——内面的道徳性とは反対の硬直した法則——に対するカントによる批判に近いように思われる。しかし無論、ニーチェが言っているのはそれではない。ニーチェに言わせれば、カントの議論そのものが反ディオニュソス的な道学者的主張であって、それは同じ神官的ユダヤ教から受け継がれたものだということになる。『反キリスト者』の本当の主張は『道徳の系譜』を引き継いでいる。すなわち、内面的精神においても法制的な形においてもユダヤ教の道徳主義に示されているのは、生の衰退へ向かう意志であり、生の衰退した形態にほかならないと主張されている。

不正確な歴史的説明

ニーチェの歴史的説明は不正確である。たとえば神官とパリサイ人を混同している。イエスは神官エリートの代表ではなく、むしろ敵であった。彼の改革は民衆によるものであって、パリサイ人の運動とは異なる——民衆的で反教会的な学者や、田舎の貧乏人をも含む民衆の指導者といった——急進的な右派から起こった運動であった。それに対して指導的な聖職者は主に貴族階級や、来世や天国という観念を否定していたサドカイ派に属していた。キリスト教の伝統では、イエスはパリサイ派の敵ということになっているが、イエスたちは、支配的なサドカイ派の聖職者と対立していたパリサイ人の急進的メンバーだった。

ニーチェの誤りはイエスを直接に聖職者の側に入れることだが――それはおそらく、新約聖書によるとイエスも聖職者もパリサイ人と対立しているからだろう。しかしイエスがパリサイ人と対立したのは、彼らが十分に純粋でも急進的でもなかったためであり、いわば「内部から」対立していたのだ。聖職者体制に反対して戦った点では、イエスはパリサイ人と同じ側に立っていた。その結果、体制側が彼を逮捕してローマ軍に謀反人として引き渡したわけである。ニーチェがイエスの立場を敵のものと取り違えたのは、ニーチェがイエスと弁証法的に同化して二面的な感情をいだいていたためだろう。

『反キリスト者』で導入されたもう一つの哲学的変化は、ニーチェが生や活動の完全なモデルとして「自然」を持ち出していることである。これはニーチェは「自然的なもの」や「生命にかんするもの」を称えているという通俗的なイメージには合っているかもしれないが、しかし本当はそれはニーチェはめったにやっていないやり方なのである。彼の著作でもっと根本的なものはそれと正反対のやり方であって、自然（あるいは「自然的なもの」）という概念を基準のように扱うのを控え、自然をでき上がった既定のものとは考えないようにしていた。たとえば倫理や政治への「自然法」的方法を斥けるとともに、ルソーに従って文明は必然的に堕落させる力だと考える「自然に帰れ」式の、ロマン主義的運動も斥けていた。ニーチェにとって重要なファクターは自然ではなく、自然を作り直し克服する文化である。ヨーロッパ人の生活を歪めたものは文化そのものではなくて、――キリスト教文化や合理主義的文化という――特定の文化なのであって、それを天然のままの自然で置き換えようとするべきではない。置き換えるのであれば、ディオニュソス的な新しい文化で置き換えるべきである。ニーチェが求めるディオニュソス的な活力は「自然的」なものではない。それは文化によって作り直されるものなのだ。そこには原始的なものは何一つなく、それは単に本能的なものであるはずもない。ニーチェが「本能」に駆り立てられる活動を賞賛するとき、彼が考えている本能とは、**文化によって形成された**本能であり、文化によって形成されても活力を失っていない本能、言い換えれば、本能的になるまで生活に浸透した文化的要素にほかならない。それは「単なる」本能でもなければ、文化以前の「自然的」なモデルをあらわすとか押しつけるものでもない。

ニーチェの倫理的な言葉の舞台中央を占めている生や力という概念には、自然への挑戦と自然の克服がともなっている。ニーチェは——野放図に噴き出す粗野で気ままな自然的欲望である——「野蛮なディオニュソス主義」が大嫌いだった。彼が唱えるディオニュソス主義は粗野な力と、力を鍛え整えて美感に訴える形成との総合だからである。

したがって単なる自然そのものを望ましいモデル、あるいは必要なモデルとして受け入れることは、ニーチェにふさわしいことではない。ところが今みているテキストでは（時には別のテキストでも）、まさにそれを受け入れているように**みえる**。これはニーチェが自己矛盾に陥って、結論に至らずに動揺している別のケースなのだろうか。そうは考えられない。この問題は次のように考えれば解決する。生の自然はニーチェにとって基準となるモデルではない。価値はつねに生の自然を克服する形成力に依存している。しかしこの力も世界のなかにあり内在的であるかぎり「自然」（ないし「自然的なもの」）である。言い換えれば、与えられた自然を超越する創造的な克服力そのものが、別の世界から押しつけられるのではなく、現実世界から噴き出して世界を表現するものであるかぎり、それは「自然的なもの」なのだ。ニーチェは自分とスピノザとの間に類似があると考えていたが、それがここで役立つかもしれない。「自然性」を準スピノザ的な意味で——つまり罪悪感も自己卑下もなく自己を肯定する、内在的な存在と活動の力として——理解すれば、自然的な在り方に背くことが、ニーチェの言う劣悪とみなされることは間違いがない。ニーチェがまず回復すべきだと考えている第一の価値は、内在の生についての体験にほかならない、——

すなわち現世の生の流れと循環が満ちあふれ、それが存在の全地平を構成している、したがって現世の彼方に永遠的価値を追求すべきではなく、永遠的価値というようなものは現世を無価値にみせるだけだという感覚なのである。そのように理解すれば——つまりニーチェによる価値の価値転換の第一歩は、内在的な生の体験を回復することであり、慰めや正当化を現世の彼方に求めるのでなく、喜びをもって内在の生を受け入れ肯定することであるのがわかれば——、古代ユダヤ教の神官がもたらした「変性」の意味も、またニーチェが激しくそれを非難する理由もあきらかである。

ニーチェとウェルハウゼン

ニーチェが聖書を偽造したとして第二神殿の神官たちを追及するとき、彼が言っているのは現実に起こったテキスト偽造のことである。ニーチェに影響を与えたのは有名な聖書学者のウェルハウゼンだが、彼の『ユダヤ史序説』の第二版(一八八三年)をニーチェはもっていて、徹底的に研究していた(欄外に書き込まれた多くの注釈がその証拠である)。偽造されたとニーチェが言っているのは、ウェルハウゼンによると(「発見された」のでなく)実際に書かれたのはヨシュア王の治世下であったという(a)『申命記』と(b)ウェルハウゼンがPriesterkodex(「神官法典」)とよんだもの——第二神殿期に書かれ硬直した宗教観を示している新しい聖書資料——のことである。「神官法典」という言葉は特定の**書物**をさしているのではなくて、ずっと後に書かれて聖書外典としてテキストに収められた、モーセ五書の一つの要素をさしている。神官たちは聖書的ユダヤ教の精神を歪めただけでなく、古来の書物に新しい資料と異質な精神を不正に導入して偽造した、とニーチェは激しく主張するわけだが、その主張の学問的な根拠はここにある。

偽造の主要な点は、偉大な聖書の出来事を賞罰という外面的図式に入れたことである。「エホバの目からみて——善をなすか悪をなすか」に、ユダヤ人のすべてが左右されることになった。これが「神官法典」をもたらした「神官」宗教の特徴である。

「神官法典」という言葉は、ユダヤ教は「律法の宗教」だと考えるプロテスタントの研究者の間で流行っていた。ニーチェが関心をいだいているのは律法そのものではなくて、律法を作り律法によって生きている人間の心理である。そのためそういう宗教形態を可能にし、そういう**自分自身**——つまり、そういう人間が代表している執念深い心理や低級な生活——を可能にするために、宗教を利用する人間を彼は重視している。そういう人間の在り方は、ニーチェが旧約聖書の至る所にみいだしている溢れんばかりの大いなる（無邪気さに近い）自信とは正反対である。

「律法の宗教」（および恐ろしい「義」一般の儀式——『道徳の系譜』の「義の起源について」参照）——の底に潜んでいる基本的心理構造は、これまたルサンチマンであって、その働きは愛の宗教にも友愛の道徳にもひとしくみいだされる。そこでニーチェは以前と同じように、キリスト教の特徴は「神官的」ユダヤ教にもあり、両者の間に違いはなく、両者をつなぐ通路など不要だと考えた。

ウェルハウゼンはただの聖書文献学者ではなかった。彼は強烈な思想をもった神学者でもあった。ニーチェはウェルハウゼンを読んで、「宗教的崇拝は古代ヘブライ人にあっては自然のことであった。それは生の華であり極致であって、生にはそれを美化し輝かせる義務があった(4)」というような文章にお目にかかることができた。聖書的宗教と後の「神官法典」との間に、次のような違いもみいだすことができた。「聖餐が食事だったことは、精神的な真面目さと世俗的な喜びは対立するという考えが、いかに縁遠いものであったかを示す事実である［……］それによって聖化されていたのは世俗的関係であった。したがってそれは生の変動に合わせて催される自然的祝祭だった[5]」。次のような文章もある。「祝祭は、生と宗教の両者の基礎である農業に支えられている。大地、果実をもたらす大地こそ宗教の対象である。大地は天国と地獄に匹敵するのだ[6]」。

それとは対照的に、「神官法典」（第二神殿期のユダヤ教）は生と宗教の堕落を示している。

天国と地獄を創り出した者が、救済という低級な図式の管理人になる。生ける神がその座を降りて律法に道を譲るのだ。律法が至るところに出しゃばって命令をくだし、天国への道をふさぐ[7]。

『歴代志』がダビデをどう扱ったかをみよ。天国を築いた者が神殿や民衆崇拝の創設者となった。そして武装した仲間の上に立つ王や英雄は、巫女やレビ人の群れの先頭に立ち、儀式の歌手とか主役になってしまった。その明確な姿が、香煙にかすむ弱々しい聖像になってしまった[8]。

ニーチェはウェルハウゼンを大いに頼りにしているが、両者の類似は表面的なものにすぎない。多くの場合と同じように、ウェルハウゼンは素材を提供しているだけで、それをニーチェは自分の言葉に置き換え、自分自身の必要に合わせている。ウェルハウゼンは宗教の歴史に上昇を認めたが、ニーチェはそういうものは認めない。ウェルハウゼンの発見したものを、ニーチェは大いなる力と低級な力や、過剰とルサンチマンの違いなどにかんする理論に組み込んでいる。古代ヘブライ人の素晴らしさを語る言葉は、ディオニュソス的な力にかんするニーチェ特有の理論の用語である（その力は民族と神の関係に具体的に示されていると言われている）。古代ヘブライ人はその神を介して、自分自身の生の流れを肯定し表現する。

自分を卑下することはなく、恐ろしい異質の神を前にして罪悪感をいだいたり後悔にさいなまれることもない。**それは宗教そのもののなかに働いているディオニュソス的な力の（希有な）実例である。**ニーチェはそれが古代世界でしか可能ではなく、神が死んだ現代のような反省的時代にはもうありえないと考えているようにみえる。したがって聖書時代の神が人間と自然とのディオニュソス的同化を象徴することができたのに対して、近代では反対に、ディオニュソス的立場は神のイメージからの解放を求める（そして神というイメージは時代遅れだと宣言することを求める）。

もう一度『反キリスト者』全編の収斂点である熱狂的フィナーレを聞いてみることにしよう。

かつて告発者が出したどういう告発にもまさって、私はキリスト教教会を激しく告発する。私にとってキリスト教教会は、考えられるもののなかで最もおぞましい頽廃である。キリスト教教会はできれば究極の頽廃へ進みたいと考えていた。キリスト教教会が腐敗させなかったものは何もない。あらゆる価値を非‐価値とし、あらゆる真理を虚偽に変え、あらゆる誠実さを魂の卑劣さと化してしまった［……］。果てしないこうした告発をあたり一面の壁に書き付けておきたい［……］。キリスト教はまれにみる極度の呪い、極度の内面的頽廃、極度の復讐心、いかに有害で陰険で地下的で卑小な手段でもまだ不十分な復讐本能であり――人類の無類の永続的汚点だと、私は考えている。（*A*, § 62）

ニーチェがこんな激しい言葉をユダヤ教に向かって、あるいはほかの宗教や生き方に対して発したことはない。この熱狂的な言葉を――観念に劣らず音の響きの違いを聞き取ることが求められる――レトリック上の文脈で聴いてみると、ニーチェによるユダヤ教批判がちがう様相を帯びてくる。本当の悪、現実の悪役はキリスト教だが、ユダヤ教は種々の局面の一つでキリスト教に通じている。しかしたとえ歪んでいても、ユダヤ教のほうがキリスト教よりまさっている。なぜならユダヤ教には古代の力がいくらか残っているからである。それに対してキリスト教は弱々しいだけだ、——キリスト教は古代の力の痕跡も残っていない純粋そのものの神官的ユダヤ教なのだ。

これは反ユダヤ主義的立場なのだろうか。一般化するだけでは意味がない。ニーチェは反ユダヤ主義から解放されたからこそ、（力の哲学の用語を使って）ユダヤ教の盛時と頽廃期を区別することができた。ある時期のユダヤ教に対する彼の非難や、別の時期のユダヤ教に対する賞賛には、ユダヤ人について論じる場合のある種の成熟ないし自由が得られていることが示されている。反ユダヤ主義を克服したことのない者は、ユダヤ人について公平な批判さえ口にすることをしばしば躊躇するものだ。

逆説的「純粋」瞬間としてのイエス

神官的ユダヤ教とキリスト教との連続性が断ち切れる逆説的な点がある。『反キリスト者』によると、イエスはキリスト教的頽廃の生みの親ではなくて「聖なる反キリスト者」であって、その時代の文化を超越し、「小さな反乱」の指導者として神官による支配体制と対立していた（A, § 27）。無論イエスもユダヤ人だったが、彼が伝えたものは「真のキリスト教」であり、後にヨーロッパが受け入れた教義とは非常に異なるもので、特に教会という形で制度化されたものとは別物であった。イエスに対して二面的な賞賛をあびせ、また磔刑にされた者に人間的な深みにおいて似たものとなろうと無意識に試みながら、ニーチェは共感を込めてイエスの心理を描いている。だが彼のイエスはけっしてディオニュソス的人間ではない、

――特にイエスの非常に強力な本能が現実離れしたものだったからである。イエスはニーチェ的な人物ではないが、ニーチェ的理想に似たある種の特徴を示している。おかれた状況からみれば彼はスピノザに似ているし、離散したユダヤ人の一般的特徴にも似たところがある。この三つのどのケースにもユダヤ人が含まれているのはけっして偶然ではない。

反キリスト者と自称するニーチェは、パウロや教会が作った（「メシア」という）キリスト像から切り離して、イエスの擁護にとりかかる。神官的ユダヤ教からキリスト教への連続的な衰退において、イエスは結び目であるとともに裂け目をなしている。他の者たちが彼を利用して頽廃を深めようにも、イエスは頽廃を超越する純粋な「瞬間」なのである。(9) ニーチェはこれをすべてイエスという人間、死すべき人間についてのべている。というのも彼はイエスを神とは認めていないからである。ニーチェが関心を寄せているのは、救い主の心理であってその伝記ではない。ニーチェは（ヘーゲル主義者の）D・F・シュトラウスやエルネスト・ルナンの伝記のような、イエスにかんする準伝記的文献には異議を唱えている。ニーチェに言わせれば、聖者の生涯への接近方法はないのであって、「そのほかの記録がないのに彼らに科学的方法を適用しても、それは最初から必ず失敗するにきまっている」（*A*, § 28）。だが聖書が曖昧であって、福音書によって彼の姿には少し「異質な特徴」（*A*, § 29）が添えられているにしても、救い主の心理学的特徴を再構成することはできる。歴史家よりも聖書正典のほうが、文化の心理学者や系譜学者の目的には合っているのが普通である。

ニーチェのイエスには、イエスをキリスト教と対立させるような特徴がある。イエスは現世を積極的に否定したことがない。彼は現実を超えるためにさまざまな記号を象徴的に使っただけである（*A*, § 32）。またイエスはほかの教義にも反対しなかった。なぜなら彼自身がほかの真理に対立させられるような「真理」という意味では、何一つ教義を広めなかったからである。「彼の証明は内的な「光」であり、喜びと自己肯定の内的感情であり、それらのすべてが「力の証明」である」（同所）。イエスは別の考え方をする人々と論争しようとはしない。なぜなら自分が彼らの考えを変えることができるとは思わないからである。自分で光を引き出す源を知らない者がいるとは考えられないのだ。したがってイエスには他の人々の嫉妬や憎悪がわからない。イエスの生はそれ自身の根源から自己肯定の過剰のうちに流れ出るのだ、——これはたしかに準ニーチェ的なイエスだ！　キリスト教とは違って、イエスは世界を否定しなかった。「現世」という概念を彼は知らなかったからである。彼は現実を超え、科学や政治を超えて象徴の宇宙に生きる神秘家だった。それがイエス独特の世界からの隠遁の形だったが、彼の隠遁には禁欲的なものはないし、外部に対する否定もなく、あるのはイエス自身と彼が象徴するものについての自己肯定だけである。

イエスはニーチェにとって特殊なケースであって、例外的な扱いを受けている。現世に対するイエスの拒絶は称賛すべき性質のものであって、（『道徳の系譜』で酷評された）僧の禁欲主義的理想とは全く異なり、憎悪や羨望その他のような低級な否定的感情とは関係がない。道徳的にもニーチェのイエスは罪や報いや罰といった世界の彼方にいる（A, § 33）。彼にとって祝福は神への服従に与えられる報酬ではない。それが最初にある唯一の現実なのである。あらゆるものはその現実を語る記号なのである。そして自分の態度を生き方のモデルとして示したとき——それがイエスが説いたすべてなのだが——、そこに生まれたものは独特の興味深いもの、つまりルサンチマンにもとづくのではなく準ニーチェ的な精神にもとづく、純化された新しいキリスト教なのだ。

キリスト者を特色づけるものは「信仰」ではない。キリスト者は実行するのだ。**行為の仕方が異な**

るところにその特色があるからだ。すなわち、キリスト者は自分に不親切な者に対して言葉によっても胸のうちでも抵抗しないし、異邦人と同国人、ユダヤ人と非ユダヤ人とを少しも差別しない［……］また誰に向かっても腹を立てず、誰も軽蔑したりしない。法廷に現れることもなければ、裁判に巻き込まれることもない。［……］救世主の生涯は**このような**実践以外の何ものでもなかった、――彼の死もまた**これ以外の**何ものでもなかった。（*A*, §33）

実践こそ彼が人類に残した遺産である。［……］告訴人を前にしてあらゆる種類の誹謗や嘲笑に対してとった態度、――**十字架**上での態度がそれである。彼は自分の権利を守ろうとはせず、最悪の事態を避ける道をとろうとするどころか、彼はそういう事態を引き起こそうとする。そして彼は自分に危害を加える者たちと一**緒に**彼らの**仲間となって**祈り、苦しみ、愛する。抵抗することも**なく**怒ることも**なく**、責任を追求することも**なく**――悪人にさえ抵抗せず――悪人を**愛する**。（*A*, §35）

これらはニーチェの高貴な人間の特徴ではなくて――非ニーチェ的な高貴さの特徴、ニーチェが非ニーチェ的なものとしては唯一ありうると考えた高貴さの特徴である。このことがイエスのうちにニーチェが認めているものを、彼が深い二面的感情を向けているソクラテスやスピノザに認めるものと結びつける。この三人はディオニュソス的な「超人」とは全く異なるが、ニーチェに賛嘆の念を呼び起こしたいくつかの点において彼らは「超人」に似ている。

こういう点においてイエスはユダヤ教とキリスト教の両方を超えて、二つの宗教を結びつけている退廃的な連続体における裂け目、独特の「瞬間」をなしている。キリスト教の礎石としてのイエスの歴史的役割とは無関係に、このことは真実である。教会がイエスのイメージを変造して、彼をキリストとして頽廃過程の主要原因にしたのが事実であっても、それが真実なのである。そしてその頽廃に対して、ニーチェはいまや（反イエスではないが）現代の「反キリスト者」として登場する。

ニーチェがイエスを論じる鷹揚な態度は謎めいている。すでにのべたように、無意識のうちにニーチェは心理においても人間的深みにおいても、「磔刑にされた」相手に似たものになろうとしている。そしてこのために彼は、——キリストという人物ではなく——イエスという男と自分を逆説的だがあきらかに同一視するようになっている。ニーチェがイエスの理想的な描き方によって、イエスはほとんどディオニュソス的な自己充足と肯定のモデルとなり——ニーチェが自分の役割と考えた役割の担い手になっている。というのは、ツァラトゥストラという名で教えを説いているのは、ニーチェのなかの半ディオニュソス的な「磔刑にされる者」だからである。イエスのメッセージの内容はニーチェには耐え難いものだが、イエスの人柄や心理は、正しく理解するなら、ディオニュソス的な新しい文化と両立するものなのである。[10] メシアであるキリストの場合はそうではない。それは教会が全く別の目的に合わせてでっち上げた人物なのだ。

皮肉なことだが、ニーチェはプロテスタントの改革者たちの戦略に近づく。彼らもイエスの名のもとに採用された頽廃した実践を超えたものとしてイエスを考えている。これはニーチェの革命が、彼の拒絶する宗教から示唆を受け、また促されていることを示すもう一つの例である。キリスト教にとっての大敵はまさにキリスト教の（プロテスタントも含む）異端者なのだ。[11] しかしそのために、神官的ユダヤ教に対するニーチェの攻撃が、キリスト教攻撃の内的な系譜学的契機であり、その意味も（残忍さも）そこに由来するという結論が変わることはない。

第10章　ディアスポラと現代ユダヤ人

ディアスポラの時期は、ユダヤ人の歴史で現代ユダヤ人も含む最も長い時期である。そのディアスポラ期の離散ユダヤ人に対するニーチェの態度を、これから調べてみることにしよう。ユダヤ人に対するニーチェの賞賛のほうが再び優勢になって、まだ彼の心に巣くっている否定的な固定観念をしだいに上回るようになる。

逆説による賞賛

ひとを騙すみすぼらしい守銭奴という離散したユダヤ人の姿は思っただけでも、ニーチェを不愉快にしたが、それはたいていの親ユダヤ派のキリスト者にしても同じことだった。ゲットーやシュテートル〔東欧のユダヤ人の小村〕のユダヤ人――あるいは銀行家や相場師――のことを、反ユダヤ主義文書にみられるのと同じひどい言い方で話していた多くの近代派ユダヤ人でも、その点では変わりはなかった。だがユダヤ人に卑しいところがあっても、ニーチェは離散ユダヤ人のことは弁護しようとする。最初は自分自身の感情という法廷に対して、後には外部の世界に対して弁護を展開する。

どんな民族、どんな人間にも不愉快どころか危険な特質がある。ユダヤ人は例外であるべきだと言うのは酷な話だ。ユダヤ人の場合には、そうした特質が、例外的に危険で嫌悪を催させるかもしれない。そして株仲買の若いユダヤ人というのは、全人類のうちでも最もいやらしい創作かもしれない。それにしても、われわれ全員の責任もあってあらゆる民族のうちでも最も痛ましい歴史を経験しながら、世界で最も高貴な人間（キリスト）、最も純粋な賢者（スピノザ）、最も力強い書物、最も影響の大きい道徳律などを与えてくれた民族は、総決算の際どの程度大目にみてあげたらいいのだろうか。さらにアジアの層雲がヨーロッパに重くのしかかっていた中世の最も暗い時代に、苛酷きわまる束縛を身に受けながらも啓蒙や精神的独立の旗を堅持して、ヨーロッパをアジアから防衛したのは、ユダヤ人の自由思想家や学者や医者たちだった。世界について以前より自然で合理的で、すべてについて非神話的な説明がついに再び勝利を得ることができ、今でもわれわれを古代ギリシア・ローマの啓蒙に結びつけている文化の環が断たれなかったのは、特に彼らの努力のおかげである。キリスト教が西洋の東洋化に全力を尽くしたとすれば、ユダヤ教は西洋を再び東洋化するうえでつねに決定的な役割を果たしてきた。それはある意味では、ヨーロッパの使命と歴史を**ギリシアの使命と歴史の継続**とすることにほかならない。

（*HH*, § 475）

たいていのニーチェの言葉と同じように、この文章にも逆説が含まれている。ニーチェが合理主義的な啓蒙思想や、啓蒙思想による神話克服を絶賛するのを聞くと奇妙な気がする。[1] またユダヤの学者たちがギリシア・ローマの合理主義の担い手で、キリスト教は「オリエンタリズム」をあらわしているというのも、それに劣らず妙な話である。この逆説を解くには、ギリシア合理主義ということでニーチェが考えているのは、それの（教条的な学説ではなくて）懐疑的、批判的な側面であり、彼の念頭にあるユダヤの学者たちというのは（名前をあげて、おそらく模範とみなしているスピノザのような）少数の異端的思想家たちであると考えねばならない。したがってニーチェのイメージのなかでは、離散ユダヤ人は古代にヨーロッパに対してやった埋め合わせを**準備をする**役割を担っている。ヨーロッパが迷信や宗教的幻想に支配されていた何世紀もの間、批判的思考の炎を燃やしつづけたのは離散ユダヤ人であり、彼らの宗教よりもむしろ異端的学者たちの功績であった。ニーチェの誇張した言い方は——彼が誇張しているのはあきらかだ[2]——、キリスト教以後のユダヤ人一**般**、特に現代のユダヤ人の役割を彼がどう考えているかをはっきりと示している。スピノザの時代には、スピノザはまだ例外的なケースだった。それから二世紀後になるとニーチェは、そのほかの名前をいくつもあげることができた。彼らはキリスト教を受け入れずに自分たちの宗教を追い越した現代ユダヤ人であり、根無し草のような特異な境遇のおかげで、古代の神（キリスト教およびユダヤ教の神）の死を認める苦悩と自己超克をへて、形而上学的幻想なしに現世の生活を意味あるものとする新しい道をみいだすという、ニーチェには苛酷な道と思われた課題をさほどの苦労もなく成し遂げることができた人々であった。詩人で哲学者でもあったハインリッヒ・ハイネがその有名な例だが、彼は多くの点でニーチェと似ている。もう一つの例はフロイトであって、知っていたらニーチェはフロイトを引用したかもしれない。そのほかにも多くのすぐれた人々がいて、有名ではないが全部合わせるとその影響はさらに大きなものであった。

ニーチェの聖書やイエスやスピノザに対する賞賛は、——逆説じみているが[3]——実際には彼の哲学と矛盾するものではない。なぜなら彼が賞賛しているのは内容ではなく、そこに示されている心理構造だからである。これ以上に問題があるのはユダヤ人の道徳にかんする彼の言葉である。そこには偽りの賞賛の響きがある。[4] 本当はその言葉には次のような二重の事柄が表現されている。つまり一方では、ニーチェはユダヤ教の一神論とユダヤ教が普及させた道徳的価値は断固として拒否する。他方では(1)古代ユダヤ人がもっていた——たとえ悪であっても——「価値を創造し」、世界中の人々に受け入れさせた能力に感動し、特に(2)厳しい修練とキリスト教に対する容赦ない否定を含む、離散状況におけるユダヤ人の生活能力を賞賛している。ユダヤ人はイエスを拒否したとき、キリスト教にとって紛れもない他者（またはニーチェの言葉を使えば「対蹠者」）となった。ニーチェはそれを大きな長所とみなす。さらに重要なことは、その拒否のために受けた迫害によって、ユダヤ人は準悲劇的な態度での生の肯定をさらに強固なものにし、その苦難から新たな力を引き出すのを助け、その間に歴史的な奥行きと多面的な経験を獲得した。

力と苦難

離散ユダヤ人に対するニーチェの賞賛は、神官的ユダヤ教へのマイナスの評価を上回っていた。先ほど引用した一節（*HH*, § 475）のなかの「長い間の苦難をつうじて彼らが獲得した精神と意志の蓄積された資本」という彼の賞賛は、他の書物でもさらに練り上げられているが、特に前にも一部を引いた『善悪の彼岸』と『曙光』がそうであって、長文だが読者のお許しを願って引いておく。[5]

ところがユダヤ人は全く疑いもなく、今日ヨーロッパに生きているうちでも最高の最もタフで最も純潔な民族である。彼らは（恵まれた状況にある時よりも）最悪の状況にあっても屈しない術を心得ている。それは今日では悪徳と言われかねないような力によるのだが、それは何よりも「近代思想」

に対しても恥じる必要のない堅固な信仰のおかげなのである。もっとも彼らも変わる**ときには**変わるのだが、いつも——未熟でなく余裕ある帝国である——ロシア帝国が征服するときと同じように「なるべくゆっくり」をモットーとしているだけだ。
ヨーロッパの未来に責任を担っている思想家なら、その未来について構想を練る場合、列強の競争や闘争でさしあたり最も確実で確かそうなファクターとしてロシア人とともにユダヤ人を考慮に入れるだろう。今日ヨーロッパで「国民」とよばれているもの、元来「自然に生まれたもの（res nata）」というより（時には「絵空事（res ficta et picta）」とほとんどみわけのつかない）「人為的に作られたもの（res facta）」はどういう場合でも、生成しつつあって若々しく、簡単に変えられるものであって、まだ民族ではなく、ましてやユダヤ人種のような「銅より永続するもの（aere perennius）」ではない。こういう「国民」は、カッとなって競争したり敵意をいだいたりしないように十分注意すべきだ！（*BGE*, § 251）

さらにニーチェは強烈な言葉を少し付け加えているが、これは後で引用する『曙光』の有名な箇所を明確にしてくれる。

ユダヤ人にその気さえあれば、——あるいは反ユダヤ主義者なら望むところだろうが、無理矢理ユダヤ人をその気にさせれば、——今すぐでもヨーロッパで優勢になり、全く文字どおりヨーロッパを支配することも**できるだろう**。これは確かなことだ。だが彼らがそのために活動したり計画したり**していない**ことも、それに劣らず確かなことだ。むしろ彼らは当座は厚かましいとみられても、ヨーロッパに受け入れられて同化することを望み、そうなることを願っている。彼らが熱望しているのは、ともかくどこかに定住し、許可を得て、生活を妨げられないこと、自分たちの放浪生活に、つまり「さまよえるユダヤ人」にケリをつけることなのだ。こういう傾向や衝動は（ユダヤ人の本能の衰弱を示すものかもしれぬが）それなりに重んじて**認めてあげる**べきである。そのためには、この国の騒ぎ回っている反ユダヤ主義者の連中を追放したほうが有益であり、理にもかなうことだろう。（同所）

この文章に説明はいらない。最後の部分には――「放浪の」生活にケリをつけて――「なんとかどこかに定住し、許可を得て、生活を妨げられないこと」へのユダヤ人たちの憧れへの、ニーチェの深い共感が示されている。ニーチェでは珍しいことだが――実に思いやりのある書き方だ。だが主要な点は最初に現れている。何世紀にもわたって大きな障害と戦って、ユダヤ人は実存的な力を逞しく育て上げたのだ。ニーチェはスピノザが流行らした――ユダヤ人の存在は異教徒の憎悪によって強化されるという――テーゼを引いて、自分自身の概念の枠組みに植え込み、強力な貴族的民族の場合には、障害はその力を増大させる手段であると言う。

この文章はまた、ニーチェの「人種」という概念が単に生物学的な概念ではなくて、共通に引き継がれてきた**歴史的な**経験を身につけていることを示している（上述一八八頁参照）。ユダヤ人の民族としての歴史的な奥行きは、同時代のヨーロッパで政治的配慮によって急造された人工的な「民族」とは全く異なっている。(6)

ヨーロッパの支配またはヨーロッパの喪失

最も衝撃的な文章は、ヨーロッパを支配するに至るというユダヤ人の能力にかんする文章である。ニーチェはその時代に流行っていた反ユダヤ主義の有名なスローガン（その絶頂が『シオン議定書』である）をくさしているが、この文章はそのスローガンへの答えである。ニーチェは反ユダヤ主義者に向かって、ユダヤ人は確実にヨーロッパの主人になれるとのべている、――しかしそれはユダヤ人の卑しい性質のためとか、ユダヤ人の間での下劣な計画によるものではなくて、ディアスポラの経験を通じて獲得した彼らの美徳、人間的卓越性による。だがニーチェはこう言って、反ユダヤ主義者たちを安心させる（ともに型にはまった考え方を逆転させはじめる）、つまりユダヤ人はヨーロッパの支配には全く関心がなく、彼らが熱望しているのはヨーロッパに受け入れられ吸収されることだ、そしてヨーロッパにとってはそれだけが喜ばしいことなのだ。このようにニーチェは（やや危険な）弁証法的なテクニックを使って、反ユダヤ主義的なイメージをその意味を逆転させて再びくさしている。

『曙光』――約束・脅威・神格化

『曙光』のなかの以下に全文を引用する有名なアフォリズムも同じ態度で読むべきである。ここにもユダヤ人はヨーロッパを支配するか、それともヨーロッパを失うかという選択に直面している、という衝撃的な文章が再び現れる。ヒトラーとナチスによる民族虐殺ののちには、こういう言葉は不気味な響きを帯びるようになった。自分の記憶や連想をこの文章に投影させる読者が、この文章にナチス的な脅威を聞くのも無理はない。だがそういう読み方は無批判的であり誤解である。(7) ニーチェはユダヤ人をおどかしているのではない、――ユダヤ人の絶滅の可能性など彼には思いもよらなかった。彼はユダヤ人が「ヨーロッパを失う」のではないかと本気で心配している。「ヨーロッパを失う」というのはユダヤ人が移民か国外追放を強制されるかもしれないという意味であって、物理的に絶滅されるという意味ではない。ニーチェのアナロジーは、『出エジプト記』でユダヤ人がエジプトを「失った」ことにかかわっている。同じように彼が怖れているのは、政治的な反ユダヤ主義のために、あるいはユダヤ人自身の隠遁生活のために、現代ヨーロッパでは居場所がなくなり、国外退去か移民を強いられるかもしれないということであった。たまたまもっと機敏なシオニストたちも似たようなことを考えていた。だが彼らはそこに積極的な可能性をみていた。(8) だがニーチェは反ユダヤ主義に劣らずシオニズムにも反対だった。(9) 彼は力や訓練のユダヤ的な資源がヨーロッパにとどまって、ヨーロッパ改革に助力するのを望んでいた。それゆえユダヤ人が「ヨーロッパを支配する」という予想はニーチェを驚かせるものではなく、むしろ彼の願うところであった。(10) ニーチェはユダヤ人が「ヨーロッパを支配する」ことを**望んでいる**。――ただし彼が考えているのは、政治や経済や出版を掌握することではなくて、新しい基準や価値を決定することによって**文化的**に支配するということである。

ユダヤ民族について

ヨーロッパのユダヤ人の運命にかんする解決は、次の世紀がみせようとしているスペクタクルの一つである。ユダヤ人の骰子が投げられ、彼らがルビコン河を渡ったことは明々白々である。彼らに残された道はヨーロッパの主人となるか、あるいは昔、同様な二者択一に直面してエジプトを失ったようにヨーロッパを失うかである。だがヨーロッパで彼らは、この大陸の他のどの民族も経験したとは自慢できないような十八世紀間にわたる試練をくぐってきたのだ。――しかもその恐ろしい試練の時の経験は、共同体全体より個人のために役立つものとなったのだ。その結果、今日のユダヤ人の魂や精神の資源は驚くべきものである。あらゆるヨーロッパ住民のうちで彼らだけは、深刻な苦境を逃れようと酒に溺れたり自殺したりするような――才能の乏しい者がやりがちな――ことは到底やりそうもない。父祖の歴史のなかにはどのユダヤ人にとっても、おそろしい状況での冷静きわまる沈着さや堅忍不抜の実例とか、不幸や偶然を甚だ巧みに活用した例がいくらでもある。惨めな屈従を装う彼らの勇気や自分が無視されることを無視する（spernere se sperni）ヒロイズムは、あらゆる聖者の美徳よりすぐれている。二千年にわたって彼らは蔑んだ扱いを受け、一切の名誉や栄達の道を拒まれ、逆に不浄な職業に突き落とされて嘲笑の的にされてきた。――そういう取り扱いを受けても、彼らが少しもきれいにならなかったのはあきらかだ。しかし軽蔑すべきことだろうか。彼ら自身は至高の使命を与えられていることを信じつづけていた。そしてすべての苦しむ者の美徳も、彼らに華を添えるのを止めることはなかった。彼らが祖先や子孫を大事にする仕方や、彼らの結婚ならびに結婚慣習の合理性で、彼らはすべてのヨーロッパ人をぬきんでている。そのうえさらに、彼らは自分に任された（あるいは彼らがそれに委ねられた）職業から力の感情や永遠の復讐の感情を創り出すことができた。ユダヤ人の高利貸しの弁護になっても言わずにおれないが、軽蔑する者を時には痛い目に合わせて快感を味わい儲けもしなければ、それほどの長い間、自尊心を失わずにいることはできなかっただろう。というのは自尊心は善し悪しはともかく、仕返しできることと切り離せないからである。だが彼らはことごとに仕返しするわけではない。彼らはみな自由闊達であり、場所や風土、また隣人や圧制者の風習などがたびたび変わるおかげでできた上がった精神の寛容さを持ち合わせ、あらゆる人間関係にかんしても実にすごい経験があり、激情に駆られたときでもその経験から得た慎重さを発揮するからである。頭が切れて柔軟であることに大きな自信をもっているので、どんな辛い状況でも、彼らには一労働者となり人夫や農奴になって肉体の力でパンを獲得する必要は全然ない。彼らの態度をみただけでも、騎士らしい洗練された感覚を身につけたこともなければ、立派な武器を帯びた経験もないのがすぐわかる。図々しいところと多くはやさしげだが気まずいに決まっている屈従的な態度とが入り交じっているのだ。だが今では、年とともにヨーロッパ最高の貴族と否応なく親戚になっているので、彼らはまもなく心身の作法をみごとに相続することだろう。その結果、百年もたてば、服従する者たちに**恥ずかしい思いをさせない**だけの、主人らしい気高い顔つきになるだろう。それが大事な点なのだ！　彼らの問題の解決が現在ではまだ早すぎるのはそのためだ！　ヨーロッパの征服とかそのための暴力沙汰など考えようもないことは、彼ら自身が一番よく知っている。だが将来いつかヨーロッパは熟した果実のように落下して、自分たちは手を伸ばしさえすればいいこともよく心得ている。そのためユダヤ人は、ヨーロッパのあらゆる優秀な領域で傑出し、どこにおいても一流の者となることがまず必要なのだ。そして最後に偉大な精神的人間と偉大な作品に結晶するのでなければ、——どのユダヤ人の家庭にとってもまさにユダヤ人の歴史である、この蓄積されたあらゆる種類の情熱や美徳、決意、諦念、闘争、勝利など壮大な印象を与えるものはいったいどうなるのか！　経験の乏しいヨーロッパ諸民族は生み出せず、生み出したこともない宝石や黄金の容器をユダヤ人が自分の作品として示し、イスラエルが永遠の復讐をヨーロッパの永遠の祝福に変えてしまうならば、古いユダヤの神が自分自身と自分が創造した物と自分が選んだ民を**祝う**ことのできる、あの第七の日が再びやってくるだろう。——そして、みなこぞって彼とともに祝うのだ！

(*D*, § 205)

ニーチェの意図や論調は間違えようがない。ユダヤ人に対する自分の支持と賞賛の実例として『曙光』の二〇五節を読むように、反ユダヤ主義者のフリッチュに言ったとき、ニーチェは内容的にも感情的にも自分の証言をしてくれるテキストを教えたのである。**離散ユダヤ人へのニーチェの賞賛は気まぐれのものではなかった。それはニーチェ独特の評価の仕方に根ざしていたからである。**ユダヤ人には「心理的、精神的資源」があり、歴史的奥行きがあり、多様な経験と力と思慮があって、自己克服を成し遂げている。彼らには「勇気」や「魂の自由」その他の気高い美徳が備わっている。その点で彼らはキリスト教の聖者をも凌いでいる。他の民族の一般大衆と違って、ユダヤ人は苦境を逃れて酒や幻想に溺れることはない。彼らは言葉の二重の意味で醒めた人々である。何よりもニーチェが高く評価しているのは、絶えざる苦難の旅にあってもユダヤ人が棄てない生の肯定にほかならない。すなわち絶望に陥るどころか苦難のなかから力強く生きる道をみいだし、生に潜む可能性を展開して生に価値を与える生き方を生み出すユダヤ人の能力、これこそニーチェが高く評価しているものである。

それがニーチェの言う美徳の典型なのである。神による架空の「選び」によってではなく、まさにそうした美徳によって、ニーチェの評価に値するユダヤ人の自信とエリート意識という別の特徴が保証されている。ニーチェ的な美徳によって、ユダヤ人が超越的な神を信じ、そのかぎり世界についても自分自身についても現実を見失っているという（ニーチェにとっては）不快な事実も帳消しにされてしまう。ユダヤ人がディアスポラを生き延びてきたもう一つの、ニーチェの言うユダヤ人の復讐心という悪徳も、ユダヤ人の経験と寛容な精神によって軽減されているとみられる。

「次の世紀が示そうとするスペクタクル」についてのニーチェの予言の慄然となるような調子は、その後起こった出来事を思い出すからでもあるが、もともと劇的な効果を意図したものである。近代がユダヤ人を追い込んできた袋小路をみても、ニーチェはユダヤ人の状態の分析においてそれほど間違っていなかった。なぜなら一方では、近代はゲットーの生活をもはや不可能にしていたし、他方では、近代が猛烈な政治的反ユダヤ主義を生み出したために、ユダヤ人がゲットー**の外で**生活することも全く不可能になっていたからである。その結果ニーチェは、ヨーロッパを「失う」かその「主人」となるほかはないと結論して、ユダヤ人にも非ユダヤ人にも厳重な警告を発している。[11] ユダヤ人の頭上にのしかかる暗雲をみると、ユダヤ人も非ユダヤ人も深刻な結論は避けられなかった。ユダヤ人がヨーロッパを失わないためには、——そしてヨーロッパが**彼らを失わない**ためには——ユダヤ人も非ユダヤ人も、ユダヤ人のヨーロッパへの融合を促進し、彼らの文化的進出を認めることが不可避であり、ユダヤ人自身も隠遁生活による独自性を断念することが不可避である。

だがニーチェは、ユダヤ人が受動的に同化され、ヨーロッパのなかに解消されてしまうことは望みもしなければ、そういうことが起こりうるとも思えなかった。ユダヤ人の特殊な性質のために、彼らは必ず傑出した人物や行為を生み出して、ヨーロッパに影響を及ぼし、ヨーロッパに貢献することになる。文章を注意深く読めば、これが「将来いつかヨーロッパは熟した果実のように落下して、自分たちは手を伸ばしさえすればいい」という言葉の正確な意味である。つまりユダヤ人はヨーロッパの諸問題で指導権を握って、「どれがすぐれているかを自分で決める」ことになる。

「驚くべき文章」を作っているこの二つのの言葉には、ニーチェ特有の意味がこもっている。「ヨーロッパを失う」は移民か国外退去を意味している。「ヨーロッパを支配する」は、ユダヤ人が（生の本能的基礎にまで浸透するから）生の**深部**に影響を与えることを意味している。古代ユダヤ人にはキリスト教という形で、世界に頽廃的な価値体系を押しつける力があった。今こそユダヤ民族が数世紀にわたる逃亡のうちに蓄積してきた実存的な資源を使って、状況を逆転させ、ニーチェがその告知者だと自任しているキリスト教後のディオニュソス的な新しいヨーロッパを創出するうえで、支配的なファクターとなる時なのだ。

たまたまシオニズムの指導者たちも、結論こそちがうものの、切迫しつつある「ユダヤ人の重大決意」について予告していた。ニーチェよりほぼ十年後に、政治的シオニズムの創始者テオドール・ヘルツルが、差し迫る破局を鋭敏に感じとって語ったが、両世界大戦に挟まれた時期には、特に修正シオニズムの指導者ウラジミール・ザボチンスキーが似たようなことを感じて語ったことがある。ニーチェの立場はシオニズムに対して（ユダヤ人中心の視点ではなくヨーロッパ中心の視点からだったが）反対だった。というのはユダヤ人が「ヨーロッパを失う」ことになれば、ヨーロッパも**彼らを**失うことになるからであった――それはニーチェにとってはまさに不幸な事態であった。他方――ユダヤ人が（先にのべたように非政治的な意味で）「ヨーロッパを支配する」という――もう一つの可能性は、ニーチェにとって歓迎すべきことだったが、読者はそれに反対するだろうと考えていた。彼が生み出すレトリックの効果はその予想にもとづいている。その予想を**否定する**ことによって読者を驚かし、反ユダヤ主義者を挑発する。彼の戦略は、ここでも読者の期待や偏見を嘲笑し、反ユダヤ主義の型どおりの意図を逆転させ、そういう意図をいだく者を不安に陥らせるという驚くべき効果を生み出している。(12)

むろんニーチェは、ユダヤ人は彼らの**古い**価値をヨーロッパに押しつけるべきだと言っているわけではない。むしろユダヤ人が**ヨーロッパの**文化を採用し吸収することを求めている。これはメンデルスゾーンのハスカラの理想（第1章参照）かユダヤ人の同化を求める要求であるように思われるかもしれない。しかし実際にはそのいずれとも異なっている。ニーチェはユダヤ人に、**現存している**ヨーロッパ文化に含まれている諸価値をコピーするとか、受動的にヨーロッパ文化に同化されるというようなことを求めているわけではない。彼の提案は「創造的同化」とでも言うべきものである。ヨーロッパ文化を採用することによって、ユダヤ人はそれと同時にヨーロッパ文化を乗り越え、キリスト教の否定によって出現する頽廃していない新しいヨーロッパ文化の旗手となるのだ。それゆえユダヤ人はその特異な独特の歴史的個性を捨てて、**ユダヤ教の信者としてではなく、実存的、歴史的経験を経てきたユダヤ人として、**その価値を創造する力を発揮してヨーロッパ共通の努力に協力することが求められる。このようにして、ニーチェが現代ユダヤ人のなかに貯えられていると考える、家系や教育や歴史的経験による驚くべき富と人間的な豊かさが、その狭い水路から溢れ出てヨーロッパの現実の変革に助力することになる。「そして最後に、偉大な精神的人間と偉大な作品に結晶するのでなければ、――どのユダヤ人の家庭にとってもまさにユダヤ人の歴史にほかならぬこの豊富に蓄積された、あらゆる種類の情熱や美徳、決意、諦念、闘争、勝利など壮大な印象を与えるものはどうなるのか**！**」これがニーチェの熱意を駆り立てて、次のようなクレッシェンドへ導いていく重要な観念なのである。

経験の乏しいヨーロッパ諸民族は生み出せず、また生み出さなかったような宝石や黄金の容器をユダヤ人が自分の作品として示し、イスラエルが永遠の復讐をヨーロッパの永遠の祝福に変えてしまうならば、古いユダヤの神が自分自身と自分が創造した物と自分が選んだ民を**祝う**ことのできるあの第七の日が再びやってくるだろう。――そして、みなこぞって彼とともに祝うのだ**！**

これはまさに賛美である。ニーチェは恍惚となっている。彼は計画をのべているだけではない。彼は新しいアポカリプスを――まるで世界が再び誕生したかのように――、（驚くことではないが）昏倒後のブルクハルトあての手紙と非常に似た形で思い描いている。[13] こういうビジョンが実現するまで、ニーチェはユダヤ人と非ユダヤ人の双方に語りかける。ユダヤ人に向かってはこう言う。待つがいい、そしてヨーロッパを選ぶのだ。君たちの隠遁生活を離脱して、異教徒と結婚し、ヨーロッパ文化において頭角を現し、新しいヨーロッパの坩堝に君たちの才能を加えるのだ。そうすればキリストの先祖が現代の反キリスト者(すなわちニーチェ‐ディオニュソス)に奉仕し、自分たちの祖先が崩壊の手助けをしたヨーロッパに借りを返すことになる。非ユダヤ人に向かっては、ニーチェはこう言う。ユダヤ人を受け入れるのだ。君たちの貴族をユダヤ人と結婚させて、ユダヤ人を励まして肉体的なゲットーから脱出させるだけでなく、卑しい商売や職業や惨めで浅ましい態度を捨てさせるのだ。武器の使用も含めてヨーロッパ的スタイルで彼らの心の気高さを表現させるならば、いずれはわれわれのなかに彼らがいることが恩恵となるだろう。ニーチェはユダヤ人を、何よりも高度の人間精神と文化への移行期における協力者とも手段ともみなしている。ナチスがユダヤ人を人間以下の存在(Untermensch)とみなしたとすれば、ニーチェにとってはユダヤ人は超人(Übermensch)が登場するきっかけとなりうるものであった。

なお付け加えておかねばならないが、現代ユダヤ人の使命に対するニーチェの強烈な関心は、単に理論的なものではなかった。それは現体制の**内部の**どこに体制変革のきっかけがあるかという、改革者が直面する古典的問題にも由来している。体制に汚染されていない力であるのは誰か。彼がみるかぎりでは、キリスト教から解放されたユダヤ人という強力な人間集団の存在が、自分の言う革命が誰の目にもユートピア的と映らないために必須の実践上の協力者であった。

こうしてニーチェはユダヤ人の解放と創造的同化の支持者となるが、それは啓蒙思想の自由主義ともユダヤ人自身の視点とも関係がない。むしろ彼自身のディオニュソス的哲学と、それがヨーロッパに指令するプロジェクトに由来することだった。彼の同化計画に含まれているシオニズム批判も、ユダヤ人が「ヨーロッパに借りを返す」のをみたいという彼の望みにもとづいている。現代ユダヤ人へのニーチェの支持は、ユダヤ人の「神官的」先祖を攻撃するのと同じ理由からであり、彼の関心はヨーロッパに集中している。過去においてはユダヤ人はヨーロッパを崩壊させたが、現在ではヨーロッパを治療するために彼らが必要なのである。

ある点ではニーチェの後期思想においてユダヤ人は、彼らの大敵だったワグナーがかつて果たしていた役割を担っている。『悲劇の誕生』の初版ではワグナーはその音楽によって、ヨーロッパ文化の救済者として登場させられていた。ところが今や実に無様なことだが、ワグナーはその役割をあろうことか自分が大いに憎み軽蔑していたユダヤ人に譲り渡すことになったのだ。意図的ではなかろうがニーチェはそれによって、以前の反ユダヤ主義的な友人であり師でもあった者に報復しているのだ。

ほかならぬワグナーとの訣別によって、ワグナーの敵だったユダヤ人にみごとな救済者の役割が割り当てられることになった（ように思われる）。ユダヤ人の物語と『悲劇の誕生』のなかの物語のいずれの物語も、驚くほど構造が似通っている。それというのも、いずれも古代における崩壊と現代における救済という物語だからだ。しかし違うところもある。ワグナーが（ソクラテス的ヘレニズム、エウリピデスといった）他者が引き起こした崩壊からヨーロッパを救済すると考えられていたのに対して、ユダヤ人は彼ら自身が（彼らの祖先によって）犯した悪を償うことを期待されている。

系譜学と独特の心理学

経験的、科学的な歴史家であるつもりはないので、ニーチェは古代ヘレニズムの場合と同じようにユダヤ人の歴史も自由に扱っている。[14] ユダヤ教の三つの時期の特徴づけには議論の余地がある。しかしそこには重要なことが示されている。ニーチェにとっては、「人種」その他の永遠的性質に付随する、固定的なユダヤ人の本質などというものは存在しない。ユダヤ人の歴史は変化し展開しつづけるものであって、根本的変動を経験し幾多の状態を経て、今やおそらく最後の新しい変化をとげようとしている。系譜というメタファーも、変更不可能な根源的運命をさすもののように思ってはならない。系譜は決定的な遺伝的条件ではないからである。民族も個人も過去の生活にみられた特徴は**克服**できるのであって、新しい根本的な好みや態度を発展させることもできれば、新たに採用することもできる。ニーチェの系譜学は個人や集団の生活形態の**心理的‐実存的な**原型をあきらかにするのであって、それと重なり合うことがあるにしても——歴史的または生物学的な原型を解明しようとするものではない。密かに選ばれている生き方や行動や思考などの**心理学的**根源を究明するのであって、文字通り遺伝的な起源を究明するのではない。たとえばユダヤ人も、多くの歴史的経験を蓄積し伝えているけれども、彼らは一つの遺伝学的構造に縛られているわけではない。むしろ彼らの精神や生き方の底にある心理的‐実存的（系譜学的）な構造は、長期の旅路において一度ならず入れ替わっている。——ニーチェがそれぞれの形態に応じて、その構造について異なる判断を下すことができたのはそのためである。[15]

体系的な視点からみれば、古代ユダヤ教への痛烈な批判と、現代の反ユダヤ主義に対するそれに劣らず痛烈な攻撃との間に矛盾はない。古代ユダヤ教も現代の反ユダヤ主義も完全に歩調を合わせて、共通の系譜学的根源から生まれている。現代の反ユダヤ主義者はユダヤ教神官の系譜学的な同類であり、両者は同じ根本的な理由で拒否されねばならない。すなわち、いずれも弱々しい性格、けちな復讐心、ルサンチマンによって駆り立てられている。だが反ユダヤ主義者のほうがいっそう卑劣である。なぜならば、反ユダヤ主義者にはユダヤ人の創造的な力が欠けており、特にその立場を維持するために群衆心理の支持を必要とするからである[16]。

こういう事情があるから、ニーチェの現代の反ユダヤ主義に対する態度と、古代ユダヤ教に対する態度にいささかの矛盾もない。いずれもルサンチマンという同じ系譜学的根源から生じているのだ。ニーチェが二面的にみえるとすれば、それはニーチェの二つの態度を一つに結びつけることによる。反ユダヤ主義と古代ユダヤ教の道徳的メッセージの両者を拒否することに論理的矛盾はない。だがその二つを結びつけると、普通の人々には我慢できないような強い心理的緊張が生まれる――そのため、普通の心理を超えて、その緊張にめげず二つの態度を保持しうる**特殊な**気高い性格を養うことが必要になる。言い換えれば、二つの態度を維持するために必要なものは、両者の間の（ルサンチマンとは逆の）体系的連関だけではない。精神力が緊張に「めげない」構えを維持し、両者を混同しないことを可能にする特殊な**性格**が必要である。

これは何も新しいことではない。ニーチェにおけるほとんどすべての重要問題には、独特の心理学が必要なのである。このことは何よりも、苛酷な真実から力を引き出し、「形而上学的な慰め」がすべて消滅してしまっても、それにめげず生を肯定する運命への愛（amor fati）にあてはまる。ニーチェはつねに一般の人間性と人間心理の限界を乗り越えて、超人（Übermensch）という名前で彼がレトリックを駆使して劇的に表現している目標に向かって進もうとしている。ユダヤ教と反ユダヤ主義についてのニーチェの態度もこの例外ではない。

要するに、ニーチェの二面性のために、論理的矛盾はないが心理的に対立するため普通の人には維持しがたい、二つの（またはそれ以上の）別々の態度が必要になるわけである。以上の分析は、ニーチェの見解が著しく悪用された理由を説明する助けにもなる。つまり彼の思想が一般化され、通俗化されて、依然として古い心理で動いている大衆に手渡されたが、彼が求めていた精神的革命は起こらなかったというのがその理由だからである。

危険なゲーム

ニーチェ自身が反ユダヤ主義的な決まり文句を使うとか、ユダヤ人にかんするある種の記述の後にその反動が起こると思っている聴衆の気持ちをもてあそぶ——つまり期待に反した態度をとって、反ユダヤ主義的な言葉を反ユダヤ主義者自身にあびせて驚かすというようなことは、これまでも一度ならずあったことである。だがそれには代償がともなった。すなわち意図は正反対であるにもかかわらず、議論の構造には反ユダヤ主義的偏見の特徴が残ったままなのである。無論ニーチェは読者の潜在的（または顕在的）な反ユダヤ主義的偏見を使って、読者を驚かせ狼狽させるわけで、そのため彼が反ユダヤ主義的決まり文句を使うのは当然のようにみえる。これは時には有効である痛烈なレトリカルな、あるいは弁証法的な技法だが、危険なものにもなりかねない。ニーチェは反ユダヤ主義者自身の立場から反ユダヤ主義者を攻撃しているとき、そのやり方のために反ユダヤ主義の立場を正当化しているようにみえるのだ[17]。

そういう場合、ニーチェの冒険には危険がつきまとっている。彼が言おうとしていることをねじ曲げるのはごく簡単なことであって、彼の皮肉は誤解のもととなり、彼の言葉は本当の敵を力づけるもののように思われかねない。こういう危険は、俗悪な者たちへ皮肉を使って言っている場合に、話している者自身が皮肉な逆転の犠牲になって、その結果、彼の意図は台無しになり、話は文字通りの意味にしか理解されないところにある。ニーチェはこうした技法の大家なのだから、皮肉を使う者が陥る皮肉な運命は予期しておくべきだったのだ。
ニーチェはこの技法を自分の読者のために使っているだけではなくて、**自分自身のうちに**残っている偏見を乗り越えるきっかけとしてもある程度使っているように思われる。先にエリーザベット、ワグナー、それにおそらくブルクハルトも含めて、当時の主な人物とニーチェとの戦いのもつ**精神分析的**な役割を強調したが、今度はその同じ過程における**レトリック**の役割を指摘しておきたい。いずれの場合もその過程の底にあるものは不偏不党の善き意志ではなく、反ユダヤ主義的な情熱そのものとの情動的関係、または反ユダヤ主義的情熱をいだき情熱を示している人物との情動的関係である。――それが自己超克を推進するものである。これは紛れもなくニーチェ的なものであって、カントの「善き意志」や啓蒙とは対立している。そしてここでもニーチェ自身はおそらく意識していないだろうが、断片的で非体系的であるようにみえる書き方のために思われるよりも、はるかに首尾一貫している。

以上の分析の結果、ニーチェのユダヤ人にかんする複雑な見解は、ふつう考えられている以上に彼の哲学的思考と密接に結びついていることがあきらかになった。また最初思われる以上に彼の哲学的思考は首尾一貫したものであることもわかった。ユダヤ人問題はヨーロッパ歴史の物語における二つの危機的な出来事、つまり（ソクラテス的な合理主義とならんでヨーロッパ頽廃の二大源泉の一つである）キリスト教による頽廃の登場と、キリスト教後のヨーロッパにおける頽廃の克服という出来事に結びついている。古代における道徳上の奴隷一揆と、それを治療するものとして期待されている未来における価値革命は共に、ニーチェの哲学構想の重要な契機であって、いずれにおいてもユダヤ人が中心的役割を果たしている。（原始キリスト教の）聖職者に姿を変えて文化を崩壊させたユダヤ人が、今度はキリスト教後の世俗化した新しいヨーロッパ人として文化の救済に一役買うのである。

このようにニーチェは彼の言う新しいヨーロッパにおいて、ユダヤ人にユダヤ人としての大きな役割を与えている。彼がナショナリズム（あるいはシオニズム）の方向での解決に反対するのは、ユダヤ人が他のヨーロッパ民族と混血することを望むからであり、また彼がどういう種類のナショナリズムにも反対だからである。同時に彼はまた、ユダヤ人の同化という普通の受動的、模倣的な形態にも反対である。彼の解決は**創造的な同化**であって、そこではユダヤ人は世俗化されて、ヨーロッパのあらゆる問題において頭角を現し、キリスト教文化とそれから生まれた（啓蒙思想、自由主義、ナショナリズム、社会主義などのほか、彼が生きていたら、ファシズムもそれに含めたはずの）「近代思想」を克服する、新しい価値革命――今度は頽廃を治療するディオニュソス的革命において促進する役割を果たす。その際のユダヤ人の役割は、成功すれば役目は終わる以上一時的なものである。

もう三点をのべておかねばならない。第一に、ニーチェが離散ユダヤ人を賞賛したのは、**宗教的な**文化の担い手としてではなくて、彼の革命に必要と考えられる実存的契機を示す人間集団としてであった。無論ニーチェはほかの超越者を信じる宗教と同じように、ユダヤ教の**宗教的な**メッセージに反対だった。ユダヤ人の役割はヨーロッパを宗教的な意味で「ユダヤ化する」ことではなかったのはあきらかである。ニーチェは、ユダヤ人の実存の質は信仰の内容とは無関係にユダヤ人の経験から導き出すことができると考えていたように思われる。無論ニーチェが期待していたのは、ユダヤ人が世俗化して、無神論的なヨーロッパという枠組みのなかで創造的な同化をとげることであった。

第二に、ニーチェの親ユダヤ派的態度は自由主義に由来するものではないことを強調しておかねばならない。ナショナリズムや人種差別への彼の攻撃が「右翼風」のものであるのと同じように、彼のユダヤ人擁護も彼自身のディオニュソス的、反自由主義的な根源に由来している。[18] さらにユダヤ人は、ニーチェと同じような生の哲学を推進すると考えられている、――だがこれはリベラルでありつづけている多くのユダヤ人が歓迎できない課題である（エピローグ参照）。

最後に、ニーチェがユダヤ人には否定的または肯定的な、つまり破壊的か救済的かの重要な歴史的役割を与えていることに注目すべきである。この皮肉な意味で、彼はユダヤ人を一種の――世俗的、異教的なニーチェ的意味での――「選民」とみなしつづけている。

これで分析は一巡したことになる。反ユダヤ主義に対する批判者（現代ユダヤ人の「ディオニュソス的」賛美者）であるニーチェが、古代ユダヤ教に対する批判者としてのニーチェを補足している。しかも同じ基本概念を使い、一つの哲学的構想のなかでである。こういう区別をすることによって、ニーチェのユダヤ人に対する二面性の構造と、その要素の相互関係を描き出すことができた。分析の結果、その二面性の背後にあるかなり首尾一貫した思想がみえてきた。いろんな矛盾や、時折吹き出す華麗なきらめきや、疑わしい歴史的例証や、さらにはニーチェの筆先からよく飛び出す恣意的発言を超えて、中核的な哲学的主題に向けられる一貫した思考がその底にあることもあきらかになった。

ニーチェと悪用者たち

ここで質問が出るにちがいない。他の哲学者以上にニーチェが悪用されたのはなぜか。彼を悪用した者たちをその気にさせたのは何か。少なくとも四つのファクターがあると思われる。彼の特殊な書き方、彼の態度が要求する独特の心理学、彼の感覚の「右翼的」起源、彼の政治的無能さである。

(a) ニーチェの書き方が大きな理由である。彼のレトリックはしばしばわざと粗野で逆説的であって、公正に議論し知識を与えるというものではなく、読者を挑発しようとしている。時にはやや予言者的な調子になることはあるが、説教風になったり権威者ぶることはない。むしろ読者とゲームを楽しみ、仮面を使い、本来の主張を撤回したり──仮面の下に隠したり──することも珍しくない。そのため彼は新しい人間（または新しい人間心理）というつもりで「超人」と言い、精神的に無力な者の道徳という意味で「奴隷道徳」（または「畜群道徳」）と言ったりする。

ニーチェの書き方でもう一つ重要な要素は、わざと矛盾した言い方をよくすることである。ニーチェが自己矛盾を犯すことは有名だが、それは一部は（皮肉、仮面、難解さ、権威主義への反発など）上述した理由によるが、一部は彼が必ずしも完全に心を決めていないことにもより、また一部には──これが彼独特なのだが──彼が「実験的」とよぶ新しい哲学的思考を提示しているからである。ニーチェは何よりも反独断論者である。彼は真理を求めると同時に真理を斥けようとする（それは彼が永続的に真理であるという主張を斥けるからである）。これが彼独特の哲学における最初の矛盾だろうが、そこからその他の多くの矛盾が生まれた。上述のレトリックのほかの要素と相まって、矛盾をこのように使うことが、もっと普通の哲学者の場合よりもはるかに多くの誤解や悪用をもたらすことになったのはあきらかである。

(b) 悪用されたもう一つの理由は、ニーチェの複雑な態度の多くに含まれている内的緊張である。ニーチェの哲学は普通の精神に精神的緊張を与え、しばしば思想的立場の通常の「パッケージ」を破ることがある。というのは普通は精神的または心理的に矛盾しているとみなされている態度を**同時に**とるように人に要求するからである。そのため、──もともと無意味である人生や世界に絶望するのでなくむしろそれを喜びとする——運命への愛は通常の人間的応答と対立する。反ユダヤ主義者と古代のユダヤ教神官の**両者**に対する（しかも同じ深い理由にもとづく）激しい反感もそうであり、利他主義と功利主義の両者に対する拒否もそうである。普通の粗雑な区別では見落とされる狭い山道をニーチェはいつもたどっていく。それは、概念では必ずしも定義できないものであって、それを突き止め、位置を確定するには、彼に言わせればある種のパーソナリティが求められる。だがそうした細い山道は、哲学では登山の場合に劣らず危険であって、（故意にあるいは偶然に）そこから落下して、著者まで巻き添えにしかねない。

(c)
ニーチェは右翼の人々が賛成しやすい感情を示したが、その事実も彼の悪用に一役買っている。ニーチェの感情や判断や批判などを文脈から切り離してそれだけみると、保守的な読者をわが意を得たりと喜ばせるものがあるかもしれない。そういう人はニーチェの観念や感情にみいだした部分的、局部的な類似のために、多くの克服しがたい障害を飛び越え無視してでも、ニーチェの**全体**を一挙に自分自身の陣営に引き込んでしまうのだ。これは悪質で、思想的には頽廃しており、歴史的には不正だが、よく起こることであり、あまりにも人間的なことである。

今日では、ニーチェの左翼的な悪用という——新しい現象も起こっている。彼は多元論の父だとされ、ポストモダンの意味での寛容の父ともされ、「支配層の」合理主義と「抑圧的な」啓蒙思想からの解放者だとされる。こうした悪用は政治的にはさほど不気味ではないが、思想的には右翼による悪用に劣らず悪質である。だがニーチェはポスト・ヒューマニズムという仮面をかぶった新しい人類愛に与することはなかっただろう。彼の思考はもっと苛酷で衝撃的である。そして——ファシストのモチーフとはほど遠いとはいえ——紛れもない右翼的なモチーフをはらんでいる。したがってニーチェが民主主義にも自由主義にも反対しているという理由だけで、彼を反ファシズムの陣営に引き込むのも思想的には誤りである（彼らはニーチェが軽蔑するものをすべて体現して――ナショナリスト、国家崇拝者、人種差別論者、反ユダヤ主義者、「畜群」の指導者であり、ルサンチマンに蝕まれている）。哲学的な観点からすれば、ニーチェは彼が廃止しようとした通常の分け方で分類するのではなく、独特の個性的思想家をそのまま理解するのがふさわしい――というよりそうしなければならない。

(d)　最後に、ニーチェが悪用者たちを引きつけるのは、私は彼は政治的に無能だと考えているが、彼が政治理論に残している真空のせいである。彼の哲学は政治理論に対して明確な基礎どころかおよそ基礎となりうるものを提供していない。

ニーチェを崇拝するユダヤ人たち

前の問いに劣らず重要な問いがある。ユダヤの知識人はなぜこれほどニーチェに惹かれるのだろうか。というのは、現代ユダヤ文学でも最も有名な人々、特にユダヤ人の啓蒙運動、あるいはナショナリズムやシオニズムの運動に参加した人々を、ニーチェが強く魅了したことは歴史的事実だからである。マックス・ノルダウ、ヒレル・ザイトリン、ヨゼフ・ハイム・ブレナー、ミーシャ・ヨゼフ・ベルディチェフスキー、若き日のマルチン・ブーバー、デビッド・フリッシュマン、若き日のハイム・ワイズマン、ウラジミール・ザボチンスキーのようなごく少数の人々の名前をあげるだけでも、現代のユダヤ人作家や活動家によるニーチェの受け入れ方の重要さばかりか、その**多様性**を理解するのに十分だろう。（ここに名前をあげた人々は、何らかの仕方でユダヤ人の生活を蘇らそうとした人々に限っている。ユダヤ知識人一般まで広げることはしなかった。――そんなことをしたら、リストはこの二倍にも三倍にもなって、そこにはフロイトやシュテファン・ツバイクのような名前も含まれるだろう。）今あげた人々のなかにはリスト中のほかの人々に反対する人もあって、それがニーチェがユダヤ人に与えたインパクトの大きさを示している。しかしこういうことになったのは、無論ニーチェの書き方にもよるが、大半の彼の読者が彼の著作をあまりにも勝手なやり方で読んだからである。

だが本書の焦点は、ユダヤ人に対するニーチェの態度であって、ニーチェに対するユダヤ人の態度ではない。後者を主題とするならば、別にもう一冊本を書かねばならない。ただ二点だけは言っておく必要がある。第一に、ニーチェに対する早い時期のユダヤ人の熱狂には、彼についていかに多種多様な読み方や理解の仕方があり、また（ファシストだけに限らない）誤解の仕方があるかが示されている。ユダヤ人は反ユダヤ主義に対するニーチェの反対とユダヤ民族へのニーチェの賞賛を正しく受け止めた。ユダヤ人は聖書に対する賞賛や、後代の（タルムード的）宗教への批判においてニーチェに共鳴したが、ニーチェの反自由主義を一八世紀に始まった（ニーチェは拒否していたがユダヤ人は受け入れていた啓蒙思想だけに限らない）世俗的、反伝統的な革命の拡大版だとする誤解も多かった。彼らはニーチェの哲学に潜んでいる苛酷な力を理解しなかった。あるいは理解できないその力を、彼らが新しい活力で「治療」しようと思っていた卑屈で従順すぎるユダヤ人の状態に対するありがたい解毒剤だと思ってしまったのだ。第二に、ニーチェは主として活力の哲学者であると思われ、屈従の生活に直面しても、数多くのけちな宗教儀式やスコラ的衒学趣味にめげず、自己を主張する自然力を説く哲学者だと考えられた。自分たちの離散生活をニーチェほどには評価していなかった現代ユダヤ人の一部の人々には、行き過ぎたところがあってもニーチェの哲学が、自分たちの生活に欠けている新しい活力、自然らしさ、自己肯定の源であるように思われたのだ。

エピローグ

ユダヤ人の曖昧な重要性

一九世紀の最も重要なふたりの哲学者の著作にみられるユダヤ教のイメージをみてきた。その結果、どちらの場合も、ユダヤ人問題がふつう認められているよりもはるかに重要であることがあきらかになった。善し悪しは別としてそれは、ヘーゲルとニーチェが中世でも半世俗的なキリスト教後の近代世界でも、ヨーロッパ文化は根本的にキリスト教的なものだとみていたからである。ユダヤ教はキリスト教の意味や系譜の解釈にとって不可欠であった。したがってどちらの哲学者もユダヤ人という「謎」に立ち向かって、ヨーロッパ文化の形成や変容に――場合によって躍進や回復や絶頂に――果たしたユダヤ人の役割を見届ける必要があった。だがユダヤ人自身が重要だとみなされていたわけではなくて、ヘーゲルとニーチェ両方の全くヨーロッパ中心的なパースペクティブからみて重要とされていたにすぎない。その結果、彼らはユダヤ人をキリスト教が過去においてヨーロッパに対して成し遂げたものの観点から、そしてヨーロッパが将来においてキリスト教をどう扱うかという観点からユダヤ人を考えていた。

もっと視野を広げれば、キリスト教とユダヤ人についての異なる評価がヘーゲルとニーチェの対立的な哲学の目的に結びついていたことがわかる。手短に言えば、ヘーゲルは普遍的理性の代表者であり、ニーチェはそれに対する反対者だった。ヘーゲルは（異端的なキリスト教徒だったとしても）キリスト教的な思想家であったし、ニーチェは自称「反キリスト者」だった。ヘーゲルはルター派のキリスト教を哲学的概念に変形し、キリスト教を自由の合理的な理論（および実践）に高めることによって、近代を絶頂まで高めようと努めた。反対にニーチェは、到来が予想される近代世界の土台を掘り崩して、反キリスト教的、「ディオニュソス的」な価値革命による別の近代世界の実現に乗り出した。キリスト教の長期にわたる敵で、キリスト教を認知しようとしない「生みの親」である、ユダヤ教の意味や地位についての彼らの見方は、こういう種々の考えから影響を受けている。だが両哲学者にそれぞれ独特の曖昧さはあるが、いずれもユダヤ人が決定的に重要であることを示している。

ヘーゲル

ユダヤ人は人類に対して何一つ貢献したことがないという初期の主張を、円熟期のヘーゲルが逆転したとき、先にみたように、その変更は彼のうちに大きな内的葛藤を引き起こし、そのため彼の筆は止まって『精神現象学』に不可解な穴を残すことになった。しかし数年後、ヘーゲルがその障害を乗り越えたとき、彼は人類史における最も重大な転換点の一つをユダヤ教によるものとするに至った。つまり絶対者は精神であって自然物ではないこと、そして精神は自然よりも高い存在であり、より現実的であることを発見したという重大な出来事がそれである。しかしユダヤ人は彼ら自身の革命をまさに実現しようとしたとき、革命を歪め変造してしまった。最初から精神の宗教が、神から切り離された従属、恐怖、機械的律法主義にもとづく疎外態において姿を現した。

このため弁証法的なやり方だが、ヘーゲル自身はユダヤ人を賞賛しながら暗黙のうちに非難していた。ユダヤ人の「崇高の宗教」は、若い頃ヘーゲルが宗教現象一**般**に認めていた欠陥の大半を免れていないと言われている。ニーチェとは違ってヘーゲルは、キリスト教以後のユダヤ人には歴史的な――それゆえ精神的な――意味を認めなかった。キリストによってヨーロッパのために彼らが開いた「絶対宗教」というパースペクティブを自ら閉ざすことによって、ユダヤ人は自分自身の歴史を中絶して、イエス以後の離散期には以前の自分の抜け殻となったのだ。

ヘーゲルはこのような否定的判断をくだしても、――当時ドイツで評判が悪かった――ユダヤ人の政治的解放や社会的受容に対する支援を止めることはなかった。彼はユダヤ人を古代から生き延びてきた時代錯誤の集団として、各人の人間性を認めて近代世界に入れることを承認しようとしていた。しかし現代ユダヤ人には現実の歴史的性格を認めようとしなかった――そして宗教の一宗派としかみなさなかった――ために、ヘーゲルは近代世界において彼らにユダヤ人**としての**場をみいだすことができず、(ニーチェと反対に)その問題全体を重要だとも考えていなかった。

ヘーゲルには、近代世界の到来とともに重大で不可避の「ユダヤ人問題」が起こるとは予想もつかなかった。ニーチェと違って彼は、ユダヤ人のなかに貯えられ成熟して、彼が賛成していた政治的解放の結果、噴き出そうとしていた**宗教以外の**創造力を認めることができなかった。ヨーロッパのユダヤ人が西欧でもほとんど解放されず、ドイツに住む者は多くなかった当時に書いていたため、ヘーゲルには、ゲットーから解放され世俗化したユダヤ人が、ヨーロッパ社会のほとんどの領域で広範囲に果たすことになる役割、あるいはこれから起ころうとしていた激しい葛藤や受難がみえていなかった。ヘーゲルにとって「ユダヤ人問題」は、特に歴史的活力や創造力を失った片隅の宗教集団のメンバーに市民権を認める必要にほとんど尽きていた。こうして皮肉にも、歴史とヨーロッパ近代についての大哲学者であるヘーゲルが、自分が概念化しようとしている自由な近代世界から切り離せない**宗教以外の**「ユダヤ人問題」が現れつつあるのを、認めることができなかった。

ニーチェ

ユダヤ人問題へのニーチェの取り組みはあきらかに、彼の哲学構想の最深の諸問題に結びついていた。ニーチェは生と文化に対する批判を展開するに当たって、二つの重要な点でユダヤ人には重要な役割があると考えている。古代ユダヤ人は（キリスト教を介して）ヨーロッパの頽廃に協力したが、将来のユダヤ人はヨーロッパの救済に協力するだろうというのであった。これは、ニーチェが激しく非難した同時代の反ユダヤ主義との関係と、別の問題として扱われている歴史的ユダヤ教との関係との明確な区別に対応している。ユダヤ人に対する彼の二面的感情を正確に再現した結果、ユダヤ教の聖書の偉大な人物に対する深い讃歎の念と、彼らの創造的なルサンチマンがキリスト教を生み出したイエス当時のユダヤ教神官に対するひとしく深い軽蔑と、将来への大きな希望を託した離散期および現代のユダヤ人への新たな賞賛の間には何らの矛盾もみいだされなかった。

離散したユダヤ人はキリストの拒絶を自分たちの持続的な独自性の特徴として、数世紀におよぶ苦難を転じて活力の源とした。彼らは実存的な力と歴史的な「教養」を蓄積して、今では自分たちの敵が、特に現代の反ユダヤ主義者が十分にもっている先祖のルサンチマンからほとんど回復して、近代世界の戸口に到着しているのだ。ニーチェはユダヤ人が世俗化してほかのヨーロッパ人と融和し、ヨーロッパ人のすべての仕事に秀でて、ヨーロッパ人のための新しい価値や基準を打ち立てることを望んでいた。そうなればユダヤ人の実存的活力と反キリスト教的傾向がヨーロッパに浸透して、ディオニュソス的な価値革命を推進することになる。そしてそれが歴史的円環を閉ざすのだ。つまりユダヤ人は、彼らの祖先がヨーロッパに押しつけた頽廃文化やルサンチマンから、ヨーロッパを救済する触媒の作用を発揮するのだ。ヘーゲルとは違ってニーチェは、ユダヤ人を最初から宗教としては扱わず、少数民族の歴史的人間集団として扱い、宗教以外の創造力が彼らのうちに蓄積されていることを認めている。またヘーゲルと違いニーチェは、成功すればなくなる一時的な役割だがユダヤ人としての近代的な役割を彼らに割り当てていた。

しかし一つのパラドックスがあって、ニーチェはそれを解決することができなかった。啓蒙思想の影響を克服するディオニュソス的ヨーロッパの創造に参加するためには、ユダヤ人はその同じ啓蒙思想とそれの政治的成果に頼らなければならない。このパラドックスは思想だけでなく実践にかかわる。ゲットーを出たユダヤ人は、自分たちの解放を可能にした自由と平等という同じ原理によって支配される世界の一部になりたがっていた。（ほとんどの左翼陣営に多かった）革命的なユダヤ人でさえ、そういう原理に固執してそれに急進的な解釈を与えていた。その結果、ニーチェはユダヤ人が自分自身の仕事としてヨーロッパ人の仕事に携わることを望んでいたが、まさにそういう仕事をしているほとんどのユダヤ人が、ニーチェの反自由主義的なメッセージに対する潜在的な敵となった。それと同時に、ニーチェのディオニュソス的哲学の別の重要な側面に興奮したユダヤ人も多かった。つまりユダヤの知識人たちは、ニーチェによる力、活力、自己肯定、そして自然や身体の回復の強調を、ヨーロッパのためというより**自分たち自身**に――恥辱や時には自己憎悪といった固定観念をもたらすゲットー生活から生まれる卑屈な隷属意識に対して――必要な救済と考えていた。

啓蒙思想に対する相異なる批判

ヘーゲルもニーチェも、カントが力強く表現し、ヘーゲルが若い頃には支持していた啓蒙思想を批判した。しかしふたりの批判には大きな違いがある。ニーチェは普遍的理性という理想そのものを拒否した。彼はそれを妄想と考えた。それに対してヘーゲルが批判したのは、カントや初期の啓蒙思想が喧伝した抽象的、普遍的な理性概念にすぎない。ニーチェのディオニュソス的文化はヨーロッパのキリスト教的、合理主義的伝統の廃墟に築かれるべきものだったが、ニーチェと違ってヘーゲルはその二つの伝統を、キリスト教に近代的な合理的、哲学的解釈を与えることによって統一しようと望み、合理性を保持しながらもカントや啓蒙思想の限界を乗り越える、弁証法的理性概念によってそれを成し遂げようと考えていた。

この点でヘーゲルはカントの側に立って、カントと共にニーチェと対立している。ニーチェは普遍的理性という概念とその概念がもたらす平等概念を拒否する。ディオニュソス的な力の哲学者ニーチェは人々を区別する場合、系譜学的な特徴に応じて――言い換えれば、外的な普遍的基準ではなく――心理学的、実存的要素によって規定される固有の価値に応じて区別する。カントは**批判的な**啓蒙思想の哲学者で、普遍的だが有限な理性能力と、その根底をなす自律的主体に基礎を求めていた。ヘーゲルも違いはあるが合理的哲学を広めたのであって、そこには止揚という特殊なやり方で啓蒙思想の原理が保存されている。このためカントとヘーゲルは、それぞれ形は異なるが近代自由主義の創始者に数えられる。それに対してニーチェはあらゆる形の自由主義に反対するとともに、社会主義、ナショナリズムその他、彼の考えでは大敵であるキリスト教道徳と普遍的理性に由来する「近代思想」にも反対であった(1)。

ナショナリズム・反ユダヤ主義・自己超克

ヘーゲルやニーチェも人間的、あまりにも人間的な存在であった。そしてドイツ人として、ふたりとも増大する強烈なナショナリズム的で反ユダヤ主義的な熱情を特徴とする心理的、政治的風土に生きていた。しかしヘーゲルも（疑いなく）ニーチェもナショナリストではなかった。ニーチェはナショナリズムに激しく反対して、ドイツ人の愛国心を粗野で「鈍重」だと考えていた。ヘーゲルはナショナリズムを冷静な皮肉な目で距離をおいて見下ろしていたが、そのため彼はその危険を捉えることができなかった。ヘーゲルにとって真の愛国心は、国家が「止揚」すると考えられる民族や種族という要素にかかわるものではなくて、国家そのもの——その包括的な在り方や制度——にかかわるものである。

小さい頃からこのふたりの哲学者は、大半のキリスト教徒の子弟の教育に浸透していた反ユダヤ主義的な感情や固定観念にさらされていた。しかしそういう偏見の注入に対する応答の仕方にも、育った反ユダヤ主義的環境の**種類**においても、両者には根本的な違いがあった。ニーチェが成人したのは、一九世紀後半の（もはや）宗教に依存しないことを強調するため、特に「反ユダヤ主義（anti-semitism）」（と称する）新しい反ユダヤ主義的感情が高まっていた時期だった。それは明確に世俗的——人種的、政治的——な性格のものであった。ニーチェによれば、彼もしばらくの間（とりわけワグナーとの交流をさして言っているわけだが）「病気に汚染された地帯に住んでいた」が、その後その病気をみごとに克服して、全身全霊をあげて反ユダヤ主義者たちと対立することになった。

ヘーゲルの場合は時代も違っていた。一八世紀に生まれて成長したため彼は、大半はもともとはルター派的な古風なキリスト教神学から流れ出た、反ユダヤ主義的な感情や固定観念の影響を受けていた。逆説的にも啓蒙思想のなかに高まってきた、世俗的な反ユダヤ主義的風潮にヘーゲルが触れたのは、ほんのたまさかのことだった。それに触れたのはヘーゲル自身が啓蒙思想にかぶれていた若い頃のことだった。そのなかにはカントによるすべての歴史的宗教、特にユダヤ教に対する攻撃が含まれていた。ある程度ヘーゲルも若い頃の激しい反ユダヤ主義的な固定観念は克服したけれども、先にみたとおり、その戦いにおける彼の努力も成果も不完全なものだった。結局、老カントに劣らず、円熟したヘーゲルも若い頃の反ユダヤ主義的偏見の一部を体系的、理論的に表現した。

ユダヤ教批判と反ユダヤ主義（anti-Semitism）

ユダヤ教を批判した哲学者は反ユダヤ主義的であるかどうかと問えば、まず二つの問題に答えておかねばならない。(1)その人は現代のユダヤ人を頽廃の元凶とみているか、その人はユダヤ人に脅威を感じているか、ユダヤ人を集団として憎み、彼らに対立しているか、ユダヤ人はほかの人々を「堕落させる」と思っているか。(2)それゆえその人はユダヤ人の自由を抑え、彼らの政治上の権利を否定して、彼らを追放するか排除しようと考えているか。この問いのいずれに対しても、ヘーゲルもニーチェも答えは否定である。いずれも反ユダヤ主義的政策に反対し、それぞれにユダヤ人の政治的解放と社会的受け入れを積極的に支持した。ニーチェも東欧のゲットーからドイツへのユダヤ人の移住を支持していた。他方、反ユダヤ主義が言葉の端々に洩れて出る**私的な**否定的感情や固定観念の残滓によって、――あるいは哲学者の主要学説とユダヤ人についての発言の矛盾によって――測られるものだとすれば、それらを示すものはヘーゲルの場合はいくらでもあり、ニーチェにもある程度ある。しかしユダヤ人を主題にして話したり書いたりする場合、親ユダヤ派やユダヤ人も含めて多くの人々にも同様のことが言える。決定権を握っている概念――もしくはテスト――はなんと言っても自己超克である。自己超克はつねに間違いもあれば後戻りもある果てしない過程である。ニーチェの場合には失敗があっても、自己超克の過程はあきらかに達成されている。ヘーゲルの場合はそうはいかなかった。

なお、誰それは反ユダヤ主義者だったかどうかといったやや絞った問いでは、ユダヤ教やユダヤ人に対するひとりの哲学者の態度を理解するという課題を十分に言い尽くすことはできない。このあまりにも狭すぎる問いは本当に把握することよりも簡単に判定を下しレッテルを貼ろうとするものだ。たしかにレッテルや判定は、ある種の実用的、情緒的な目的のためには役立つが、哲学的理解という目標を達成するには、問題のもっと広範で複雑な事態に注意して、(本書で試みたように) その多様な要素や関係を——著者のその他の哲学的見解や現実活動との関係も含めて——詳細に解明するほうが役に立つ。

理性と反ユダヤ主義——不穏な一致

このように視野を広げると、理性の哲学や啓蒙思想は、反ユダヤ主義的な偏見や公然と表現される感情に対する防壁としては頼りないという不穏な結論に行き着く。頭から——あるいは浅はかにも——普遍的理性の哲学者ならば、ニーチェのようないわゆる非合理な力の哲学者より、ユダヤ人に対してもっと同情的だろうと思われることがある。全くそうでないからこそ、現代の自由主義者や啓蒙思想の後継者たちはさらに悪化している。しかしそれに驚くのはまだわかっていないからだ。啓蒙思想、特に歴史的宗教に対する (ボルテールからカントに至る) 反対者のなかには、あきらかに反ユダヤ主義的な学説を唱える者が含まれていたのは周知の事実である。そして本書にみられたように、宗教を真理の媒体として復権させたヘーゲルのような、冷静な「弁証法的」合理主義者でさえ、成熟したニーチェに比べるとユダヤ人にかんしてははるかに曖昧模糊としている。このように「純粋」であろうが「弁証法的」であろうが、合理主義は反ユダヤ主義に対する免疫を与えてくれはしない。これはニーチェ主義が必ず反ユダヤ主義になるわけではないのと同じことである。結局、ニーチェは反ユダヤ主義の克服においては、ヘーゲルよりもはるかに純粋で果敢であった。ヘーゲルの円熟した体系には、若い頃の反ユダヤ主義的偏見が体系の用語に言い直して示されているからである。

理性の実現と「民衆」の問題

ニーチェが反ユダヤ主義を拒否するのは、高貴なエリート意識をもった哲学には、一般大衆には普及しにくい内的な抑制が含まれているからだと言っていいかもしれない。そのためニーチェの哲学は、彼が唱える自己超克を成し遂げうる**並はずれた**心理の持ち主に適している。だが民衆には真のディオニュソス的な立場があるとは考えられず、そのカリカチュアかグロテスクに歪められたものしか考えようがない。民衆はニーチェの「超人」でもカントの「普遍的人間」でもなくて、たいていは政治的デマゴーグや、反ユダヤ主義者を含めてルサンチマンをいだく道学者などに操作される受動的な存在である。その反対に理性や啓蒙思想は無力だが、少なくとも差別や反ユダヤ主義に対する**模範的な**防壁を打ち立てるのであって、それは（たとえ哲学者のなかにこの防壁を乗り越える者がいても）統制的理念として有用である。

迫害されるユダヤ人（または黒人、奴隷、外国人など）にとっては、自分たちの苦しみを引き起こした者がディオニュソス的理想像の「通俗化」によるものなのか、それともリベラルな理想像からの「逸脱」によるものかということはまず問題にならないとしても、これは議論に値する問題である。すぐれた哲学者が自分の根本原理の射程を（全著作をつうじて言葉のうえだけでも）突き詰めた人はほとんどいなかった。そのうえ大半の哲学者は、思想が民衆に理解され受け止められるダイナミックスを無視しがちだった。彼らは民衆の問題を本当の**哲学的な**問題としては認めようとしないで、——合理的思想やディオニュソス的思想その他の——思想そのものを論じるのを好んだ。しかし一つの思想が唱道する実践を可能にし強化するには、純粋理性だけでは機能しない政治的、制度的、心理的な手段が必要である。これを知っていたのはスピノザであり、彼は民衆を**まさに問題として**扱う必要を力説していた。カントは民衆の問題を理解できなかった。ヘーゲルは問題を理解したが、それに対処することはできなかった。ふたりとも——最後には民衆を理性化してしまう歴史的進歩への信仰である——目的論的な考えに囚われていた。ニーチェにはそういう信仰の持ち合わせはなかったが、民衆に起こることについて確信がなかったし、ほとんどそれを気にする様子はなかった。彼は民衆を見下していたので、真剣に民衆の問題を取り上げてそのために精神力を費やす気にはなれなかった。そのため彼は、自分の生きている世界の非常に重要な側面に焦点を当てなかった。近代世界に対する彼の抵抗は、その点ではやや**前**近代的であった。

ニーチェの思想には時折、正反対の教義が現れることがある。自分のエリート意識を放棄せずに、一般的なディオニュソス的文化が創造されることを求めているように思われるような時がそうである。そこには多くに人々が人間最高のレベルに高まる（あるいは高められる）必要があるという意味が含まれているかもしれない。しかしそうであればその期待には、歪曲されるとか、グロテスクなものになるとか、テロを引き起こすことさえあるといった危険が含まれている。一般民衆である大衆を本来彼らには支持しかねる理想のために動員することは、独裁政治の序曲である。それは二〇世紀のコミュニストやファシストがやったことであり、それ以前では異端審問とかピューリタンによる魔女狩りなどにみられたことだ。特定のイデオロギーだけの問題ではない。一般民衆を彼らが望まない何ものかへ強制的に「高める」というやり方そのものに問題があるのだ。ニーチェは独裁や政治テロ抜きでそういうことが可能だと信じていたのだろうか。もしそうなら、彼は別の道を示すのに失敗したことになる。文化の根本的革命はどのようにして広められ、革命がどのようにして西洋を作り直すことができるのだろうか。独裁的でない方法も説得とか誘惑その他、哲学以前のものに依存するのであって、このことは民衆の問題の一部として哲学的に語る必要がある、——これはデモクラシーのみならず近代生活一般における重要な問題なのである。だが民衆を軽蔑していたニーチェは、民衆の存在を事実上無視し、民衆の権利や能力を認めたうえで民衆の限界を語るような哲学的理論が必要なことも無視した。そのためニーチェは、彼が尊敬していたバルーフ・スピノザから引き出すこともできた——デモクラシーが重要なのは純粋理性の鏡だからではなくて、それが**半**合理性の哲学以前の領域だからだという——貴重な教訓を見逃してしまったのである。

無論どういう民衆の理論も——いかに民主的な教育理論も——どこかに大衆操作的な要素が含まれてしまう。なぜならその原理の基礎は純粋理性ではなくて、レトリックや信頼や合理性などであるほかはないからである。だが合理性はすべての人々に共通だと考えれば、合理性の発達を助けるために前合理的な手段を使うことは、恣意的とか欺瞞的な策略ではない。なぜならその目標は能力のある人々の合理的な（あるいは**半**合理的な）能力を発達させることによって、人々を人格として承認することだからである。しかしニーチェの場合に、ディオニュソス的な高貴な人間に達する見込みのない民衆に影響を与えて抑制させる中間的ファクターがあるとすれば、それは何なのだろうか。

そういうものは何もない、というのが避けられぬ答えである。したがって、教育や一般大衆の問題を語らない高貴な精神的エリートの理論よりも、合理的規範によって抑制されて、半合理的過程の手段として役立つような民衆の理論のほうを選ぶべきであるようにみえる。

無論この二つは必ずしも矛盾するものではない。精神態度としての高潔さは合理的原理に取って代わるものではなくて、むしろそれを補完し、その堅苦しさを和らげることができる。だが――もう一度（ヘーゲル、マルクス、ニーチェといった一九世紀の人々ではなく）スピノザに学ぶとすれば――、集団的な救済という目標を達成して、合理的、ディオニュソス的、神秘的、半宗教的な目標のいずれであれ、高度の精神的な目標を実現するために、民衆とデモクラシーの領域である政治に頼ってはならない。言い換えれば政治そのものに人間精神の向上や成長の責任を負わせるわけにはいかないのだ。集団的救済というような概念は理論的には誤っており、実践的には危険である。それは過去百年間の歴史が示しているとおりである。人間的成長や精神的偉業など――「救済」というメタファーで考えられうるものはすべて――、私的ないし個人的な領域の内部にのみ求められ、そこで実現されねばならないものであって、それ自体が非政治的で政治の外部にあるものなのである。無論それには自由や個人の権利の領域にある――デモクラシーという――政治的基盤が必要である。そういう政治形態が価値中立的であるはずもない。反対にそれは「実質のない」または最低限の形であっても普遍的価値の要素を実現しているに違いないが、それだからといって政治**そのもの**が人間の成長あるいは救済へ導きうるということにはならない。要するに（「民衆」という）社会的なレベルでは、ニーチェには失礼ながら、理性とデモクラシーが必要なのである。高次の人間的、精神的な偉業を求めて民衆を乗り越える余地が――そしてそういう要望が――存在するのは個人の領域に限られている。

ユダヤ人に戻ると、合理主義哲学がユダヤ人のために平等を原理の問題として要求するのに対して、ニーチェ的な哲学は主観的（それゆえ恣意的な）価値選択にもとづいて平等を要求すると言っていいだろう。ここではヘーゲルから教えられることがある。抽象的な原理はまだ何ものでもないのだ。それが現実化されないかぎり、**それは合理的でさえないのだ。**原理が生や感情や社会慣習や政治制度のうちに実現されてはじめて、（観念的な抽象的思考とはっきり違う）現実に合理的なものとなる。こういう観点からみれば単なる啓蒙思想は非合理的な立場であって、いつその反対にならぬとも限らないのであって、それは一度ならず証明されたことだ。現存する世界か希望されている世界のうちに十分に実現されえないような原理は本当に合理的なものではない。そういう原理は何一つ正当化することはなく、ましてそれが保証するものは何もない。啓蒙思想には反ユダヤ主義的表現が数多くみられる。（ボルテールやフィヒテのように）かなり激烈なものもあれば（カントのように）穏和なものもある。同様に、ロックは無神論者を（そしてカトリックをも）追放した。アメリカ憲法の人権規定の起草者たちは、奴隷制や女性差別を容認した。（なかでも）スピノザ、カント、フロイトは反フェミニズム的な意見をのべており、デカルトは自分の『省察』が神学の基礎を掘り崩しているにもかかわらず、神学の権威に屈している。人々が純粋な思想上の認識だけを頼りにするなら、それに対する例外を考え、その意味を逆転させ、偏見を正当化するためにそれを使うのも容易なことだ——これを証明している史料はいくらでもある。もっと重要なことは理論的認識がどのようにして——ニーチェが言う「本能」のような——感情的な力になるかを研究することである。それを研究するためには、カントの抽象的な考えを修正する助けとして、スピノザ、マルクス、フロイト、ニーチェのような哲学者が必要である。同様に、生命のない「純粋」な抽象的思考が**合理的ではない**のに対して、特定の歴史事実のなかに——そして生命力、感情、想像力のなかにも——合理性がやどっていることを説明するには、ヘーゲルのような弁証法論者が必要である。

最後に、普遍的理性を選ぶべき時があるとすれば、それは人間的合理性が経験的、プラグマティックな意味に、つまり血肉を備えた意味に解釈される時だけである。そういう解釈は**純粋**理性というカント的な夢想を捨てることを求める。**不純な**理性すなわち、生活と現実経験のうちに実現されるが、要求や自己嫌悪という形での実現をいつも乗り越えていく、開かれた有限で不完全な合理性としてしか、人間的合理性は使いものにならず、失敗の救いにもならない。この「不純な普遍的理性」という形で理性が実現する複雑な構造があるため、理性と世界との間の裂け目が世界そのものに内在すると考えねばならない。哲学者が理論のなかで示唆するか公然と宣言している普遍的規範の背後に、哲学者の先入観や偏見が潜んでいることが珍しくない事実も、これで説明がつく。そうした矛盾には運命じみたものは何もない。それは合理的哲学の破滅を意味すると言う者もいるが、そういうことはない。むしろそれは有限な人間の状況や人間理性はつねに状況に左右されるという事実を照らし出す、普通のケースなのである。哲学者は歴史的な場を生きる現実の人間であって、理論においていかに進んでいても、生身の身体や時代精神（Zeitgeist）が合理的原理の到達距離に影響を及ぼす。それと同時に、本当に理性的であるためには、哲学者の思考は実現される場や形態を**自己嫌悪**という形で乗り越えていかねばならない。——思考は現在の（自分の目からみた）不足や欠陥をはっきり自覚し、進んでそれを乗り越えねばならない。

奴隷制の廃止、女性の選挙権、ユダヤ人の解放のような活動を支える規範が宣言されて久しく、原理は提示しても自分はその原理に後れを取った大哲学者たちにも反ユダヤ主義、反フェミニズム、人種的偏見がある。今日の諸活動を達成させるものは、上にのべた力以外にはないように思われる。

要するに必要と思われるものは、歴史的生活世界に理性を実現する条件や、その終わりなき活動や既定の現実に対する一部破壊的な役割などを詳細に説明するような、**有限な**合理性にかんする理論と実践なのである。それはカントの純粋理性という夢想や、ヘーゲルの摂理にもとづく目的論や「絶対知」という幻想に取って代わるものだが、（道具的ではない）理性そのものの価値を放棄することはない。そして何よりも具体化された合理性という見方は、歴史過程のもつ**哲学的な**意味や民衆の問題が——それゆえレトリック、マスコミュニケーション、心理、偏見、社会慣習、社会的流行や思想上の流行などの問題が——合理性を具体化するとともに合理性を抑制することもあれば、合理性に対して異議を申し立てる条件にもなることを認めなければならない——そしてまたそれを伝えていかなければならない。そうしないかぎり、理論的な啓蒙が優位に立つことはなく、ニーチェの場合にあきらかなように、その正反対のものに劣ることにもなりかねない。

原注

まえがき

（1）二一頁、二九頁参照。

（2）二四―六頁参照。

（3）こういう意見に対する反論のなかでも、有名な Arthur Hertzberg, *The French Enlightenment and the Jews* (Columbia University Press, New York, 1968) と *The Origins of Totalitarianism* (Harcourt, Brace Javanovich, New York, 1973), Part I における左翼の反ユダヤ主義にかんするハンナ・アーレントの示唆的な言葉を参照されたい。本書での研究もこういう意見を修正しようとするものである。

（4）この文章にはすでにニーチェに対する批判の意味が込められている。

（5）最近の例は Sarah Kofman, *Le Mêpris des juifs : Nietzsche, les juifs, l'antisémitisme* (Galilée, Paris, 1994) である。

（6）たとえばナハマン・クロホマール（ラナック）はヘーゲルの言葉を使って、ユダヤ教こそ最高に立つべきだと論じている。Nachman Krochmal (Ranak), *Guide of the Perplexed of the Time : Moreh Nebukhe ha-Zeman* in : *The Writings of Nachman Krochmal* (Hebrew), ed. S. Rawidowicz, 2nd edn (Ararat, London and Waltham, Mass., 1961.

（7）事実ヘーゲルはナショナリズムに反対だったしコミュニズムも拒否したことだろう。そして彼をファシズムに近いとみる根拠もない。しかし政治的情熱は複雑な哲学思想以上に強く、そのためヘーゲルは彼の意に反して (malgré lui) そういう主義のすべてに役立つことになった。

(8) たとえば Y. Yovel, "Hegels Begriff der Religion und die Religion der Erhabenheit," *Theologie und Philosophie*, 51 (1976), pp. 512-37.

(9) Y. Yovel, "Perspectives nouvelles sur Nietzsche et le Judaïsme," *Revue des études juives*, 138 (1979), pp. 483-5.

(10) Michael Duffy and Willard Mittelman, "Nietzsche's Attitudes toward the Jews," *Journal of the History of Ideas*, 49 (1988), pp. 301-17.

(11) 注(5)参照。

(12) Weaver Santaniello, *Nietzsche, God, and the Jews* (SUNY Press, Albany, NY, 1994).

第一章　ヘーゲルと先人たち

(1) 特に Yaakov Goren, "The Image of the Jew and Judaism in Protestant Bible Scholarship from the Middle of the 18C to the Thirties of the 19C" (Hebrew), Ph. D. thesis, Hebrew University, Jerusalem, 1975 を参照されたい。

(2) Y. Yovel, *Kant and the Philosophy of History* (Princeton University Press, Princeton,1980) 参照。

(3) ここではプロテスタント神学的な根源については論じない。――この問題は別に論じなければならない。

(4) これは、もうこれ以上の質的進歩は不可能である――つまり、量的には諸科学の歴史に終わりはないが、これらの科学認識の威信にこれ以上の前進はないという意味である。

(5) Spinoza, *Theological-Political Treatise*, B. Spinoza, *Chief Works*, tr. R. H. Elwes (2 vols, Dover, New York, 1951), ch. 17, pp. 219-20. 詳しくは "Epilogue : Spinoza and His People," in *Spinoza and Other Heretics*, vol. 1 : *The Marrano of Reason* (Princeton University Press, Princeton, 1988) を参照されたい。

(6) Spinoza, *Theological-Political Treatise*, ch. 3, p. 56.

(7) Ibid., ch. 3.

(8) Ibid., ch. 17, pp. 219-20.

（9） Ibid., ch. 19 ; Yovel, *Spinoza and Other Heretics*, vol. 1, ch. 6.

（10） もっと不承不承の改宗者は彼の息子のアブラハムで、彼は作曲家フェリックス・メンデルスゾーン＝バルトルディの父だが、改宗したのは息子のキャリアのためだったのだろう。

（11） 事実、メンデルスゾーンの主張は**両方とも**疑問の余地がある。ユダヤ教は近代の政治理論で言われるような意味では任意のものではなかった。そこには、反逆者を追放したりユダヤ教会に属する者をラビの権威に従属させたりする強制や法的拘束といった要素が含まれていた。そういうことは普通はキリスト教筋の命令によっておこなわれていた。ユダヤ教会は一種の寛容または特権を享受していたが、共同体の内部では宗教的戒律の権威がのしかかって、メンデルスゾーンが反対していたような準神政政治的な統治がおこなわれていた。メンデルスゾーンの言葉は非ユダヤ世界のためを思って使われているが、その不正確さのため損なわれていた。ユダヤ教は「啓示にもとづく制度」にすぎないという別の主張について言えば、それも歴史的には不正確だったが、それはふつう考えられているほど重大なことではなかった。メンデルスゾーンはユダヤ教に認識の真理があることを否定しなかった。彼が認めないものは、ユダヤ人は啓示の力で救済の条件としてその真理を信じることを求められているということである。問題はユダヤ教に認識の要素があるかどうかではなくて、真理の**根源**が何で、真理に**依存している**ものは何かということである。メンデルスゾーンに言わせれば、キリスト教では認識の要素は「啓示された」ものである、すなわち、それは外面的権威から生じたものであり、救済の条件なのである。ユダヤ教ではそうではない。ユダヤ教では「救済」に相当するもの（宗教的な価値達成の成功）は十戒を守ることにのみ依存している。

（12） I. Kant, *Religion within the Boundaries of Mere Reason*, tr. Allen W. Wood and George di Giovanni (Cambridge University Press, Cambridge, 1996), p. 176.

（13） Yovel, *Kant and the Philosophy of History*, ch. 8でのべている。

（14） この点ではカントの反ユダヤ主義的偏見と今日の狂信的な宗教的ユダヤ人の見解（たとえばイスラエルのグッシュ・エムーニムその他のユダヤ教にかんする部族的見解）との間には皮肉な類似があって、この種のユダヤ人はユダヤ教が何らかの普遍的道徳をあらわしていることを否定して、カントの偏狭な態度を正当化している。

（15） それに示されていることは、生活文化の束縛がゆるんだということ――言い換えれば、生活文化には弱々しい自由主義的な、つまりカント自身の意味での「外面的な」束縛、単なる適法性（Legalität）の問題しかなくなったということである。

(16) Kant, *Anthropology from a Pragmatic Viewpoint*, tr. Mary Gregor (Nijhoff, The Hague, 1974), p. 17.

(17) Kant, *Religion and Rational Theology*, tr. and ed. A. W. Wood and G. di Giovanni (Cambridge University Press, Cambridge, 1996) 所収の *The Conflict of Faculties*, p. 275.

第2章　若きヘーゲルとユダヤ教の精神

(1) Karl Rosenkranz, *G. W. F. Hegels Leben* (Berlin, 1844), p. 49, Otto Pöggeler, "Hegel's Interpretation of Judaism," *Human Context*, 6 (1974), pp. 523-60 の引用（p. 525）による。

(2) ヘーゲルによれば、弁証法的否定は概念の不適当な形態は廃棄するが、その真の内容は保存してそれをより高次の形態の表現に高める。これが止揚（Aufhebung）ともよばれるものである。

(3) Hegel, *The Life of Jesus*. Walter Kaufmann, *Hegel : Reinterpretation, Texts, and Commentary* (Doubleday, Garden City, NY, 1965), p. 61 の引用による。

(4) もっとも、こういう主張はヘーゲルの体系では論理的には可能である。ヘーゲルでは歴史は完全に決定論的なものではない。歴史の必然性はアリストテレス的な意味で目的論的である。すなわち、目的の立場から事後的にみれば決定的だが、アプリオリに失敗や逸脱が起こる余地は残されている。さらに偶然の存在それ自身は弁証法的に必然である。だがヘーゲルにはユダヤ教をそういう逸脱として説明できないことがわかっていた。というのは、ユダヤ教は世界史におけるあまりにも重要なケースだからである。クルド人やアッシリア人も古代世界から生き残ってきたが、ユダヤ人は彼らとは違う。ユダヤ教はたえずキリスト教と葛藤を起こし、キリスト教に挑戦してきた。少なくとも主観的にユダヤ人自身の観点から、ユダヤ教を止揚したというキリスト教の主張を無視している以上、ユダヤ人が存在しつづけていることには問題がありすぎる。そのため、その事実を無視することも簡単に説明してしまうこともできない。

(5) したがって、ヘーゲルが多元的世界という枠のなかで、ユダヤ人のための場をみいだそうとしたというペゲラーの見解には反対である。(「ヘーゲルの生涯にわたるユダヤ教解釈の試みの意味は、すでにユダヤ民族のために新しい世界文明への入り口の発見への協力にある」Pöggeler, "Hegel's Interpretation of Judaism," p. 253参照。)円熟期のヘーゲルは個人と歴史的共同体との結びつきを力説した初期の多元論者だったが、後で示すように、ユダヤ人の場合には個人しかいないし、ユダヤ教そのものには歴史がなく、今後も貢献する見込みもないとしていた。

(6) カントの弟子であり敵でもあったヘルダーは歴史と言語にかんするドイツ最初の哲学者のひとりだが、彼は歴史的発展や「人類の教育」を規定するものとして——普遍的理性だけでなく——地方文化や言語、民族、民族精神などの重要性を強調していた。

(7) Hegel, "Fragmente über Volksreligion und Christentum," in *Werke*, vol. 1: *Frühe Schriften* (Suhrkamp, Frankfurt, 1971), p. 45. この断片は*Hegels theologische Jugendschriften*, ed. H. Nohl (Tübingen, 1907, repr. Minerva, Frankfurt, 1976) には収められていない。

(8) 「法制的命令」(または法制的法律) というのはカントが、外部の主人の意志によって与えられる隷属的な宗教上の命令をあらわすのに使った言葉である。これは「他律的」宗教のしるしである。

(9) Hegel, "Die Positivität der Christlichen Religion," in *Hegels theologische Jugendschriften*, ed. H. Nohl (Mohr, Tübingen, 1907); tr. as "The Positivity of the Christian Religion," in *Early Theological Writings*, tr. T. M. Knox and R. Kroner (University of Chicago, 1948 (6th edn. University of Pennsylvania Press, Philadelphia, 1988), pp. 68-9.

(10) Ibid., p. 69.

(11) Hegel, *Jugendschriften*, p. 33. 言及されているのは『ヨハネによる福音書』第十五章第五節(「私はぶどうの木、あなたがたはその枝である」)。後に『キリスト教の実定性』十節—十二節でヘーゲルはこの比較をイエスに対してはもっと控えめに言い直している。

(12) "Positivity," p. 146.

(13) Ibid., p. 147.

(14) Ibid., p. 149.

(15) Ibid., p. 147.

(16) ヘーゲルの警告はワグナーにも当てはまる。ワグナーは結局ひとを引きつける物語や音楽を作るようになったが本当の神話は作らなかった。それを民衆的神話にしようとするナチスの試みは不自然でいかにも人工的で――たしかに悲惨な結果に至り、失敗に終わった。

(17) Abbé Grégoire ; *Essai sur la régénération physique, morale et politique des juifs* (1789) (Stock, Paris, 1988). この書名に先にのべたことが示されている。ある章では、「ユダヤ人が他の民族に対して反感を感じる以上、現在のままで彼らを寛容に処遇する危険」が語られている。ほかの部分にも似たような考えがみられる。

(18) C. W. Dohm, *Concerning the Amelioration of the Civil Status of the Jews*, tr. H. Lederer (Hebrew Union College Institute of Religion, Cincinnati, 1957), p. 18 (and *passim*). 同様な非難がカントの最も激しい反ユダヤ主義的な箇所で繰り返される。カントはあきらかにドームを知っていて、ドームが言った以上のことを言ったわけではないが、カントの言葉はユダヤ人によって反ユダヤ主義的と受け止められたのに対して、ドームは親ユダヤ派とみられていた。実情を言うと、カントもドームもユダヤ人について時代精神をあらわす同じ見解をいだいていた。事実カントもユダヤ人の状況の改善を望んでいたし――どのユダヤ人でも、メンデルスゾーンやヘルツやラザルス・ベンダビッドのような傑出した友人たちと同じように扱っていた。カントとドームの――大きな――違いは、態度の違いだった。ドームはユダヤ人の状態に心を痛め、彼らの欠点は寛大にみていた。それに対してカントは優越した立場からユダヤ人の欠点を戒めた。またカントは彼らの欠点を彼らの律法に対する道徳的無関心によるものと考えたが、ドームは追放された彼らの状況によるとみていた。

(19) Hegel, *Jugendschriften*, p. 27 ; Kaufmann, *Hegel*, pp. 58-9 の引用による。また Kaufmann, *From Shakespeare to Existentialism* (Doubleday, Garden City, NY, 1960), p. 134 ; Pöggeler, "Hegel's Interpretation of Judaism," p. 537 を参照されたい。

(20) Hegel, *Jugendschriften*, p. 22. Kaufmann, *Hegel*, p. 59 の翻訳を使用。

(21) もっと正確にはノールが Hegel, *Jugendschriften* にこの表題で収めている断片をみられたい。

(22) 未完成の草稿や Entwürfe über Religion und Liebe でも同じである。

(23) これはユダヤ教を美の宗教ではなく「崇高」の宗教とみた初期の診断を示している。
(24) "The Spirit of Christianity," in *Early Theological Writings*, p. 209.
(25) Ibid., p. 211.
(26) Ibid., p. 212.
(27) Jacques Rivelaygue, *Leçons de métaphysique allemande* (Grasset & Fasquelle, Paris, 1990), vol. 1, pp. 270ff. リブレーギュによる示唆的な分析はフランクフルト時代の若いヘーゲルにかんする部分に示されている。
(28) この点ではヘーゲルはまだ後年のような「歴史」哲学者ではない。
(29) この部分の全体については"Spirit of Christianity," pp. 182-6を参照されたい。引用はp. 186からである。
(30) Ibid., p. 182.
(31) Ibid., p. 190.
(32) Jacques d'Hondt, *Hegel secret* (Presses Universitaires de France, Paris, 1986), pp. 184-200.
(33) 病気というイメージは、「イエスは奇跡的に免れていた」第二神殿期のユダヤ教の精神をのべる際にすでに使われていたことが思い出されるだろう。
(34) "The Spirit of Christianity," p. 191.
(35) Ibid., p. 192.
(36) Ibid., p. 197-8.
(37) Ibid., p. 192.
(38) Ibid., p. 193.
(39) 実際はヨセフスによると、部屋は空虚ではなくて、黄金の燭台や香をたく道具があり、大量の貨幣もあったがポンペイウスはそれに手も触れなかった。しかしこの不正確さはここでヘーゲルが見落としたためではない。
(40) "The Spirit of Christianity," p. 194.
(41) こういう偏見の別の形はカントにみいだされたわけだが、彼はユダヤ人には精神性、つまり道徳的精神も否定し、彼らの宗教は単に政治的なものであり、それゆえ現世的な外面的問題にかかわるものだと考えていた。

(42) "The Spirit of Christianity," pp. 204-5.

(43) だが別の理由があるようにみえる。ヘーゲルはこの論文の主題である「運命」を、「外部の力」に隷属する精神と定義していた。——それがユダヤ人とマクベスの両方にかんしてここで繰り返されている。ユダヤ人には運命はあるが、悲劇はないというわけである。

(44) "Positivity," pp. 158-9.

(45) Ibid., p. 159.

(46) Ibid.

(47) ここにはヘーゲルが離散期および同時代のユダヤ人を——止揚されるどころか——精神的に堕落しているとみていたことが示されている。エピローグを参照されたい。

(48) 彼の感情ではなく、反ユダヤ主義的政策への彼の反対やユダヤ人解放への彼の支援から判断してのことである。

(49) Pöggeler, "Hegel's Interpretation of Judaism," p. 530. ヘーゲルのあらゆる時期の著作に精通した専門家によるこの重要な論文は非常に好意的に書かれている。ドイツ人によるユダヤ人のジェノサイドが起こった後で、ペゲラーはこの二つの民族や文化の間にいい関係を取り戻そうとしている。ヘーゲルに対する彼の態度はやや弁護的である。彼はユダヤ人に対するヘーゲルの不快なテキストは(引用せずに言及するだけで)控えめに扱って、円熟期のヘーゲルは若い頃の立場を克服したと主張している。最初の点はこの論文のなかで欠を埋めることにし、第二の点は後で考えることにする。それにもかかわらずペゲラーの研究は、ヘーゲルの(後期だけでなく若い頃も含めての)展開における微妙な違いを広範な背景において確認する助けになる。

(50) "Positivity," p. 98.

(51) メンデルスゾーンは自分の希望するユダヤ教とユダヤ教の現実の在り方とを混同している。事実、離散期におけるユダヤ教教会には会員についてはふつう法律上の特権に根ざす大きな強制力があった。(今日の「任意制の」正統派共同体においてさえその力はまだ残っている。)メンデルスゾーンは宗教上の術者が(稀なことだが)志願者であることを強調するために、ユダヤ教のモヘル(割礼師)の不正確だが一つの理想像を描いている。

(52) これも歴史的には不正確である。ユダヤ教のテキストには、知識にかんして信者に真実として受け入れることを求める多くの要求がある。離散期のユダヤ教最大の注解者であるマイモニデスは神を知ることを最高の宗教的命令にしている。物理学の知識でさえ——神の創造であり——宗教的な重みがあった。メンデルスゾーンは改革者として、歴史的に正しいものであるかのように自分の望むユダヤ教をのべている。彼の知識と律法との区別は啓蒙思想の目的には有用だが、不自然で歴史的文献とは矛盾する。(「ネオ・メンデルスゾーン派」だった故イエシャヤフ・ライボウィッツの立場についても同じ理由で同様のことが言える。)

(53) メンデルスゾーンはそういうたぐいのことは言わなかった。メンデルスゾーンの立場には、多くのユダヤ教の命令の道徳的性質を否定するようなものは何もない。しかしユダヤ教の際立った特徴は真実の信仰でも(普遍的な)道徳的洞察でもなくて、特定の慣習や儀式であって、ユダヤ人はそれを守るように命じられ、それが彼らの独自性への忠実さの中核をなしている。

(54) "The Spirit of Christianity," p. 196.

(55) ヘーゲルはワイン愛好家として有名だった。チュービンゲンで彼はワインコンテストに参加したし、後には彼の給料にワイン支給が含まれていた(評判のいい伝記である Franz Wiedmann, *Hegel : An Illustrated Biography* (Pegasus, New York, 1968), p. 19 を参照されたい。)これは今の例の理由になるかもしれない。ワインは文明の果実であり、高い消費税がかかる。それと同じように、自由な真理にはキリスト教神学が重くのしかかっている。(だが、この実例のうちにみられる人種差別は現代の言葉で判断すべきではない。)

(56) 『キリスト教の実定性』には一八〇〇年に書かれた改訂版がある。その改訂はユダヤ教の見方ではなく人間本性の見方にかんするものである。人間の本性はもはや不変の本質とは考えられない(p. 169)。人間精神は多種多様な形で現れるが、何世紀もの間にそれが精神そのものを別物に変化させて、「ある普遍的概念の統一」に結晶する。これが『精神現象学』でのべられる革命的な見方の始まりである。しかしユダヤ教については何の変化もみられない。ヘーゲルは初版の冷酷な言葉を繰り返し、ユダヤ人の傲慢や屈従などを攻撃し、イエスの出現は突如として起こった革命であって、ユダヤ人に負うところはないと繰り返しのべている。イエスの精神はユダヤ民族の奴隷根性、偏見、屈従、些事への執着から解放されていた(これはやや奇跡じみているが、宗教は奇跡にもとづくものではないか?)——それについてヘーゲルは「こういう宗教的純粋さはユダヤ人ではむろん驚くべきものである!」とのべている。そしてヘーゲルはイエス自身がキリスト教の実定性の開祖だという非難から、イエスを解き放つ。その非難は初期キリスト教徒に向けられる。彼らはイエスと違って、ユダヤ人の欠点から解放されていなかったのだ。特にヘーゲルは、ユダヤ教はイエスの飛躍が起こった負の背景にすぎず、ユダヤ教は世界史に何一つ貢献したことがないという自分の見解をもちつづけていた。

(57) G. E. Lessing, *Nathan der Weise*, Act 2, sc. 7 in *Lessings Werke* (Volksverlag, Weimar, 1963), vol. 2, p. 54.

(58) こういう要求は、公的にはほぼ多元主義であるにもかかわらず、今日のアメリカ合衆国に強く残っている。ナポレオンの例は、ユダヤ人に一つの民族であることをあきらめさせて、単に一つの「宗教」として定義し直すというものだった。この再定義はユダヤ人の独自性の——「民族」という——重要な側面を認めていないが、フランスやアメリカの政治文化やアメリカのユダヤ人の自己理解にはいまなお深くしみこんでいる。

(59) Lessing, *Nathan der Weise*, Act 4, sc. 7, p. 117.

(60) しかし、その人間性が少数民族や宗教や性の特定の個性的特徴に包まれている個人でなければ、——抽象的な「人間としての人間」とは違う具体的な人間——「個人」とは何なのか。

第3章　イェーナと『精神現象学』——異様な沈黙

(1) Hegel, *Phenomenology of Spirit*, tr. A. V. Miller (Clarendon Press, Oxford, 1977), p. 11. 今後はこの版の頁は本文中に括弧をつけて示すことにする。

(2) ヘーゲルはストア派の——哲学者に自己意識を与える——運命への服従を考えているのかもしれない。(この連想は『哲学史講義』ではもっとはっきり示されている。)

(3) 二番目の参照箇所 (p. 202) は無視しておく。現在の目的にはさほど重要とは思われない。

(4) この区別は『宗教哲学講義』では修正を加えて展開されることになる (次章参照)。

(5) これはネロ時代のローマに認められていた放埒や非道をさしているのかもしれない。

(6) こういう見方をすると、三つの時期を内在と超越という言葉を使って次のように言うことができる。自然宗教は内在の宗教であるが、物体の宗教でもある。そこでは絶対者は人格ではない。ユダヤ教は神を人格的で超越的なものとして、世界から切り離した。ヘーゲル主義（止揚されたプロテスタンティズム）も神を人格とするが、新しい弁証法的な仕方で再び内在的なものだとする。

(7) ヘーゲルもメンデルスゾーンに対して挑戦的な意味合いで「啓示宗教」という言葉を使っている。メンデルスゾーンはユダヤ教は「啓示された宗教」ではなくて啓示された法にすぎないと論じていた。ヘーゲルはそれに同意するが、その解釈はユダヤ教批判をめざしている。

第4章　円熟期のヘーゲル——崇高なるものの出現

(1) ヘーゲルは「つねに」ユダヤ人に関心を寄せていたと言うローゼンクランツが正しいとしても、この時期の彼の著作にはそれはみえない。しかしそのことは『精神現象学』での「沈黙」ほど注目すべきことではない。なぜならこの時期ヘーゲルは主としてあまり歴史的でない著作、特に『論理学』の第一巻と第二巻および『エンチクロペディー』といういずれも非常に体系的、思弁的なものにかかりきりだったからである。

(2) 『歴史哲学講義』は批判版が出ていないという事情は考えておかねばならない。

(3) *Vorlesungen über die Philosophie der Geschichte*, in *Werke* (Suhrkamp, Frankfurt, 1970), vol. 12, p. 272 ; *The Philosophy of History*, tr. J. Sibree (London, 1857 repr. Dover, New York, 1956), pp. 195-6. ラッソン版ではこの節は「ユダヤ人」と題されている。*Vorlesungen über die Philosophie der Weltgeschichte*, ed. G. Lasson (Meiner, Leipzig, 1919), vol. 2, p. 453 参照。今後シブリーの英訳版からの引用頁は本文中に括弧をつけて示す。

(4) ここでは自然世界から神性を奪ったのもユダヤ人であるが、『精神現象学』ではそれは異教世界そのものの内的な進歩から起こったとされていた。

(5) これらの講義でのヘーゲルのユダヤ人観の根本的変化については、Liebeschütz, *Das Judentum im deutschen Geschichtsbild von Hegel bis Max Weber* (Mohr, Tübingen, 1967), p. 34 ; Steven B. Smith, "Hegel and the Jewish Question," *History of Political Thought*, 12/1 (1991), pp. 87-106 を参照されたい。

(6) Hegel, *Vorlesungen über die Ästhetik*, in *Werke* (Suhrkamp, Frankfurt, 1970), vol. 13, p. 467 ; tr. T. M. Knox as *Aesthetics : Lectures on the Fine Art* (2 vols, Clarendon Press, Oxford, 1975) vol. 1, p. 363. 今後はこの英訳

版からの引用は本文中に括弧をつけて示す。

（7） ヘーゲルは（ヨハネス・シェフラー（一六二四—七七）のペンネームである）アンゲルス・シレジウスをあげている（vol. 1, p. 371）。ヘーゲルは十字架のヨハネを含めたかもしれない。他方、崇高芸術の定義にはユダヤ教やイスラムが含まれている。「啓示宗教」の定義によってこの二つの宗教が同じ理由で排除されているのと同様の事情である。

（8） ここに崇高と創造との論理的なつながりがある。創造が本質的でなく偶然的である神は世界から一切の神性を奪い去り、世界から無限に隔たって、神性はすべて自分のうちに取り込んでいる。このモチーフがヘーゲルのベルリンでの『宗教哲学講義』の中心となる。

（9） Kant, *Critique of Judgement* (*CJ*) tr. J. C. Meredith (Clarendon Press, Oxford, 1952), §§ 29–32.

（10） カントは利害にかんする恐怖と美学的（形而上学的）不安も区別している。「対象を恐ろしいものとみながら、それを怖がっていないことがある」と言っている（*Critique of Judgement*, § 28）。真実の宗教にも崇高なものへの畏怖や不安が含まれているが、「迷信」（＝啓蒙思想による通俗宗教の呼び方）は利害にかかわる恐怖だけにもとづいている。

（11） “General Remark on the Exposition of Aesthetic Reflective Judgement,” in *Critique of Judegment*, § 29,p. 120 参照。

（12） I. Kant, *Critique of Practical Reason*, tr. L. W. Beck (Bobbs-Merrill, Indianapolis, 1956), p. 156. カントは第二批判では「崇高」という語をまだ使っていなかったが、その意味は同じである。そして『判断力批判』ではもうはっきりこう言っている。「星きらめく天をわれわれは崇高だと考える」(General Remark, pp. 121–2).

（13） *Critique of Judgement*, § 28. カントは——ヘーゲルと同じように——自然は戦って征服すべき強力な敵だと思われていた時代に生きていた。無論現代ではそういう感覚は劇的に逆転している。

（14） Ibid., p. 114.

（15） Ibid., p. 111–12.

（16） Yirmiyahu Yovel, *Kant and the Philosophy of History* (Princeton University Press, Princeton, 1980).

（17）ヘーゲルはこの目標をカントから受け入れて自分の体系の中心に据えたが、カントにみられたその道徳的、ユートピア的な性格は取り外して、それを現実主義的、弁証法的な見方に置き換えている。ヘーゲルでは歴史の目標はカントにみられた「崇高な」性格を失って、後退もあれば限界もあり、特に純粋性を欠く現実的、経験的な歴史によって媒介される。他方カントはその目標を無限の未来に投影して、それを絶対的な純粋性として定義し、崇高な要素を歴史そのもののなかに入れるのである。

第5章　崇高ならぬ崇高――宗教哲学

（1）それに手を染めた数人の編纂者たちはそれぞれにどういう改善をほどこしても、かなりの代償を払わねばならなかった。初期の版（特にカール・ヘーゲルの一八四〇年版）は年度の異なる資料を編纂して、かなり流暢で重要だが批判的ではないテキストを作り上げた。ラッソン（一九二七年）は種々の原資料を自分の思うように分けて、それを彼の厄介なやり方であまりにも自由につなぎ合わせた。（一九七八年の（ヘーゲルの一八二一年度講義案の）イルティング版と、一九八三―五年の（入手可能なあらゆる資料を含む三巻本の）イェシュケ版との二つの版は、比べものにならないほど周到に作られている。このいずれも資料を出典や日付に応じて分けて、学問的に信頼できるテキストを提供している。しかし資料の性質上、テキストは断片的で統一を欠いている。イェシュケ版は三巻で出版された。英訳版は *Lectures on the Philosophy of Religion*, tr. R. F. Brown, P. C. Hodgson, and J. M. Stewart, ed. Peter Hodgson (University of California Press, Berkeley, 1984) である。同じ出版社から一八二七年の講義が別巻で出ているので、不注意な読者はそれを全テキストの縮約版と思うかもしれない。しかしことユダヤ教にかんするかぎり、この版は代表的なものではない（後述参照）。

（2）Hegel, *The Science of Logic*, tr. A. V. Miller (Allen & Unwin, London, 1969), p. 50.

（3）*Hegel's Logic*, tr. W. Wallace, 3rd edn (Clarendon Press, Oxford, 1975), vol. I, p. 3.

（4）Hegel, *Introduction to the Lectures on the History of Philosophy*, tr. T. M. Knox and A. V. Miller (Clarendon Press, Oxford, 1985) p. 124.

（5）Ibid., p. 141.

（6） Hegel, *Lectures on the Philosophy of Religion*, ed. P. C. Hodgson (University of California Press, Berkeley, 1984), vol. I, pp. 152-3.

（7） Ibid., p. 182-3.

（8） すべての宗教的形態が何らかの特定の哲学に対応するかのように、この類似をあまりにも機械的に解釈すべきではない。ヘーゲルにとって重要なものは、精神が歴史化されて、低級な精神的形態をも含む有限な形態をとるという原理なのである。それが哲学と宗教との精神的形態という点での（概念と想像という）違いとともに歴史的に変動する形態の違いも説明してくれる。しかしヘーゲルが単純な対応関係をのべている箇所はない。これは彼の弁証法では偶然的要素がつねに歴史や精神のあらゆる形態に影響するという立派な理由による。

（9） Introduction to the *Lectures* 1827, pp. 145-6.

（10） Ibid., p. 198. また1840 *Werke* の本文をそのまま写している一つの注も参照されたい。ブルーノ・バウアー編纂によるこの一八四〇年の著作集では（それより古い著作集にもとづく現在のズーアカンプ版でも vol. 16, p. 82 参照）、テキストにはもっと古い宗教の正当化が含まれているとはっきり言われている。逆にイェシュケ版では、「和解」（versöhnen）は正当化（rechtfertigen）をもたらすものでは**ない**ことが強調されている。英語版でホジソンはこの意味合いを受け入れているが、テキストというより句読法はバウアーの読み方も可能であることを認めている。この問題が重要だとは思えないが、それは文脈からすると、すべての宗教の人間的な性質、基本的に合理的な性質が力説されているのは誰がみてもあきらかだからである。そこで今の引用文を——哲学的研究は過去の宗教の恐ろしい恣意的な側面を認めさせるが、それはその側面を正当化するわけではないというように——もっと弱めた読み方をしても、それはあきらかにヘーゲル的な読み方であって、弁神論の弱い形がそこに含まれている。ヘーゲルが言おうとしたのは、今日なら拒絶されるにちがいない不快な要素を多く含んでいるにもかかわらず、歴史的現象の基本的に合理的な性格を宗教哲学はあきらかにする（そして受け入れさせる）ということだった。これは彼の弁証法の止揚と少しも矛盾しない。止揚は偶然的、恣意的な要素は廃止するが、合理的な本質を認めて、低級な形態を高次の形態の「契機」として受け入れる。（これがヘーゲルにおける弁神論の深い意味である。非合理な要素は非合理なものとしては否定されるが、理性的なものの歴史的に必然的な契機として認められる。）

(11) Ibid., p. 187.

(12) 1840 *Werke*, vol. 16, p. 83 参照。この分析を考慮すれば、宗教は人間の姿を神に投影した疎外態であるというフォイエルバッハの有名な主張は、ヘーゲルの一面的な解釈である。ヘーゲルでは神のイメージはたしかに人間の自己イメージを媒介したものだが、それは必ずしも偽りのイメージではない。宗教において人間は自分の有限性、存在者のなかでの自分自身の独特の地位を自覚する。それがキリスト教の意味なのである。ヘーゲルではハイネやフォイエルバッハその他のヘーゲル左派が考えたように、人間が神に取って代わることはなく、むしろ神の存在を媒介し、神によって媒介される。

(13) 人間と神との間に真の媒介がなければ、宗教には媒介の原理は完全に欠けているのか、それとも（カトリシズムがしているように）祭式や制度という形で伝えているのは誤りにすぎないのかと問わざるをえない。

(14) この名前は初期の講義にしか現れない。後には（その観念は残っているが）その言葉は使われない。

(15) 奇妙だが、これもヘーゲルのスピノザ批判である。**この**意味では古代ユダヤ教のほうが後代のユダヤ人スピノザよりはるかに進んでいたわけで、彼は（実体についての）自然宗教に戻ったのである。別の機会にヘーゲルはスピノザの思想の背景には「オリエンタルなもの」があるとしている。

(16) ヘーゲルの「主体」という概念には、精神や人格をさすまえに論理的、構造的な意味がある。「主体」は普遍的原理と特定の特徴の間の一種の弁証法的関係であって、それが弁証法的な全体性を構成している。この全体性は円環をなす有機的体系であって、特殊化した形態を介してそのなかに普遍的要素が存在し、それぞれの特定の要素はその普遍化（普遍的原理への回帰）によってのみ存在している。このような体系は自己を全体化する活動を起こし、その活動の**結果**としてそれ自身の独自性を作り上げる。それとは対照的に、実体はその特性が最初から決まっている静的で無力なでき上がった体系であって、特定の特徴は普遍的なものに一方的に従属している。したがって実体が偽りの全体性であるのに対して、真の全体性とは主体のような体系のことである。

(17) Preface to *The Phenomenology of Spirit*, p. 10 参照。これは『論理学』の最も重要な点である「客観的論理」（対象としての世界理性）から「主観的論理」（主体としての世界理性、そして最終的には精神）への転換点でもある。この重要な移行によって正統的な形而上学からヘーゲルの客観的観念論と彼の**概念**のカテゴリーへ移ることになる。哲学史ではこれが近代においてスピノザからカントを介してヘーゲルに至る最も重要なステップである。

(18) この観念にはすでに『美学講義』で出会っている。「否定的な崇高」である創造という観念では、神性は世界から奪い去られて外部の神のものとされ、世界の偶然的性格が強調されている。したがって創造の観念にはヘーゲルではユダヤ教への鋭い批判が含まれていて、一八二七年の講義の舞台中央に再びそれがみられることになる。

(19) この引用はイルティングによって出版された一八二一年の原稿のなかのヘーゲルの覚え書きから引いたものである（p. 317）。同様の箇所が一八二四年の講義では次のようにのべられている。「主に対するこの怖れにあっては、地上の自然に属するもの、はかない偶然的なものはすべて捨て去られる。それゆえそれは絶対的否定性であって、その他の一切を放棄する純粋思惟のレベルへわれわれを高めるのである」（*Philosophy of Religion*, vol. 2, p. 443）。

(20) 「主への恐怖も絶対的な宗教的義務である。自分自身を無とみなし、自分が絶対的に依存するものであることを知ること――主人に対する召使の意識――このような恐怖こそ、自分を再び確立することを絶対的に正当化するものなのである」（Ibid., vol. 2, p. 155; Ilting, p. 323）。

(21) Hegel's notes to *Lectures* 1821, ibid., vol. 2 p. 155; Ilting, p. 372. スピノザも（『神学・政治論』で）この憎悪に言及しているが、諸民族がユダヤ人に対していだいている憎悪をそれに付け加えている。スピノザによれば、それがユダヤ人が生きながらえて独自性を維持することを助けた重要な力である。ヘーゲルは異教徒に対するユダヤ人の憎悪だけを強調している（異教徒を彼はノートではイディッシュ語でGojimと表記している（同所））。

(22) *Philosophy of Religion*, vol. 2, p. 158; Ilting, p. 325.

(23) 「財産の根源は人格性、つまり個人の自由である。人格であるかぎり人間は本質的に財産をもつ」（*Lectures* 1824, ibid., vol. 2, p. 484）。

(24) 1840 *Werke*; *Philosophy of Religion*, vol. 2, p. 159.

(25) Hegel's notes to *Lectures* 1821, *Philosophy of Religion*, vol. 2, p. 160; Ilting, p. 329.

(26) *Lectures* 1824, *Philosophy of Religion*, vol. 2, p. 450.

(27) 1832 *Werke*, *Philosophy of Religion*, vol. 2, pp. 684-5.

(28) （単なる法と区別される正義の国家としての）法治国家（Rechtsstaat）においては、ギリシアのポリスに直接的、無意識的な仕方で存在していたが、後に中世で失われてしまったような支配者と被支配者との間の（少なくとも潜在的な）相互依存の関係を、法があらわしていると考えられる。フランス革命の一方的関係の欠点が克服されれば、そういう相互依存の関係が近代のナポレオン以後の国家によって高度に回復され、実現されるにちがいない。近代国家は個人の自由と共同体との明確な自覚的綜合を創り出すことであろう。これがカントやミルの自由主義と異なるヘーゲル版の自由主義である。

政治（および国家）には精神的意味があると主張して、ヘーゲルは「国家に中立な自由主義者」には反対である。国家は人倫 Sittlichkeit（具体化された道徳）の最高の形態であり、それゆえ「客観的精神」の最高形態である。ヘーゲルの考えは国家には——家族もそうであるように——宗教的な意味があるというプロテスタントの思想を世俗化したものである。だが家族は人倫の低い形態である。家族においては、個人は自由な個人ではなくて単なる「メンバー」であり（*Philosophy of Right*, § 158）、愛情や自然的血縁関係にもとづいて他の特定の人物のために独立を断念することによって、個人は利己的な孤立状態を克服する。それと対照的に国家においては、愛ではなく法によって、そして単なる自然でなく理性によって媒介される普遍化された相互依存の原理に従うことによって、個人は利己的孤立状態を克服するのである。

(29)　これらの講義ではまさにヘーゲル自身の弁証法の立場からそう評価している、というのがここの意味である。（この研究の早い時期での私自身を含めて、非難した者または非難しようと思った者のように）ヘーゲルは自分自身の体系と矛盾していると非難することはできない。だが最後の考察で論じるように、ユダヤ教のメッセージを保護者然と是認することになるから、弁証法的な体系そのものがユダヤ教に対して不公平なのである。

(30)　Pöggeler, "Hegel's Interpretation of Judaism," p. 550. ペゲラーは重要なヘーゲル研究者であり編纂者だが、ホロコーストの後でユダヤ人とドイツ人を和解させようとして、ユダヤ人にかんするヘーゲルの好意的な発言を強調する傾向がある。したがってここでの彼の証言は特に重要である。

(31)　Liebeschütz, *Das Judentum*, p. 34 および *The Recurring Pattern* (Weindenfeld and Nicolson, London, 1963) のなかのナータン・シュトライヒによるヘーゲルにかんする章を参照。なお Rotenstreich, "Hegel's Image of Judaism," *Jewish Social Studies*, 15 (1953), pp. 33-52 も参照されたい。

(32) Hans Joachim Schöps, "Die ausserchristlichen Religionen bei Hegel," *Zeitschrift für Religions- und Geistesgeschichte*, 1 (1955), pp. 1–34, at p. 28.

第6章　ヘーゲルとユダヤ人——果てしない物語

(1) それにもかかわらず、これらの講義の英訳版を編纂したピーター・ホジソンは、講義の親ユダヤ派的内容を誇張しすぎていると思われる。ヘーゲルが講義の中心に据えているユダヤ教の**創造**の概念に与えている否定的な意味が過小評価されているからである。G. F. W. Hegel, *Lectures on the Philosophy of Religion*, 1-vol. edn, *The Lectures of 1827*, ed. Peter C. Hodgson (University of California Press, Berkeley, 1988), pp. 55-7 の彼の序文を参照されたい。ホジソンは、全宇宙がその栄光を称えている創造者である神についてのヘーゲルの叙述を「ユダヤ教の神観念について深い共感のこもった現象学」と言っているが、ヘーゲルがみている特徴は基本的に**否定的**なものだと考えられる。『美学講義』でみたように、ユダヤ教の創造概念は有限なものと無限なものとの間に裂け目を作り、世界と人間生活から一切の価値を奪い去ってしまう。神の栄光を称えるユダヤ人の宗教詩も人間や自然のむなしさを歌っている。人間も自然も目的とするところは崇高な神の栄光である。一八二七年の講義にみられる変化は抑制のきいた論調にあるのであって、それは感情面での克服こそ示しているものの、内容的にそれほどの克服が起こっているわけではない。このことや上にのべたその他の理由（すなわち、一八二七年の講義はそれ以前のものに比べて冴えない断片的テキストしか残されていないこと）のため、一八二七年の講義だけを独立に、それがヘーゲルの宗教哲学の**まさに**代表作であるかのように出版することにした編纂者の決定には疑問が残る。少なくともユダヤ教にかんする事柄について、これでは誤解が生まれかねない。

(2) Hegel, *The Lectures of 1827*, p. 364. 今後、本書の参照頁は本文中の括弧内に示す。

(3) これは『実践理性批判』から得たカント的な観念である。興味深いことにヘーゲルは若い頃と同じように再びカントの道徳理論から得た観念がユダヤ教にあるとしている。

(4) 現存している版では、ヘーゲルはユダヤ人の祭式についての議論からはじめているが、そこでテキストは突然止まっている。彼はこの部分も講義しただろうが（あるいは講義するつもりだっただろうが）、学生のノートは残っていない。

(5) ユダヤ教の律法にかんしてヘーゲルは「実定性」の問題に戻っているようにみえる。「律法は理性の法ではなくて主の命令として現れる。それに関連してあらゆる様式の政治的命令は細部に至るまで外面的なカテゴリーに入ることになる」(*Philosophy of Religion*, vol. 2, p. 742)。過去に何度も否定した後で、ヘーゲルが再びユダヤ教に政治的性格を認めているようにみえる。彼が考えているのはおそらく神政政治のことである。しかしユダヤ教は道徳的命令と儀式的命令を混同しているため、「永遠的な正義の法や倫理が……青や黄色のカーテンと同列のものになっている」(同所)。こうした律法主義的画一性は神を主とみるところに由来している。そういう神の崇拝においては「主観的精神は自由に達することはない」。そのため人間の法と神の律法との区別がない。これがユダヤ教の「永続的形式主義」(自分たちの独自性への永続的な忠実さ)という彼が解くことのできなかった謎にヘーゲルが与えた最後の説明でもある。

(6) 『哲学史講義』で彼がマイモニデスに当てた特別な章を含む。彼はマイモニデスの古典である『迷える者のための導き』もアラビアのカラーム哲学の資料として使っている。(ヘーゲルはカラーム哲学を奇妙なことにヘブライ語で「メダベリム」の哲学とよんでいる。)

(7) Yirmiyahu Yovel, "God's Transcendence and its Schematization: Maimonides in Light of the Spinoza-Hegel Dispute," in *Maimonides as Philosopher*, ed. S. Pines and Y. Yovel (Martinus Nijhoff, Dordrecht, 1986), pp. 269-82 参照。

(8) たまたま同様の立場をとっていたのはスピノザだが、ヘーゲルは彼のことを知っていて、その点(つまりそれが主体であることを否定しているという点)で、特に攻撃している。ヘーゲルに対するスピノザの答えは*Spinoza and Other Heretics*, vol. 2, *The Adventures of Immanence* (Princeton University Press, Princeton, 1988), ch. 2 で再現してみた。マイモニデスの答えとスピノザの答えの主な違いは、スピノザの神が内在的で無限な宇宙と同じであるが、宇宙そのものには人間のイメージや道徳的、目的論的構造がすべて欠けているというところにある。

(9) 彼の『エチカ』の末尾の文。

(10) 宗教心がもっと成熟すれば、祈りも古代の供犠という行事と同じように廃止されるかもしれない、というメンデルスゾーンの示唆がある。

(11) Hegel, *Lectures on the History of Philosophy*, tr. E. S. Haldane and F. H. Simson (Kegan Paul, London, 1894), vol. 2, p. 387. 今後この版の参照頁は本文中の括弧内に示す。

(12) これについて彼は、カバラの主要な書物である『ゾーハル』を、その時代に生きていた聖職者シメオン・バル・ヨハイ〔ヘーゲルは Ben Jochai と表記〕のものとするユダヤ人の（やや無批判な）伝承に従っている。

(13) ヘーゲルはエレラの『天国の門』(Porta Caelorum) の書名をラテン語とドイツ語で記しているが、著者の名前の綴りを（Herrera でなく Irira と）間違えている（*History of Philosophy*, vol. 2, p. 395）。その書物は一七世紀にアムステルダムで出版されて、後の学者たちに影響を与えた。Gershom Scholem, *Abraham Cohen Herrera, Author of the Gates of Heaven* (Hebrew) (Bialik, Jerusalem, 1978) ; tr. as *Das Buch Shaar ha-Shamayim oder Pforte des Himmels* (Suhrkamp, Frankfurt, 1979) 参照。

(14) 引用した『哲学史講義』のテキストはヘーゲル全集の第二版（一八四〇）であるが、これはいろんな時期の資料から構成されたものである。新しい批判版はまだ現れていない。

(15) ヘーゲルと学友会については、Jacques D'Hondt, *Hegel en son temps* (Editions Sociales, Paris, 1968) 参照。カロベおよびヘーゲルとユダヤ人については、Shlomo Avineri, "A Note on Hegel's Views on Jewish Emancipation," *Jewish Social Studies*, 25/2 (1963), pp. 145–51 参照。

(16) Shlomo Avineri, "A Note on Hegel's Views," p. 147. なお J. Hoffmeister (ed.), *Briefe von und an Hegel* (Meiner, Hamburg, 1953), vol. 2, pp. 455ff. の関連する記録も参照されたい。

(17) Kuno Fischer, *Hegels Leben, Werke und Lehre* (Winter, Heidelberg, 1911), pt. 1, p. 321 ; Franz Wiedmann, *Hegel, An Illustrated Biography* (Pegasus, New York, 1968), p. 57 で触れられている。

(18) 実際にはクーザンはこの訪問からはるかにより多くのものを得た。というのは彼はヘーゲルと知り合って文通するようになったからである。

(19) ラインラントのユダヤ人はナポレオンによって解放されたが、後にプロシアがラインラントを併合したとき彼らは権利を失い、ユダヤ人弁護士は仕事をつづけることを禁止された（この点についてはシュロモ・アビネリの指摘に負っている)。

(20) Hegel, *Philosophy of the Right*, tr. T. M. Knox, 3rd edn (Clarendon Press, Oxford, 1969), p. 134.

(21) Ibid., p. 169.

(22) これはナショナリズムや民族分離主義などとは対立する。ヘーゲルは安定した社会には共通性が必要であることを認めているが、それは人種や民族集団や宗教が共通であることによるのではなくて、**市民**共同体への平等な市民権、抽象的な人間性の移植にもとづくものである。

(23) *Philosophy of the Right*, p. 169n.

(24) 統一があまりにも(彼の言う)「抽象的」で抑圧的な「るつぼ」とか、人種的、文化的な諸要素がただ並存しているだけの(その統一が「全体」とならず「集合」にすぎない)一群などをヘーゲルが考えていたはずはない。彼が考えていたのは、特定の要素を保存すると共にそれを超越する弁証法的な統一であった。ヘーゲルの『法の哲学』ではこれを成し遂げるものは、一党一派に偏らない「普遍的」な国家権力である。だが今日のように国民国家の怪しげな動きや国際勢力の衰退がみられた後では、貧弱だが強力な地域連合——一種の「民主主義的民族集団」——へ向かうことが考えられるかもしれない。すなわち集団や地方や少数派のレベルでは自治と多様性を認めながらも、国家を超えたレベルでは客観的な統一を達成し安全を保障する地域連合である。

(25) 一八三一年の死のまえに再びヘーゲルはユダヤ教を含めて宗教哲学について講義している。その講義のうちで残っているのはダービッド・フリードリヒ・シュトラウスによる要旨だけである。一八三一年の講義では、宗教の順序は根本的に変更されている。ユダヤ教はペルシア宗教の次で、フェニキアやエジプトの宗教の前である。エジプトの宗教はギリシアの「美と自由」の宗教やローマの功利主義的宗教への橋渡しである。ここではユダヤ教はこのように——二つのオリエント宗教以前へ——後退させられているが、周知の重大な役割を果たしつづけている。(a)ユダヤ教においてはじめて神が主体になり人格となる。(b)「ここではじめて神が世界の創造者であり主であることが本当に認識される」(*Philosophy of Religion*, vol. 3, p. 739)。(c)「ここではじめて悪はいかにして世界に登場したかという問いが意味を獲得する」(vol. 2, p. 740)。ヘーゲルはここで特に苦難の問題——すなわち弁神論の問題——と神の義と力に対抗するヨブ記を強調している。宗教上の律法についてはヘーゲルは、若い頃熱中した「実定性」の問題に戻っているようにみえる。「律法は理性の法ではなくて主の命令として現れる。それに関連してあらゆる様式の政治的命令は細部に至るまで外面的なカテゴリーに入ることになる」(vol. 2, p. 742)。過去には何度も否定した後で、ヘーゲルは再びユダヤ教に政治的性格を認めているようにみえる（彼が考えているのはおそらく神政政治のことである)。しかしながらユダヤ教は道徳的命令と儀式的命令を混同しているため、「永遠的な正義の法や倫理が……青や黄色のカーテンと同列のものになっている」(同所)。神の律法と人間の法とを区別しないで神を主と考えるところから、こういう画一的な律法主義が生まれるのだ。これは、死に先立ってヘーゲルが——解けない「謎」だった——ユダヤ人の「永続的な形式主義」(彼らの断固たる忠実さ) に与えた説明でもある。

(26) これは "Tolerance as Grace and as Right," abridged (Hebrew) version in *Iyyun*, 45 (Oct. 1996), pp. 482-7 で論じている。この完全版は Social Research (1998) に所収。

(27) エミール・ファッケンハイムはこれを適切に「ヘーゲル思想における宗教的次元」とよんだ。(Emil Fackenheim, *The Religious Dimension in Hegel's Thought*, Indiana University Press, Bloomington, Ind., 1967 参照。)

(28) これは必ずしも批判としてのべているわけではない。

(29) ナハマン・クロホマール（ラナック）はヘーゲルの影響を受けた宗教的なユダヤ人だったが、キリスト教でなくユダヤ教を「絶対的宗教」として認め、それゆえそれに変化や進化でなくむしろ無時間性をみていた。それはユダヤ教が歴史を超えて永遠に達したものだからである。彼やその他のユダヤ人のヘーゲル主義者については、Schlomo Avineri, "The Fossil and the Phoenix : Hegel and Krochmal on the Jewish Volksgeist," in *History and System : Hegel's Philosophy of History*, ed. R. L. Perkins (SUNY Press, Albany, 1984), pp. 47-64 を参照されたい。

(30) E. Fackenheim, "Hegel and Judaism : A Flaw in the Hegelian System," in *The Legacy of Hegel : Proceedings of the Marquette University Hegel Symposium 1970*, ed. J. J. O'Malley et al. (Nijhoff, The Hague, 1973), pp. 161-85, at p. 161.

第7章　ニーチェと死せる神の影

(1)　この概念はディルタイのようなドイツの哲学者たちが、人物や時代など他者の生活状態についての共感に類する直接的把握を示すために使ったものである。

(2)　**偶像**という言葉は、虚構ないし真実を歪める像というベーコンの意味で使っている。

(3)　彼の哲学に「真実の真理」があるかどうかという問題については後述参照。

(4)　両者の哲学全体が非常に縁遠いものに思われるため、ニーチェとヒュームとの類似は十分に注目されたことがない。

(5)　系譜学とは個人の生物学的家系の起源の研究だが、ニーチェが徹底的に研究するのはさまざまな生活形態や立場や世界像の心理学的、実存的起源である。

(6)　この点では彼は本質的な違いがあるにもかかわらず、ヒュームやカントやウィトゲンシュタインに近づいている。

(7)　誕生という比喩は系譜学を補足するものだが、『悲劇の誕生』以来ニーチェが愛用したものである。

(8)　フロイトが言っているところでは、その類似のゆえに彼は、「科学的」に重要な問題について「思弁的」な哲学者による影響を受けないように、初期の段階でニーチェを読むのをやめたそうである。この言葉はそれほど当てにならず十分な根拠のあるものでもなく、この言葉の真の意味を解明するにはフロイトの論文がすべて公開されるのを待つほかはない。(一九三一年六月二八日のロタール・ビッケルあてのフロイトの手紙を参照されたい。)

(9)　Nietzsche, *The Gay Science*, tr. Walter Kaufmann (Vintage, New York, 1974), § 109. 今後は本文中に括弧をつけて *GS* と節番号で示す。

(10)　ニーチェはヘーゲルのような弁証法は使わないので、この対立には綜合や和解はなく、自滅的な反語的状況があるだけである。

(11)　Nietzsche, *The Antichrist*, in *The Portable Nietzsche*, tr. Walter Kaufmann (Vintage, New York, 1954) § 62 参照。今後は本文中に括弧をつけて *A* と節番号で示す。

（１）　Nietzsche, *Beyond Good and Evil*, tr. Walter Kaufmann (Vintage, New York 1966), § 251. 今後は本文中に括弧をつけて *BGE* と節番号で示す。

（２）　これらの手紙は *Festschrift zum fünfundzwanzigjährigen Bestehen des Hammers* (Hammer Verlag, Leipzig, 1920) pp. 77-9 にはじめて公開された。以下に引用する手紙は Nietzsche, *Briefwechsel : Kritische Gesamtausgabe*, ed. Giorgio Colli and Mazzino Montinari (W. de Gruyter, 1937-93) に公開されている。これは以下 *BW* と略記する。

（３）　Ronald Hayman, *Nietzsche* (Oxford University Press, New York, 1980), p. 189.

（４）　Ibid., p. 195.

（５）　Nietzsche, *On the Genealogy of Morals*, tr. Walter Kaufmann (Vintage, New York, 1969), Ⅲ § 14. 今後は本文中に括弧をつけて *GM* と論文および節の番号で示す。

（６）　Nietzsche, *Daybreak*, tr. R. J. Hollingdale (Cambridge University Press, Cambridge, 1982). 今後は本文中に括弧をつけて *D* と節番号で示す。

（７）　Nietzsche, *Nietzsche contra Wagner*, essay 8, § 1. In *The Portable Nietzsche*, tr. Walter Kaufmann (Vintage, New York, 1954).

（８）　ユダヤ人に対するブルクハルトの態度を論じたのは、ハンス・リーベシュッツ（“Das Judentum im Geschichtsbild Jacob Burckhardts,” in *Yearbook of the Leo Baeck Institute* 4 (1959), pp. 61-80）とヤーコプ・タルモンだった（ブルクハルトの『世界史的考察』のヘブライ語訳（Bialik Institute, Jerusalem, 1962）に添えられた“Jacob Burckhardt”という序論（特に pp. 20-4 参照）と一九六九年八月八日の World Congress for Jewish Studies で講義され、*Ha'arez*, 12 Sept. 1969 にはじめて発表された“Nietzsche's Jewish Aspects in Historical Perspective”）。タルモンは最初にあげた論文のなかでブルクハルトを「ユダヤ民族に何らの敬意もいだかず、機会ありしだい彼らを傷つけようとする本物の反ユダヤ主義者」とみなし（p. 22）、後の論文ではブルクハルトをニーチェが接触した主要な反ユダヤ主義者のうちでも最初の人物だったとしている。だが事実はもう少し複雑だったようだ。リーベシュッツが示しているように、ブルクハルトはユダヤ人を（キリスト教的文化である）本当のヨーロッパ文化にとって異質だとして、中世におけるユダヤ人迫害を道徳的根拠ではなく歴史的根拠にもとづいて正当化している。しかし彼もユダヤ人の苦難には同情を寄せている。学生時代に（生活の資として）「騎士とユダヤ女」を主題とした小説を匿名で書いている。それはレッシングの『賢者ナータン』とやや似ているが、もっと批判的な感情を示している。円熟期には熱烈な保守主義者というより反動家となり、中世と特にルネサンス期のヨーロッパ文化を愛し、近代的なものには深い疑念とペシミズムを表明した。俗悪、野蛮な——工業化と民主主義を含む——大衆文化に支配される未来に現れる大きな危機が彼にはみえていた。迫りくる野蛮状態の一つの徴候がユダヤ人の解放であり社会的上昇であって、彼はそれに反対であった。

ブルクハルトは世界史における、特に伝統的なヨーロッパの形成におけるユダヤ人の役割を否定していた（または無視していた、と言っても同じことだ）。（リーベシュッツが示しているように）ブルクハルトはユダヤ教とキリスト教が共通の聖書を源とすることを認めていなかった。ユダヤ人の苦難に同情を示しながら、ユダヤ人は本質的にキリスト教的なヨーロッパ文化とは正反対のものだと主張して、ユダヤ人排除を擁護していた。注目すべきことに、ブルクハルトの貴族的エリート主義を共有し、ブルクハルトから何より文化を高く評価することを学んだニーチェは、（『人間的、あまりに人間的なもの』で）ユダヤ人は中世キリスト教文化に異質で正反対であるという全く**同じ**理由で、ユダヤ人を賞賛している。そしてブルクハルトがユダヤ人とキリスト教徒との共通の伝統を否定せんばかりだったのに対して、ニーチェは伝統が共通だったのは**一つの**時期（「神官的ユダヤ教」の時期）だったことを強調し、別の時期（キリスト教後のユダヤ教）はそうではなかったとしていた。

リーベシュッツはブルクハルトは、寛容を評価する観点からユダヤ人の迫害を嫌悪すべきだとしながら、もっと深い歴史的パースペクティブからはそれを正当化していたと書いている。それは歴史には二つの正反対の「民族的個体」の対立が含まれているからだというのであった（"Das Judentum," p. 67）。その後ブルクハルトはそれを「両立しがたい民族的対立」とも言っている（ibid., p. 68）。ユダヤ人の苦難に同情や敬意をいだいたものの、ブルクハルトは彼らの苦難に心を閉ざしてしまった。それは彼が偉大な文化的業績は人間の苦悩によってもたらされると信じていたからである（ibid., p. 71）。いずれにせよ、「（ブルクハルトの）バーゼルでの講義の聴講者には、ブルクハルトにとってヨーロッパのユダヤ人は偉大なヨーロッパの伝統を築き上げた力のなかに入っていないことは疑いようがなかった」(ibid., p. 71)。ニーチェはこういう意見を知っていたにちがいないが、その意味や趣旨を逆転させた。初期ユダヤ人はヨーロッパ文化の頽廃の要素(キリスト教)について責任がある。後に離散したユダヤ人はたしかにヨーロッパ文化にとっては異質な存在だったが、それだからこそ治療をもたらすものの保有者となったのだ。ニーチェも文化を最も重要な考察対象だと考えていたが、ヨーロッパ文化の本質についても、ヨーロッパ文化におけるユダヤ人の役割についてもブルクハルトの見方と対立していた。ニーチェのほうが有名なバーゼルの歴史家より微妙な差異に敏感で歴史的にも細かく区別していた。

私信のなかでブルクハルトは反ユダヤ主義的な見解を何度ものべていたが、それは公表されるものではなかった。しかしブルクハルトより年下の友人で被後見人だったニーチェは、バーゼルで交際しているうちに彼から同様の個人的意見を簡単に聞くことができた。とにかくニーチェがこういう問題のすべてについて対立する意見をもっていたことは注目に値する。ブルクハルトはフリードリヒ・プレーンに、(現代ユダヤ人という意味だが)「セム人」は「彼らの万事への不当きわまりない関与」をあきらめねばならないだろうと書き送ったが(一八八〇年一月二日)、ニーチェのほうは(『曙光』二〇五節に)ユダヤ人がすべてに関与して、ヨーロッパのあらゆる問題において卓越すべきだと書いている。ブルクハルトはプレーンにヨーロッパ自由主義は結局、セム人に与えていたすべての権利を「たとえ悲嘆に暮れさせることになっても」取り消さざるをえないだろうとも書き送っている(一八八〇年一二月三日)。ところがニーチェは(自由主義の立場からではないが)ユダヤ人が実際にヨーロッパの基準や価値を「支配する」ことを望んでいた。別の手紙でブルクハルトは「ユダヤ人によって生産されるドイツのジャーナリズムの九割」を攻撃して、ユダヤ民族についてこれほど何事もなされないのはどういうことかと言って、ドイツで国民投票をやればすべてのユダヤ人追放を決定するだろうと予測していた(一八八二年一二月二三日)。ニーチェも『曙光』では、ユダヤ人が先祖がエジプトを失ったように「ヨーロッパを失う」ことになるかもしれぬと考えているが、それはヨーロッパにとって不幸なことだとみている。そして『善悪の彼岸』二五一節で、ドイツからユダヤ人ではなくて「騒ぎ回っている反ユダヤ主義者たち」を追放することを提案している。

結局、文書を証拠に判断すれば、ブルクハルトはワグナーやそのサークルの人々よりも反ユダヤ主義的ではなかったようにみえる。しかしニーチェはブルクハルトから多くの神託めいた意見を聞いていただろうし、ワグナーやエリーザベットとともに交際することになった人物であり曖昧な仕方で尊敬しつづけたけれども、全体から考えてブルクハルトを正真正銘の反ユダヤ主義者とみなしていたようである。重要な問題はブルクハルトが「客観的に」何者であったかではない。重要なのはニーチェが彼をどう理解していたかということである。タルモンが言っているように、ブルクハルトが「本物の反ユダヤ主義者」だったにしろなかったにしろ、ニーチェは彼を反ユダヤ主義者だと確信していたと思われる。

(9) Nietzsche, *The Will to Power*, tr. Walter Kaufmann and R. J. Hollingdale (Vintage, New York, 1968) § 748. 今後は本文中に括弧をつけて *WP* と節番号で示す。

(10) Nietzsche, *Thus spoke Zarathustra*, tr. R. J. Hollingdale (Penguin, Harmondsworth, 1961), I, § 1. 今後は本文中に括弧をつけて *Z* と節番号で示す。

(11) Nietzsche, *Ecce Homo*, I, § 3. 今後は本文中に括弧をつけて *EH* と節番号で示す。

(12) Nietzsche, *Twilight of the Idols*, Ⅷ § 1. in *The Portable Nietzsche*. 今後は本文中に括弧をつけて *TI* と節番号で示す。

(13) Nietzsche, *Human, All Too Human*, tr. R. L. Hollingdale (Cambridge University Press, Cambridge, 1986), I § 457. 今後は本文中に括弧をつけて *HH* と節番号で示す。

第9章　ニーチェと古代ユダヤ教——反キリスト者

(1) 「なぜ私は運命であるか」、*EH*, § 7.

(2) 「後退」とか「退却」と言っても、ニーチェに歴史的進歩という見方があると言っているわけではない。しかし歴史のなかには歴史的必然性とか目的論的構造は働きもせず現れてもいないけれども、彼が言う意味では前進も後退もありうるし、また存在したのである。

(3) だがそれはニーチェが支持する人間的価値という意味では「よい」かもしれない。彼は「善／悪」と「優秀／劣悪」とを区別する。後者が有意義なものであって、それを判定するものは強制による判定ではなく、人間的価値や達成されたディオニュソス的完成度による判定である。（現代用語で言えば、これは「義務の倫理」より「徳の倫理」に入る。）

（4） Julius Wellhausen, *Prolegomena to the History of Israel* with a Reprint of the Article "Israel" from the Encyclopaedia Britannica (Black, Edinburgh, 1885) p. 77.

（5） Ibid., p. 76.

（6） Ibid., p. 90.

（7） Ibid., p. 509.

（8） 神官文化に対するウェルハウゼンの敵意は一部は、ニーチェの敵である反ユダヤ主義者パウル・ド・ラガルデに影響されたプロテスタントの哲学者ライマールスから吹き込まれたものなのかもしれない。(Goren, "Image of the Jew," pp. 105-6 参照。)

（9） ニーチェは無意識のうちに自分の今後の生涯をのべているのだろうか。

（10） ニーチェのスピノザに対する態度には似た特徴がある。つまりスピノザの人格や理論のいろいろな部分を賞賛しながらも、その他の部分——永遠真理や理性などについての確信——は拒否する。そういう部分はニーチェの系譜学によれば、スピノザの性格にも「頽廃的な」けちな影をなげかけて、スピノザが主張している（そしていかにも従っているようにみえる）ものとは非常に異なった倫理や生き方へ導いたということになる。これは矛盾であるだけではなくて、*Spinoza and Other Heretics*, vol. 2 : *The Adventures of Immanence*, pp. 132-5 でのべたように、ニーチェ自身の哲学用語で言えば「系譜学の汚点」であった。しかしそれはニーチェも断ち切ることもできず説明することもできない事実なのであった。似たケースはイエスの場合であり、ある程度まではソクラテスの場合である。それぞれの場合、あきらかにされている理論とは別個に人格が賞賛されている。聖書期およびディアスポラ期のユダヤ人に対する（ちがう理由での）ニーチェの賞賛についても同様のことが言える。こういうことはみな彼の系譜学への修正として役立つにちがいない。すなわち、賞賛すべき特徴は「頽廃的」理論を主張する人々のなかにもありうるのだ。

（11） 「選民」という観念の潜在的に異教的な使い方にかんして、別の皮肉の実例を後でみることにする。

第10章　ディアスポラと現代ユダヤ人

（1）　彼が賞賛するものは（ニーチェが受け入れて使っている）宗教批判の合理主義的要素である。

（2）　スピノザは多くの**近代的**ユダヤ人の原型とみられていた。それは正しいことだったが、ニーチェは彼を**中世**ユダヤ人学者の原型でもあるとみているようだが、これは軽率である。確かなことだが、ユダヤ思想家のマイモニデス（およびその後継者や末裔）も含めて、大半がイスラム教徒でアラビア語で書いていた学者たちは、キリスト教的西欧によるギリシア哲学の受容に先立って、ギリシア哲学の伝統の担い手だったのである。

（3）　彼はスピノザの厳密に内在的な哲学その他の思想を賞賛しているが、永遠の真理によって支配される合理主義的世界の確信は「頽廃的」として退けている。（両者の詳細な比較についてはYovel（"Spinoza and Nietzsche: *amor dei* and *amor fati*"）in *Spinoza and Other Heretics*, vol. 2, ch. 5を参照されたい。）

（4）　この明白な点が、ニーチェの言葉をユダヤ人へのお世辞だと思った少数の著作家たちには理解できていない。彼の言葉を読む場合には、読む者の考える意味で読むのでなく、彼自身が与えた意味で読むようにしなければならない。ニーチェがユダヤ人の道徳を賞賛することは十分に考えられる。

（5）　これらの文章には反ユダヤ主義への攻撃と現代ユダヤ人への賞賛の両方が含まれている。その両者を区別したので、第8章で引いたこの文章をここでも使わざるをえない。

（6）　ユダヤ人種の「純粋さ」についてのニーチェの見解は、放棄した観念をまだ使っている一例のように思われる。ニーチェはユダヤ人を（隔離されていたから）人種的に「純粋」だと考えたかもしれないが、彼は「純粋」であることを理想とは見なしていない。それどころか彼はユダヤ人が隔離状態を離脱して、新しいヨーロッパが特に力強いスラブ人やユダヤ人を含んだ人種混合体となることを望んでいる。（「ヨーロッパの将来のためのすべての構想においては、ユダヤ人とロシア人」を重視すべきだという彼の要求（*BGE*, § 251）もこれで説明がつく。）

（7）　そういう誤解をしたひとりは故ジェイコブ・L・タルモンだが――そこには、無批判な読み方から生まれる情緒的な力は、一流の歴史家でも克服しがたいものであることが示されている。こういう例をみていると、誤解を修正した私の読み方がいかに公平でテキストに忠実であっても、有力な学者が現れて私の読み方に抗議するかもしれぬと思わずにはおれない。

(8)「エジプトを失ったこと」がユダヤ人には、ユダヤ民族の基礎となった解放というプラスの意味をもつ出来事として経験されたことを思い出しておこう。

(9)「反対する」と(現在形で)言うのには理由がある。シオニズムがニーチェが発狂したのち正式に発足したのはあきらかだが、ニーチェの頃にもモーゼス・ヘスの *Rome and Jerusalem* という最初のシオニズムの書物がすでに出ていた。ニーチェがそれを読んだかどうかはわからないが、彼が(ナショナリズムのせいもあって)シオニズムを拒否するのはあきらかである。いずれにせよシオニズムが投じた問題はニーチェ以前にも存在していたのであって、それに対する彼の答えがシオニズムに真っ向から対立するものであることが明白である以上、彼を「事実としてのシオニズム以前のシオニズム批判者」とよぶことができる。

(10)この重要な問題に注意しなかったことが、ニーチェのこの文章への重大な誤解が生まれた理由の一つである。一般の通念に従えば、このジレンマに直面して、ニーチェが——他の(反ユダヤ主義者に限らない)非ユダヤ人と同じように——ユダヤ人がヨーロッパを支配するより、ユダヤ人がヨーロッパを失うほうがましだと考えるのは「自明のこと」だと思われるだろう。しかし繰り返しになるが、ニーチェは通念には従わない。彼はそのジレンマに別の解決を求める。読者の「自明の」想定をひっくり返して、ユダヤ人が(文化的な意味で)「ヨーロッパを支配する」ことのほうを選ぶ。彼はユダヤ人の側もキリスト教徒の側も、ユダヤ人がヨーロッパを去るような危機に導くことには反対である。

(11)警告というものは状況に含まれる危険について発せられるものであって、必ずしも個人的なものではない。脅しのほうは個人化された警告であり、警告を発する者から危険が生じる。

(12)この問題は以下のように図式的に分析して要約することができる。三つのレベルでの読み方がある。ニーチェ自身の見解、今日の無批判的読者の解釈、**当時の**一般読者の反応を期待するニーチェの態度。今日の無批判な読者は「ヨーロッパを失う」ことはナチスの政治に近いものであり、「ヨーロッパを支配する」ことはユダヤ人による現実政治的、経済的支配だと考える。そしてニーチェも大半のヨーロッパ人と同様に、このジレンマを解決する道がほかになければ第一の解決策を選ばざるをえないだろうと考える。だがニーチェは「ヨーロッパを失う」ことを追放とか移民として理解し、「ヨーロッパを支配する」ことをユダヤ人の文化的価値を模範として示すことだと考えて第二の解決策を選ぶ。彼も当時の（反ユダヤ主義者に限らない）一般読者が第一の解決策が当然望ましいものと考えることを想定していたが、——第二の解決策を選んで読者を驚かした。ユダヤ人は立ち去るよりも（彼の言う意味で）「ヨーロッパを支配する」ほうがいい。別の箇所では、もっといいのはユダヤ人でなく「騒ぎ回っている反ユダヤ主義者」のほうを追放することだと言っている（*BGE*, § 251）。

(13) 第8章一六三頁参照。

(14) ユダヤ教と同様にヘレニズムにも不変の本質など存在しない。ニーチェはヘレニズムをオリンポス、悲劇、ソクラテス（合理主義）という三形態に分けてそれぞれに異なる評価を下している。

(15) この結論を劇的に強固なものにするのは、昏倒後ブルクハルトに送った手紙のなかにある「カヤパは鎖につながせた。——ウィルヘルム、ビスマルクその他の反ユダヤ主義者はみな免職させた」というニーチェの文章である。ディオニュソス的な「磔刑にされる者」として語りながら、ニーチェはここで彼の敵である反ユダヤ主義者、ユダヤ教の大祭司、現代ドイツのナショナリストをひとまとめにしている。——みな系譜学的には同系なのである。

(16) この主題を採り上げた人々のなかでは特にアイゼンが、ニーチェがユダヤ人を攻撃するときと賞賛するときに使っている反ユダヤ主義者のイメージと極端な言葉に気づいている。だがアイゼンはニーチェがユダヤ教の二つの異なる時期（ないし系譜学的位相）についてのべていることがわかっていない。Arnold M. Eisen, "Nietzsche and the Jews Reconsidered," *Jewish Social Studies*, 48 (1986), pp. 1-14 参照。

(17) 美徳と卓越性についての貴族主義的倫理と力についてのディオニュソス的真理という観点から。

(18) 彼の感情からすると文化的右翼に傾いていたが、ニーチェは保守派ではなかった。ニーチェが温存しようとするものはほとんど何もなかった。彼は文化的急進派であり、革命家であって、西洋の合理主義的、キリスト教的な文化を転覆しようと考えていた。ユダヤ人への彼の肯定的態度も大半はこのラディカリズムから、つまりユダヤ人にかんする一般通念を挑発的に逆転させて、ユダヤ人をエリートとして、新しいエリート文化に適した者としてみるところから生じている。

エピローグ

（1）　だがニーチェは啓蒙思想を拒否するのに劣らず啓蒙思想に**近づいていた**。彼の啓蒙思想に対する関係は一般に単純化して考えられているよりもはるかに弁証法的なものであった。彼も一八世紀革命の子であって、**その内部において**急進的な選択を提案したのである。今日の流行の解釈のように、反近代論者とかポストモダニストではなくて、——別種の近代化論者であるにしても——彼が近代化論者になっているのはこのためである。

訳者あとがき

本書は Yirmiyahu Yovel, Dark Riddle ; Hegel, Nietzsche, and the Jews (Polity Press, 1998) の全訳である。

表題を「深い謎」としたが、副題から受ける印象では、この言葉はいかにもヘーゲルやニーチェとユダヤ人とのわかりにくい関係をさしているようにみえるかもしれない。しかし本書全体が、ヨベルがある対話で使っている言葉で言うと一つの défi (挑戦) なのだが、この表題自体にも読者に挑む一種の「謎」が仕掛けられている。最初から謎解きをしては著者の工夫に水をぶっかけるようなものだが、読んでもらっても誤解されるだけでは著者に申し訳なく、読者にも十分お楽しみいただけないことになるので、ほんの少しだけヒントを書いておこう。

たしかに本書でヨベルは、ヘーゲルやニーチェのユダヤ人ないしユダヤ教に対する態度を究明している。いわゆる「ユダヤ人問題」へのふたりの対応をどう捉えるかという「特定の問題」だけに主題を絞ってしまえば、本書の問題を「散文的」に〈「ユダヤ人問題」のケーススタディ——ヘーゲルおよびニーチェの場合〉と言い換えてもいいかもしれない。しかしこれでは本書のもつ意味についてはほとんど何も言ったことにならない。それどころか、この言い方では誤解とまではいかなくても、本書の核心を捉えた理解の道を閉ざすことにもなりかねない。最近の顕著な一つの傾向を考えれば、そのおそれは大きい。というのも、すでに八〇年代から採り上げられてきたテーマではあるが、特にドイツ思想とユダヤ人またはユダヤ思想の関係が注目を集めているからである。たとえばRaphael Grossが解明した、カール・シュミットの思想形成に反ユダヤ主義が果たした決定的役割が論議をよんでいるのが、最近におけるその典型的なケースである。そういった状況に結びつければ、本書もいわばその種の議論の先取りとも読まれかねず、その場合には、表題の「謎」はまさにヘーゲルやニーチェとユダヤ人との関係の複雑さを意味することになってしまう。しかしユダヤ人であるヨベルが問題を採り上げる場合（むろんヨベルはこういう民族決定論的な言い方を拒否するわけだが）、その観点はドイツ人の論者・研究者とはあきらかに異なる。

ヘーゲルやニーチェについて「ヨーロッパ中心主義」、「キリスト教中心の立場」を批判するところからもうかがえるように、ヨベルは「ユダヤ人問題」への対応の仕方が、ヨーロッパの思想家の思想形成にどういう役割を果たしたかを解明しようとしているのではない。彼自身が「まえがき」に書いているように、本書はたしかに「哲学の研究書」であって「政治的イデオロギーの歴史」の研究書ではない。この言い方では言葉を交錯させている感じがあるが、ヨベルはそこですでに一つの宣言に近いことを言っている。つまり彼がめざしているのは、むしろ「哲学」そのものの在り方の解明であって、思想の歴史や思想家の内的事情の解明ではない。

まず第一のヒントを言っておこう。これは簡単なことである。書名にある「謎」がさしているのは実はユダヤ人そのものである。ヨーロッパ人がその文化と歴史から追放し、「世界」から排除した結果、存在そのものが深い闇の底に追いやられ、大きな疑問符と化してしまった「ユダヤ人」こそ「深い謎」なのである。

ところが本書の投げかけている謎はそれには尽きない。つまり「ユダヤ人」を「深い謎」として提示することは、「ユダヤ人」を深い闇の底に追放した光＝理性＝啓蒙そのものを逆に問題化する。その結果、本書のもう一つ底にある第二の「謎」として「理性」が浮上してくる。ヨベルがユダヤ人がヨーロッパにとって「鏡」を提供していたと最初に言っている意味も、そこで言われているヨーロッパ自身の問題の「反映」といういかにも早わかりのする意味にとどまるものでない。そのこともこれでわかってくるだろう。なぜなら「自分のアイデンティティや将来、そして生きる意味をどう考えていくかという問題」は、絞って言えばまさに「理性」の問題であるからこそ、ヨベルは特に「鏡」という言葉を選んでいると考えられるからである。

この事情はさらに後で、ニーチェはヘーゲルに劣らずspeculativeであると言うとき示唆されているものにも関係がある。この言葉も単に「思弁的」というだけの意味ではない。この語は言うまでもなくspeculum（鏡）に由来する。彼らの思想がspeculativeであるとヨベルが言うのは、一応いわゆる「思弁的」だということだが、それだけではなくて彼らの哲学が時代の「鏡」であるという意味なのである。つまりヘーゲルもニーチェも時代の底にキリスト教の問題を見据え、そのかぎりでユダヤ教およびユダヤ人の問題を自分たちの思想的課題の核心に置いた。それだからこそ彼らの哲学はspeculativeだと言うのである。

そしてそのような意味でなら、ヨベル自身についてもやはりspeculativeであると言うことができる。ヨベルの理論的関心は、ヘーゲルとニーチェについて簡明だが周到な歴史的解説を加えながら、ふたりのそれぞれに極端に異なる、ほとんど対極的な「哲学」の営みをたどるときにも十分に示されている。彼らの思考についてヨベルは「実存的」という言葉を使うが、これは無論「実存主義」とは関係がない。むしろこの言葉はほとんど「実践的」という意味である。pragmaticと言う場合もそれは決定的に「実践」にかかわる言葉としてヨベルは使っている。そして、たとえばニーチェを「政治的無能」と批判するような場合に、彼が考えている「実践」の射程が示される。あるいは「エピローグ」、特に最後の「理性の実現と「民衆」の問題」という一節にそれをうかがうことができる。

ここに最後に仕掛けられた「謎」がある。この「民衆」と訳したmultitudeという語に、ヨベルは人種差別や性差別を超えた、多元的だが相対主義に陥らない現代人の在り方を託している。したがってこの言葉でヨベルは、公共の場に自由に参加する平等な「市民」の在り方を表現し、誤解を覚悟であえてそれをスピノザにならってmultitudeとしたとき、彼の頭には「友愛」のイメージがあったかもしれない。

たしかにそうかもしれない。しかしここでもう一度pragmaticに戻ると、multitudeの意味しているものがもう少しみえてくる。

ヨベルの言うpragmaticはほとんど「実践的」だと言ったが、これは理論と対置される実践ではなく、いわばミシェル・ド・セルトー風に言えば「日常の創意工夫（l'invention quotidien）」だが、セルトーのようにスタイリッシュでなくもっと泥臭くて「世俗的」、民衆的、大地的と言うか、およそ「実践的」というような言葉も憚られる「理論と実践の彼方」、「聖俗の彼方」であり、もちろん「善悪の彼岸」だが、この「彼方」も「彼岸」も手前にあるものをさしている。すなわちpragmaticとは一応たしかに実践的なのだが、理論と実践というような区分をしてしまっては話にもならない領域、もっと一種やくざっぽい世界のことである。それは実践とか規範とかでは縛れない、逆にそこからしか理論も実践も生まれようのないウィトゲンシュタイン的な「ざらざらとした大地」とも言えるだろうし、そのかぎりでは、pragmaticは文字通り実際的performativeで、場合によれば全く実用的であることも当然意味している。しかしだからといって規範も理性も無視するのではなくて、普遍的規範はもちろん尊重するのだが、規範の基礎とか根拠というものに頭を悩ますこともないところで、ヨベルは彼独特の「理性の実現」を考えている。この「理性の実現」も彼は embodied reason という意味深長な言葉を使っている。そこにはそれこそ考えるべき事柄がいっぱいあるが、私はここでもギュンター・アンダースのことを思い出してしまう。それはアンダースの「感情論」やいわゆる非本質主義や反根拠主義のことだが、これはまた別の話である。

ところでヨベルは一九九八年二月一六日、「フランス国際問題研究所（L'IFRI）」が開催した会議に招かれた時のある対話のなかで、歴史や宗教などについて縦横無尽に語りながら、むろん、国際問題について思うところをのべている。特にパレスチナ問題をめぐる諸問題を現代世界への「挑戦」として受け止めて、本書の「エピローグ」でも簡単に触れている、国家の乗り越えという課題に収斂する諸問題を採り上げている。二〇〇〇年度のイスラエル哲学賞がヨベルに授賞されたのも、国内外でのこのような発言や研究活動が評価されたからにちがいない。そういうところからもあきらかなように、「歴史の哲学者」と自称するヨベルの言う「歴史」とは、まさに現代の出来事のことにほかならないが、「現代」も多層的、多重的、多元的で「十把一絡げに」括ることはできない。ニーチェについて「共時的」とか「地図」とか「移動」という言葉をヨベルは使っているが、それは「漂泊」のイメージではなくむしろ「放浪」とか「流浪」と言うべきであって、ノマド的に諸次元をまさに横断する在り方を彼は考えている。だから「まえがき」で「ユダヤ人問題」がヨーロッパ人自身の問題なのだと言うとき、それをヨーロッパ人にとっての「自分のアイデンティティや将来、そして生きる意味をどう考えていくかという問題」と言い直していることも注目すべきだと思う。その際「アイデンティティ」と表記したものも無論、歴史のなかで変動し続け、多種多様な変容のなかからそのつど浮上する「独自性」をさしている。とにかく彼はそういう意味での「歴史」についてのアーレント風に言えば理解する、あるいはむしろ証言する営みを「歴史の哲学」とも「生の哲学」ともよんでいる。むろんこの場合の「生」は自然的生命ではなく歴史的、政治的な、身辺雑記の対象ともなるような人間生活である。したがって彼はニーチェについてのその種の誤解を繰り返し批判するとともに、ニーチェについてのいわゆる実存主義的な理解についてもはっきり退けている。したがってヨベルが最大関心を向けている「**有限な**合理性にかんする理論と実践」、すなわち「理論的啓蒙（abstract enlightenment）」の実現は、アドルノ風に「啓蒙の啓蒙」とも言えなくもないが、彼がけっしてアドルノの道をとらないことはあきらかだ。むしろアルベルト・メルッチやアントニオ・ネグリのことを考えてみるべきであろう。

それはともかくとして、こういう読み方をした場合（しかしこれ以外にどういう読み方があろう?・）、本書が投げかける問題は、ヘーゲルやニーチェの問題ではなく、まさにわれわれ自身の問題であり、いわゆる「ユダヤ人問題」は、現代社会が直面している諸問題の解決を阻んでいる「深い謎」の代名詞にほかならぬものとしてわれわれの前に立ち現れてくる。

著者ヨベルについては、すでに『スピノザ　異端の系譜』という翻訳もあり、その「訳者あとがき」に簡単な紹介がなされている。なお、そこには別の視点からの興味深い「解説」も付されているので、ヨベルに関心のある方はそれも参照していただきたい。

翻訳に当たってヘーゲルとニーチェの引用については、原則としてドイツ語から訳出したが、一部ヨベルの読みを重んじてそれに従った場合がある。なお、ヨベルの文中あきらかに誤記とわかる箇所は訂正して［　］内にその旨を記した。同じ括弧で訳者の説明を入れたところも数カ所ある。

最後に個人的な事情を付け加えさせてもらえば、これまで翻訳したものが奇妙にもほとんどすべてユダヤ人の作品であり、翻訳の悪戦苦闘のなかでしだいに「ユダヤ人問題」が大きく浮上してきた。やがてレヴィナスやデリダを読むたびに、かつて訳したユダヤ人・アンダースの「不幸な運命どころか、どこにも属さないことは特典だった、哲学的思考にとっての特典だった。流浪者だけが、放浪を余儀なくされた者だけが、偏見を捨て去るチャンスを獲得するからだ」というような言葉が思い起こされるようになった。そして特にニーチェを考える場合、「ユダヤ人問題」はいよいよ避けて通れない問題となってきた。そういう経過のなかで本書に出会って翻訳を思い立ったのは、もう足かけ三年前のことである。

訳者の身勝手な事情も含めてさまざまな事情のために、予定をはるかに超えて完成が今日まで遅れてしまったのは申し訳ないかぎりで、深くお詫びしてお許し願うほかはない。

その間、辛抱強く完成を待ってくださった法政大学出版局の平川俊彦氏と松永辰郎氏には、素晴らしい書物を翻訳する機会を与えて謎解きを楽しませてくださったことに、心からお礼を申し上げる。

二〇〇一年十月

青木隆嘉

索　引

文献目録

ヘーゲルの著作

Sämtliche Werke : Kritische Ausgabe, ed. Georg Lasson, Johannes Hoffmeister et al. (Felix Meiner, Hamburg, 1911-56).

Werke in zwanzig Bänden, ed. Eva Moldenhauer und Karl M. Michel (Suhrkamp, Frankfurt, 1969-72).

Hegels Theologische Jugendschriften, ed. H. Nohl (Tübingen, 1907 ; repr. Minerva, Frankfurt, 1966).

Early Theological Writings, tr. T. M. Knox and R. Kroner (University of Chicago Press, Chicago, 1948 ; 6th edn, University of Pennsylvania Press, Philadelphia, 1988).

Die Phänomenologie des Geistes, ed. Johannes Hoffmeister, 6th edn (Felix Meiner, Hamburg, 1952 ; 1st pub. as part 1 of *System der Wissenschaft* (Bamberg and Würzburg, 1807) ; tr. A. V. Miller, as *The Phenomenology of Spirit* (Clarendon Press, Oxford, 1977).

Wissenscahft der Logik (Nürnberg, 1812-16) ; tr. A. V. Miller as *Science of Logic* (2 vols, Allen and Unwin, London, 1969).

Enzyklopädie der philosophischen Wissenschaften im Grundrisse (Heidelberg 1817 ; rev. edn 1830) ; tr. W. Wallace as *Hegel's Logic*, as *Encyclopedia of the Philosophical Sciences*, part 1 (1830 ; 3rd edn, Clarendon Press, Oxford, 1975).

Aesthetics : Lectures on Fine Art, tr. T. M. Knox (2 vols, Clarendon Press, Oxford, 1975)

Introduction to the Lectures on the History of Philosophy, ed. P. C. Hodgson (University of California Press, Berkeley, 1984).

Lectures on the History of Philosophy, tr. E. S. Haldane and F. H. Simpson, from the 2nd German edn (1840) (3 vols, Kegan Paul, London, 1894).

The Philosophy of History, tr. J. Sibree (1899 ; repr. Dover, New York, 1956).

Vorlesungen über Rechtsphilosophie : "Die Rechtsphilosophie" von 1820, ed. K. H. Ilting (Frommann Holzboog, Stuttgart, 1976).

Philosophy of Right, tr. with notes T. M. Knox, 3rd edn (Oxford University Press, Oxford, 1969).

Religionsphilosophie, vol. 1 : *Die Vorlesung von 1821*, ed. K. H. Ilting (Bibliopolis, Naples, 1978).
Vorlesungen über die Philosophie der Religion, ed. Walter Jaeschke, 3 parts (Felix Meiner, Hamburg, 1983-5).
Lectures on the Philosophy of Religion, ed. Peter C. Hodgson, tr. R. F. Brown, Peter C. Hodgson, and J. M. Stewart, from Jaeschke's edition (3 vols, University of California Press, Berkeley, 1984-7).
Lectures on the Philosophy of Religion, One-Volume Edition. The Lectures of 1827, ed. Peter C. Hodgson (University of California Press, Berleley, 1988).
Biefe von und an Hegel, ed. J. Hoffmeister (3 vols, Meiner, Hamburg, 1953).

ニーチェの著作

Werke : Kritische Gesamtausgabe, ed. Giorgio Colli and Mazzino Montinari (W. de Gruyter, Berlin, 1967-86).
Briefwechsel : Kritische Gesamtausgabe, ed. Giorgio Colli and Mazzino Montinari (W. de Gruyter, Berlin, 1975-93). *BW*. と略記.
Basic Writings, tr. Walter Kaufmann (Random House, New York, 1968). *Beyond Good and Evil, Genealogy of Morals, Case of Wagner, Ecce Homo* が収められている.
The Portable Nietzsche, tr. Walter Kaufmann (Viking Press, New York, 1954). *Thus Spoke Zarathustra, Twilight of the Idols, The Antichrist, Nietzsche contra Wagner, Homer's Contest (abridged version)* が収められている.
Beyond Good and Evil, tr. Walter Kaufmann (Vintage, New York, 1966). *BGE*. と略記.
Daybreak, Thoughts on the Prejudices of Morality, tr. R. J. Hollingdale (Cambridge University Press, Cambridge, 1982). *D*. と略記.
The Gay Science, tr. Walter Kaufmann (Vintage, New York, 1974). *GS*. と略記.
Human, All Too Human : A Book for Free Spirits, tr. R. J. Hollingdale (Cambridge University Press, Cambridge, 1986), *HH*. と略記.
On the Genealogy of Morals and Ecce Homo, tr. Walter Kaufmann (Vintage, New York, 1969). *GM*. および *EH*. と略記.
Thus Spoke Zarathustra, tr. R. J. Hollingdale (Penguin, Harmondsworth, 1961). *Z*. と略記.
The Will to Power, tr. Walter Kaufmann and R. J. Hollingdale (Vintage, New York, 1968). *WP*. と略記.

その他

Altmann, Alexander, *Moses Mendelssohn : A Biographical Study* (University of Alabama Press, Birmingham. Ala., 1973).

Arendt, Hannah, *The Origins of Totalitarianism* (Harcourt, Brace and World, New York, 1973).

Aschheim, S., *The Nietzsche Legacy in Germany* (University of California Press, Berkeley, 1992).

——, "Nietzsche and the Nietzschean Moment in Jewish Life (1890-1939)," *Leo Baeck Institute Year Book*, 37 (1992), pp. 189-212.

Avineri, Shlomo, "A Note on Hegel's Views on *Jewish Emancipation,*" *Jewish Social Studies*, 25/2 (1963), pp. 145-51.

——, "The Fossil and the Phoenix : Hegel and Krochmal on the Jewish Volksgeist," in *History and System : Hegel's Philosophy of History* ed. Robert L. Perkins (SUNY Press, Albany, NY, 1984), pp. 47-64.

Baron, Jonathan, "Nietzsche's Relationship with the Jews : Ambivalent Admiration," *Mosaic : A Review of Jewish Thought and Culture*, 11 (1991), pp. 17-27.

Bataille, G., "Nietzsche and Fascists," tr. Lee Hildreth, *Semiotext (e)*, 3 (1978), pp. 114-19 ; repr. in *Visions of Excess : Selected Writings*, ed. A. Stoekl (Manchester University Press, Manchester, 1985).

Baudis, Andreas, "Das Volk Israel in Hegels frühem Denken : Eine Studie zur Entstehungsgeschichte der modernen Dialektik" (Ph. D. thesis, Freie Universität, Berlin, 1978).

Bäumler, Alfred, *Nietzsche der Philosoph und Politiker* (Reclam, Leipzig, 1931).

——, "Nietzsche und der Nationalsozialismus," *Nationalsozialistische Monatshefte*, (1934), pp. 289-98 ; repr. in his *Studien zur deutschen Geistesgeschichte* (Berlin, 1937).

Bechtel, Delphine, "Nietzsche et la dialectique de l'histoire juive," in *De Sils-Maria ă Jĕrusalem*, pp. 67-79.

Berl, H., "Nietzsche und das Judentum," *Menorah*, 10 (1932), pp. 59-69.

Biser, Eugen, "Nietzsche und Heine : Kritik des christlichen Gottesbegriffs," in *Nietzsche as Affirmative Thinker*, ed. Y. Yovel (Kluwer, Dordrecht, 1986) pp. 204-18.

Brinton, C., *Nietzsche*, 2nd edn (Harper & Row, New York, 1965).

Cancik,. Hubert and Cancik-Lindemaier, Hildegard, "Philhellĕnisme et antisĕmitisme en Allemagne : le cas Nietzsche", in *De Sils-Maria ă Jĕrusalem*, pp. 21-46.

Cohen, Hermann, "Innere Beziehungen der Kantischen Philosophie zum

Judentum," in *Berichte der Lehranstalt für Wissenschaft des Judentums* (Mayer & Mayer, Berlin, 1910), pp. 41-46.
——, *Religion der Vernunft aus den Quellen des Judentums* (Fourier Verlag, Wiesbaden, 1978).

Coutinho, A., "Nietzsche's Critique of Judaism," *Review of Religion*, 3 (1939), pp. 161-5.

De Launay, Marc B., "Le Juif introuvable," In *De Sils-Maria ã Jérusalem*, pp. 81-9.

De Sils-Maria ã Jérusalem : Nietzsche et le judaïsme ; Les intéllectuels juifs et Nietzsche, ed. Dominique Bourel and Jacques Le Rider (Cerf, Paris, 1991).

D'Hondt, Jacques, *Hegel en son temps* (Editions Sociales, Paris, 1968).

——, *Hegel secret* (Presses Universitaires de France, Paris. 1968).

Dohm, Christian Wilhelm, *Über die bürgerliche Verbesserung der Juden* (F. Nicolai, Berlin, 1781) ; tr. Helen Lederer, as *Concerning the Amelioration of the Civil Status of the Jews* (Hebrew Union College Institute of Religion, Cincinati, Oh., 1957).

Duffy, M., and Mittelman, W., "Nietzsche's Attitudes toward the Jews," *Journal of the History of Ideas*, 49 (1988), pp. 301-17.

Eisen, Arnold M., "Nietzsche and the Jews Reconsidered," *Jewish Social Studies*, 48 (1986), pp. 1-14.

Fackenheim, Emil L., "Comment on N. Rotenstreich's 'Sublimity and Messianism'," *Human Context*, 6 (1974), pp. 523-60.

——, "Hegel and Judaism : A Flaw in the Hegelian Meditation," in *The Legacy of Hegel : Proceedings of the Marquette University Hegel Symposium 1970*, ed. J. J. O'Malley, K. W. Algozin, H. P. Kainz, and L. C. Rice (Nijhoff, The Hague, 1973), pp. 161-85.

——, *The Religious Dimension in Hegel's Thought* (Indiana University Press, Bloomington, 1967).

Fischer, Kuno, *Hegels Leben, Werke und Lehre*. 2nd edn (C. Winter, Heidelberg, 1911).

——, *Immanuel Kant und seine Lehre*, 4th edn (C. Winter, Heidelberg, 1899).

Friedländer, D., *Beitrag zur Geschichte der Verfolgung der Juden im 19ten Jahrhundert durch Schriftsteller* (Berlin, 1820).

Gay, Peter, *Freud, Jews and Other Germans* (Oxford University Press, New York, 1978).

Gilman, S. L., *Inscribing the Other* (University of Nebraska Press, Lincoln, 1991).

Golomb, Jacob, "Nietzsche on Jews and Judaism," *Archiv für Geschichte der Philosophie*, 67 (1985), pp. 139-61.

——, *Nietzsche's Enticing Psychology of Power* (Iowa State University Press, Ames, 1988).

——, "Nietzsche's Judaism of Power," *Revue des études juives* ; 147 (1988), pp. 353-85.

——(ed.), *Nietzsche and Jewish Culture* (Routledge, London, 1997).

Goren, Yaakov, "The Image of the Jew and Judaism in Protestant Bible Scholarship from the Middle of the 18th century to the Thirties of the 19th century" (Hebrew), Ph. D. thesis, Hebrew University, Jerusalem, 1975.

Graupe, H. M., "Kant und das Judentum" *Zeitschrift für Religions- und Geistesgeschichte*, 13 (1961), pp. 308-33.

Abbé Grégoire ; *Essai sur la régénération physique, morale et politique des juifs* (1789) ; préface de Robert Badinter (Stock, Paris, 1988).

Greive, Hermann, "Fortschritt und Diskriminierung ; Juden und Judentum bei Georg Wilhelm Friedrich Hegel und Franz Joseph Moliter," in *Homburg vor der Hohe in der deutschen Geistesgeschichte : Studien zum Freundeskreis um Hegel und Hölderlin*, ed. Christoph Jamme and Otto Pöggeler (Klett-Cotta, Stuttgart, 1981), pp. 300-17.

Guttmann, J., "Kant und das Judentum," in *Schriften*, ed. Gesellschaft zur Forderung der Wissenschaft des Judentums, (Leipzig, 1908), pp. 41-61.

——, "Moses Mendelssohns *Jerusalem* und Spinozas *Theologisch-politischer Traktat*," in *Bericht der Hochschule für die Wissenschaft des Judentums*, 48 (1931), pp. 31-67.

——, *Philosophies of Judaism* (Doubleday, Garden City, NY, 1966).

Hertzberg, Arthur, *The French Enlightenment and the Jews* (Columbia University Press, New York, 1968).

Hodgson, Peter C., Editorial introduction to *Hegel : Lectures on the Philosophy of Religion : The Lectures of 1827* (University of California Press, Berkeley, 1988), pp. 1-71.

——, "The Metamorphosis of Judaism in Hegel's Philosophy of Religion," *Owl of Minerva*, 19 (1987-8), pp. 41-52.

Hoffmeister, Johannes (ed.), *Dokumente zu Hegels Entwicklung* (Fromnann-Holzboog, Stuttgart, 1974 ; 1st pub. 1936).

——(ed.), *Briefe von und an Hegel* (Meiner, Hamburg, 1953).

Hyppolite, Jean, *Genèse et structure de la Phénoménologie de l'Esprit*

(Aubier-Montaigne, Paris, 1946).
Kant, Immanuel, "Anthropologie in pragmatischer Hinsicht abgefaßt" (1798), in *Gesammelte Schriften*, vol. 7 (Prussian Academy of Sciences, Berlin, 1917).
——, *Anthropology from a Pragmatic Point of View*, tr. Mary J. Gregor (Martinus Nijhoff, Hague, 1974).
——, *The Conflict of Faculties*, in Kant, *Religion and Rational Theology*, tr. and ed. A. W. Wood and G. di Giovanni (Cambridge University Press, Cambridge, 1996).
——, *Critique of Judgement*, tr. J. C. Meredith (Clarendon Press, Oxford, 1952).
——, *Critique of Practical Reason*, tr. L. W. Beck (Bobbs-Merill, Indianapolis, 1956).
——, *Religion within the Boundaries of Mere Reason*, tr. Allen W. Wood and George di Giovanni (Cambridge University Press, Cambridge, 1996).
Kaufmann, Walter, *From Shakespeare to Existentialism* (Anchor Books, Garden City, NY, 1960).
——, *Hegel : Reinterpretation, Texts, and Commentary* (Doubleday Garden City, NY, 1965).
——, *Nietzsche : Philosopher, Psychologist, Antichrist*, 3rd. edn (Princeton University Press, Princeton, 1968).
Kofman, Sarah, *Le Mêpris des juifs : Nietzsche, les juifs, l'antisêmitisme* (Galilêe, 1994).
Kuenzli, R E., "The Nazi Appropriation of *Nietzsche," Nietzsche Studien*, 12 (1983), pp. 428-35.
Lessing, G. E., *Nathan der Weise in Lessings Werke* (Volksverlag, Weimar, 1963), vol. 2.
Liebeschütz, Hans, *Das Judentum im deutschen Geschichtsbild von Hegel bis Max Weber* (Leo Baeck Institute, J. C. Mohr, Tübingen, 1967).
——, "Das Judentun im Geschichtsbild Jacob Burckhardts," *Yearbook of the Leo Baeck Institute*, 4 (1959), pp. 61-80.
Lonsbach, Richard Maximilian, *Friedrich Nietzsche und die Juden* (1939), ed. H. R. Schlette, 2nd edn (Bouvier Verlag Herbert Grundmann, Bonn, 1985).
Luft, Eric von der, "Hegel and Judaism : A Reassessment," *Clio*, 18/4 (1989), pp. 361-78.
Mann, Thomas, "Nietzsche's Philosophy in the Light of Contemporary Events," in his *Last Essays*, tr. R. E. C. Winston and T. E. J. Stern

(Knopf, New York, 1959), pp. 141–77.

Matheron, Alexandre, *Le Christ et le Salut des ignorants chez Spinoza* (Aubier-Montaigne, Paris, 1971).

Meinecke, Friedrich, *The German Catastrophe : Reflections and Recollections*, 2nd edn, tr. S. F. Fay (Beacon Press, Boston, 1963).

Müller-Buck, Renate, "Heine oder Goethe? zu Friedrich Nietzsches Auseinandersetzung mit der antisemitischen Literaturkritik des Kunstwart," *Nietzsche-Studien*, 15 (1986), pp. 256–88.

Nicolas, M. P., *From Nietzsche down to Hitler* (W. Hodge, New York, 1970).

O'Flaherty, J. C. Sellner, T. F., and Helm, R. M. (eds), *Studies in Nietzsche and the Judaeo-Christian Tradition* (University of North Carolina Press, Chapel Hill, 1985).

Peters, Heinz-Frederick, *My Sister, My Spouse : A Biography of Lou Andreas-Salomé* (Gollancz, London, 1962).

——, *Zarathustra's Sister : The Case of Elisabeth and Friedrich Nietzsche* (Crown, New York, 1977).

Pines, Shlomo, "*Spinoza's Tractatus Theologico-Politicus*, Maimonides and Kant," in *Scripta Hierosolymitana* ; 20 (Magnes Press, Jerusalem, 1968), pp. 3–54.

Planty-Bonjour, Guy (ed.), *Hegel et la Religion* (Presses Universitaires de France, 1982).

Podach, Erich F., *Nietzsches Zusammenbruch* (Heidelberg, 1930) ; tr. as *L'Effondrement de Nietzsche* (Gallimard, Paris, 1931 ; repr. 1978).

Pöggeler, Otto, "Hegel's Interpretation of Judaism," *Human Context*, 6 (1974), pp. 523–60.

——, "L'Esprit du christianisme de Hegel," *Archives de Philosophie*, 33 (1970), pp. 719–54.

Rawidowicz, Simon, "Zur *Jerusalem* Polemik," in *Festschrift Armand Kaminka zum 70. Geburtstage* (Maimonides Institute, Vienna, 1937), pp. 103–17.

Richards, Wiley R., *The Bible and Christian Traditions : Keys to Understanding the Allegorical Subplot of Nietzsche's Zarathustra* (P. Lang, New York, 1991).

Rivelaygue, Jacques, *Leçons de métaphysique allemande*, vol. 1 (Grasset & Fasquelle, Paris, 1990).

Rose G., "Nietzsche's *Judaica*," in his *Judaism and Modernity : Philosophical Essays* (Blackwell, Oxford, 1993), pp. 89–110.

Rosenkranz, Karl, *G. W. F. Hegels Leben* (Wissenschaftliche Buchgesells-

chaft, Darmstadt, 1971).
Rotenstreich, Nathan, "Hegel's Image of Judaism," *Jewish Social Studies*, 15 (1953), pp. 33-52.
——, *Jews and German Philosophy* (Schocken Books, New York, 1984).
——, *The Recurring Pattern* (Weidenfels & Nicolson, London, 1963).
Santaniello, Weaver, *Nietzsche, God, and the Jews* (SUNY Press, Albany, NY, 1994).
Scholem, Gershom, *Abraham Cohen Herrera, Author of the Gates of Heaven* (Hebrew) (Bialik, Jerusalem, 1978); tr. as *Das Buch Shaar ha-Schamayim oder Pforte des Himmels* (Suhrkamp, Frankfurt, 1979).
Schöps, Hans Joachim, "Die ausserchristlichen Religionen bei Hegel," *Zeitschrift für Religions- und Geistesgeschichte*, 1 (1955), pp. 1-34.
Smith, Steven B., "Hegel and the Jewish Question: In between Tradition and Modernity," *History of Political Thought*, 12/1 (1991), pp. 87-106.
Sonnenschmidt, Reinhard, "Zum philosophischen Antisemitismus bei G. W. F. Hegel," *Zeitschrift für Religions- und Geistesgeschichte*, 44/4 (1992), pp. 289-301.
Spinoza, B., *Chief Works*, tr. R. H. Elwes (2 vols, Dover, New York. 1951).
Talmon, Jacob, "Jacob Burckhardt," Introduction to Burcknardt, *Weltgeschichtliche Betrachtungen* (Bialik Institute, Jerusalem, 1962).
Thomas, R. H., *Nietzsche in German Politics and Society 1890-1918* (Manchester University Press, Manchester, 1983).
Troeltsch, E., *Das Historische in Kants Religionsphilosophie* (Reuter & Reichard, Berlin, 1904).
Wellhausen, Julius, *Prolegomena zur Geschichte Israels*, 2nd edn (G. Reimer, Berlin, 1883); tr. as *Prolegomena to the History of Israel*, with a reprint of "Israel" from Encyclopaedia Britanica (Black, Edinburgh, 1885).
Wiedmann, Franz, *Hegel: An Illustrated Biography* (Pegasus, New York, 1968).
Yovel, Yirmiyahu, "God's Transcendence and its Schematization: Maimonides in Light of the Spinoza-Hegel Dispute," in *Maimonides and Philosophy*, ed. S. Pines and Y. Yovel (Martinus Nijhoff, Dordrecht, 1986), pp. 269-82.
——, "Hegels Begriff der Religion und die Religion der Erhabenheit, *Theologie und Philosophie*, 51 (1976), pp. 512- 37.
——, *Kant and the Philosophy of History* (Princeton University Press, Princetcn, 1980).
——, "Nietzsche and the Jews out of the Ghetto," in *Nietzsche and*

Hebrew Culture, ed. J. Golomb (Hebrew), (Magnes Press, Hebrew University, Jerusalem, forthcoming)
——, "Nietzsche, the Jews, and Ressentiment," in *Nietzsche, Genealogy, Morality*, ed. Richard Schacht (University of California Press, Berkeley, 1994), pp. 214-36.
——, "Nietzsche ve-Zilleli ha-El ha-Met," Postscript to the Hebrew translation of W. Kaufmann, *Nietzsche : Philosopher, Psychologist, Anti-christ* (Schocken, Tel Aviv, 1983), pp. 426-38.
——, Perspectives nouvelles sur Nietzsche et le judaïsme," *Revue des études juives*, 138 (1979), pp. 483-5.
——, "La Religion de la sublimité," in *Hegel et la religion*, ed. G. Planty-Bonjour (Presses Universitaires de Paris, 1982), pp. 151-76.
——, "Spinoza and Nietzsche : *amor dei and amor fati*," in *Spinoza and Other Heretics*, vol. 2, ch. 5.
——, *Spinoza and other Heretics*, vol. 1 : *The Marrano of Reason* (Princeton University Press, Princeton, 1988).
——, *Spinoza and other Heretics*, vol. 2 : *The Adventures of Immanence* (Princeton University Press, Princeton, 1989).
——, "Tolerance as Grace and as Right," (Hebrew), *Iyyun*, 45 (Oct. 1996), 482-7.
Zac, Sylvain, "Essence du judaïsme et liberté de pensée," *Nouveaux cahiers*, 34 (1973), pp. 14-29.
——, *Spinoza en Allemagne : Mendelssohn, Lessing et Jacobi* (Meridiens Klincksieck, Paris, 1989).

《叢書・ウニベルシタス 732》

深い謎 ヘーゲル，ニーチェとユダヤ人

2002年３月15日 初版第１刷発行

イルミヤフ・ヨベル

青木隆嘉 訳

発行所 財団法人 法政大学出版局

〒102-0073 東京都千代田区九段北3-2-7

電話03(5214)5540/振替00160-6-95814

製版，印刷 平文社／鈴木製本所

Printed in Japan

ISBN4-588-00732-7

著者

イルミヤフ・ヨベル

1935年，イスラエルのハイファに生まれる．ヘブライ大学，ソルボンヌ大学，プリンストン大学でドイツ哲学を学ぶ．現在，エルサレムのヘブライ大学哲学科教授．ニューヨークのニュー・スクール社会研究大学院客員教授．エルサレムの国際スピノザ協会の創立者にして同協会会長．2000年度イスラエル哲学賞を受賞．主著に『カントと歴史哲学』(1980)，『スピノザ　異端の系譜』(1989)，『深い謎——ヘーゲル，ニーチェとユダヤ人』(本書，1998) などがある．

訳者

青木隆嘉（あおき　たかよし）

1932年生まれ．京都大学文学部卒業．大阪女子大学名誉教授．著書：『ニーチェと政治』(著)，『現代への問い』『科学技術の発達と人間の不安』『過剰としてのプラクシス』『現象学と倫理学』(以上共著) ほか．訳書：アンダース『時代おくれの人間』上・下，『異端の思想』，『世界なき人間』，『塔からの眺め』，ピヒト『ニーチェ』，ヘッフェ『倫理・政治的ディスクール』，エリアス『モーツァルト』，デュル『神もなく韻律もなく』，カネッティ『蠅の苦しみ』ほか．

叢書・ウニベルシタス

				(頁)
1	芸術はなぜ心要か	E.フィッシャー／河野徹訳	品切	302
2	空と夢〈運動の想像力にかんする試論〉	G.バシュラール／宇佐見英治訳		442
3	グロテスクなもの	W.カイザー／竹内豊治訳		312
4	塹壕の思想	T.E.ヒューム／長谷川鉱平訳		316
5	言葉の秘密	E.ユンガー／菅谷規矩雄訳		176
6	論理哲学論考	L.ヴィトゲンシュタイン／藤本, 坂井訳		350
7	アナキズムの哲学	H.リード／大沢正道訳		318
8	ソクラテスの死	R.グアルディーニ／山村直資訳		366
9	詩学の根本概念	E.シュタイガー／高橋英夫訳		334
10	科学の科学〈科学技術時代の社会〉	M.ゴールドスミス, A.マカイ編／是永純弘訳		346
11	科学の射程	C.F.ヴァイツゼカー／野田, 金子訳		274
12	ガリレオをめぐって	オルテガ・イ・ガセット／マタイス, 佐々木訳		290
13	幻影と現実〈詩の源泉の研究〉	C.コードウェル／長谷川鉱平訳		410
14	聖と俗〈宗教的なるものの本質について〉	M.エリアーデ／風間敏夫訳		286
15	美と弁証法	G.ルカッチ／良知, 池田, 小箕訳		372
16	モラルと犯罪	K.クラウス／小松太郎訳		218
17	ハーバート・リード自伝	北條文緒訳		468
18	マルクスとヘーゲル	J.イッポリット／宇津木, 田口訳	品切	258
19	プリズム〈文化批判と社会〉	Th.W.アドルノ／竹内, 山村, 板倉訳		246
20	メランコリア	R.カスナー／塚越敏訳		388
21	キリスト教の苦悶	M.de ウナムーノ／神吉, 佐々木訳		202
22	アインシュタイン ゾンマーフェルト往復書簡	A.ヘルマン編／小林, 坂口訳	品切	194
23 24	群衆と権力(上・下)	E.カネッティ／岩田行一訳		440 356
25	問いと反問〈芸術論集〉	W.ヴォリンガー／土肥美夫訳		272
26	感覚の分析	E.マッハ／須藤, 廣松訳		386
27 28	批判的モデル集(I・II)	Th.W.アドルノ／大久保健治訳	〈品切 品切〉	I 232 II 272
29	欲望の現象学	R.ジラール／古田幸男訳		370
30	芸術の内面への旅	E.ヘラー／河原, 杉浦, 渡辺訳	品切	284
31	言語起源論	ヘルダー／大阪大学ドイツ近代文学研究会訳		270
32	宗教の自然史	D.ヒューム／福鎌, 斎藤訳		144
33	プロメテウス〈ギリシア人の解した人間存在〉	K.ケレーニイ／辻村誠三訳	品切	268
34	人格とアナーキー	E.ムーニエ／山崎, 佐藤訳		292
35	哲学の根本問題	E.ブロッホ／竹内豊治訳		194
36	自然と美学〈形体・美・芸術〉	R.カイヨワ／山口三夫訳		112
37 38	歴史論(I・II)	G.マン／加藤, 宮野訳	I・品切 II・品切	274 202
39	マルクスの自然概念	A.シュミット／元浜清海訳		316
40	書物の本〈西欧の書物と文化の歴史. 書物の美学〉	H.プレッサー／轡田収訳		448
41 42	現代への序説(上・下)	H.ルフェーヴル／宗, 古田監訳		220 296
43	約束の地を見つめて	E.フォール／古田幸男訳		320
44	スペクタクルと社会	J.デュビニョー／渡辺淳訳	品切	188
45	芸術と神話	E.グラッシ／榎本久彦訳		266
46	古きものと新しきもの	M.ロベール／城山, 島, 円子訳		318
47	国家の起源	R.H.ローウィ／古賀英三郎訳		204
48	人間と死	E.モラン／古田幸男訳		448
49	プルーストとシーニュ(増補版)	G.ドゥルーズ／宇波彰訳		252
50	文明の滴定〈科学技術と中国の社会〉	J.ニーダム／橋本敬造訳	品切	452
51	プスタの民	I.ジュラ／加藤二郎訳		382

叢書・ウニベルシタス

				(頁)
52 53	社会学的思考の流れ (I・II)	R.アロン／北川, 平野, 他訳		350 392
54	ベルクソンの哲学	G.ドゥルーズ／宇波彰訳		142
55	第三帝国の言語LTI〈ある言語学者のノート〉	V.クレムペラー／羽田, 藤平, 赤井, 中村訳		442
56	古代の芸術と祭祀	J.E.ハリスン／星野徹訳		222
57	ブルジョワ精神の起源	B.グレトゥイゼン／野沢協訳		394
58	カントと物自体	E.アディッケス／赤松常弘訳		300
59	哲学的素描	S.K.ランガー／塚本, 星野訳		250
60	レーモン・ルーセル	M.フーコー／豊崎光一訳		268
61	宗教とエロス	W.シューバルト／石川, 平田, 山本訳	品切	398
62	ドイツ悲劇の根源	W.ベンヤミン／川村, 三城訳		316
63	鍛えられた心〈強制収容所における心理と行動〉	B.ベテルハイム／丸山修吉訳		340
64	失われた範列〈人間の自然性〉	E.モラン／古田幸男訳		308
65	キリスト教の起源	K.カウツキー／栗原佑訳		534
66	ブーバーとの対話	W.クラフト／板倉敏之訳		206
67	プロデメの変貌〈フランスのコミューン〉	E.モラン／宇波彰訳		450
68	モンテスキューとルソー	E.デュルケーム／小関, 川喜多訳	品切	312
69	芸術と文明	K.クラーク／河野徹訳		680
70	自然宗教に関する対話	D.ヒューム／福鎌, 斎藤訳		196
71 72	キリスト教の中の無神論 (上・下)	E.ブロッホ／竹内, 高尾訳		234 304
73	ルカーチとハイデガー	L.ゴルドマン／川俣晃自訳		308
74	断　想　1942—1948	E.カネッティ／岩田行一訳		286
75 76	文明化の過程 (上・下)	N.エリアス／吉田, 中村, 波田, 他訳		466 504
77	ロマンスとリアリズム	C.コードウェル／玉井, 深井, 山本訳		238
78	歴史と構造	A.シュミット／花崎皋平訳		192
79 80	エクリチュールと差異 (上・下)	J.デリダ／若桑, 野村, 阪上, 三好, 他訳		378 296
81	時間と空間	E.マッハ／野家啓一編訳		258
82	マルクス主義と人格の理論	L.セーヴ／大津真作訳		708
83	ジャン=ジャック・ルソー	B.グレトゥイゼン／小池健男訳		394
84	ヨーロッパ精神の危機	P.アザール／野沢協訳		772
85	カフカ〈マイナー文学のために〉	G.ドゥルーズ, F.ガタリ／宇波, 岩田訳		210
86	群衆の心理	H.ブロッホ／入野田, 小崎, 小岸訳	品切	580
87	ミニマ・モラリア	Th.W.アドルノ／三光長治訳		430
88 89	夢と人間社会 (上・下)	R.カイヨワ, 他／三好郁郎, 他訳		374 340
90	自由の構造	C.ベイ／横越英一訳		744
91	1848年〈二月革命の精神史〉	J.カスー／野沢協, 他訳		326
92	自然の統一	C.F.ヴァイツゼカー／斎藤, 河井訳	品切	560
93	現代戯曲の理論	P.ションディ／市村, 丸山訳	品切	250
94	百科全書の起源	F.ヴェントゥーリ／大津真作訳	品切	324
95	推測と反駁〈科学的知識の発展〉	K.R.ポパー／藤本, 石垣, 森訳		816
96	中世の共産主義	K.カウツキー／栗原佑訳		400
97	批評の解剖	N.フライ／海老根, 中村, 出淵, 山内訳		580
98	あるユダヤ人の肖像	A.メンミ／菊地, 白井訳		396
99	分類の未開形態	E.デュルケーム／小関藤一郎訳	品切	232
100	永遠に女性的なるもの	H.ド・リュバック／山崎庸一郎訳		360
101	ギリシア神話の本質	G.S.カーク／吉田, 辻村, 松田訳	品切	390
102	精神分析における象徴界	G.ロゾラート／佐々木孝次訳		508
103	物の体系〈記号の消費〉	J.ボードリヤール／宇波彰訳		280

				(頁)
104	言語芸術作品〔第2版〕	W.カイザー／柴田斎訳	品切	688
105	同時代人の肖像	F.ブライ／池内紀訳		212
106	レオナルド・ダ・ヴィンチ〔第2版〕	K.クラーク／丸山, 大河内訳		344
107	宮廷社会	N.エリアス／波田, 中埜, 吉田訳		480
108	生産の鏡	J.ボードリヤール／宇波, 今村訳		184
109	祭祀からロマンスへ	J.L.ウェストン／丸小哲雄訳		290
110	マルクスの欲求理論	A.ヘラー／良知, 小箕訳		198
111	大革命前夜のフランス	A.ソブール／山崎耕一訳	品切	422
112	知覚の現象学	メルロ=ポンティ／中島盛夫訳		904
113	旅路の果てに〈アルペイオスの流れ〉	R.カイヨワ／金井裕訳		222
114	孤独の迷宮〈メキシコの文化と歴史〉	O.パス／高山, 熊谷訳		320
115	暴力と聖なるもの	R.ジラール／古田幸男訳		618
116	歴史をどう書くか	P.ヴェーヌ／大津真作訳		604
117	記号の経済学批判	J.ボードリヤール／今村, 宇波, 桜井訳	品切	304
118	フランス紀行〈1787, 1788&1789〉	A.ヤング／宮崎洋訳		432
119	供　犠	M.モース, H.ユベール／小関藤一郎訳		296
120	差異の目録〈歴史を変えるフーコー〉	P.ヴェーヌ／大津真作訳	品切	198
121	宗教とは何か	G.メンシング／田中, 下宮訳		442
122	ドストエフスキー	R.ジラール／鈴木晶訳		200
123	さまざまな場所〈死の影の都市をめぐる〉	J.アメリー／池内紀訳		210
124	生　成〈概念をこえる試み〉	M.セール／及川馥訳		272
125	アルバン・ベルク	Th.W.アドルノ／平野嘉彦訳		320
126	映画　あるいは想像上の人間	E.モラン／渡辺淳訳		320
127	人間論〈時間・責任・価値〉	R.インガルデン／武井, 赤松訳		294
128	カント〈その生涯と思想〉	A.グリガ／西牟田, 浜田訳		464
129	同一性の寓話〈詩的神話学の研究〉	N.フライ／駒沢大学フライ研究会訳		496
130	空間の心理学	A.モル, E.ロメル／渡辺淳訳		326
131	飼いならされた人間と野性的人間	S.モスコヴィッシ／古田幸男訳		336
132	方　法　1. 自然の自然	E.モラン／大津真作訳	品切	658
133	石器時代の経済学	M.サーリンズ／山内昶訳		464
134	世の初めから隠されていること	R.ジラール／小池健男訳		760
135	群衆の時代	S.モスコヴィッシ／古田幸男訳	品切	664
136	シミュラークルとシミュレーション	J.ボードリヤール／竹原あき子訳		234
137	恐怖の権力〈アブジェクシオン〉試論	J.クリステヴァ／枝川昌雄訳		420
138	ボードレールとフロイト	L.ベルサーニ／山縣直子訳		240
139	悪しき造物主	E.M.シオラン／金井裕訳		228
140	終末論と弁証法〈マルクスの社会・政治思想〉	S.アヴィネリ／中村恒矩訳	品切	392
141	経済人類学の現在	F.プイヨン編／山内昶訳		236
142	視覚の瞬間	K.クラーク／北條文緒訳		304
143	罪と罰の彼岸	J.アメリー／池内紀訳		210
144	時間・空間・物質	B.K.ライドレー／中島龍三訳	品切	226
145	離脱の試み〈日常生活への抵抗〉	S.コーエン, N.テイラー／石黒毅訳		321
146	人間怪物論〈人間脱走の哲学の素描〉	U.ホルストマン／加藤二郎訳		206
147	カントの批判哲学	G.ドゥルーズ／中島盛夫訳		160
148	自然と社会のエコロジー	S.モスコヴィッシ／久米, 原訳		440
149	壮大への渇仰	L.クローネンバーガー／岸, 倉田訳		368
150	奇蹟論・迷信論・自殺論	D.ヒューム／福鎌, 斎藤訳		200
151	クルティウス－ジッド往復書簡	ディークマン編／円子千代訳		376
152	離脱の寓話	M.セール／及川馥訳		178

				(頁)
153	エクスタシーの人類学	I.M.ルイス／平沼孝之訳		352
154	ヘンリー・ムア	J.ラッセル／福田真一訳		340
155	誘惑の戦略	J.ボードリヤール／宇波彰訳		260
156	ユダヤ神秘主義	G.ショーレム／山下,石丸,他訳		644
157	蜂の寓話〈私悪すなわち公益〉	B.マンデヴィル／泉谷治訳		412
158	アーリア神話	L.ポリアコフ／アーリア主義研究会訳		544
159	ロベスピエールの影	P.ガスカール／佐藤和生訳		440
160	元型の空間	E.ゾラ／丸小哲雄訳		336
161	神秘主義の探究〈方法論的考察〉	E.スタール／宮元啓一,他訳		362
162	放浪のユダヤ人〈ロート・エッセイ集〉	J.ロート／平田,吉田訳		344
163	ルフー，あるいは取壊し	J.アメリー／神崎巌訳		250
164	大世界劇場〈宮廷祝宴の時代〉	R.アレヴィン,K.ゼルツレ／円子修平訳	品切	200
165	情念の政治経済学	A.ハーシュマン／佐々木,旦訳		192
166	メモワール〈1940-44〉	レミ／築島謙三訳		520
167	ギリシア人は神話を信じたか	P.ヴェーヌ／大津真作訳	品切	340
168	ミメーシスの文学と人類学	R.ジラール／浅野敏夫訳		410
169	カバラとその象徴的表現	G.ショーレム／岡部,小岸訳		340
170	身代りの山羊	R.ジラール／織田,富永訳	品切	384
171	人間〈その本性および世界における位置〉	A.ゲーレン／平野具男訳		608
172	コミュニケーション〈ヘルメスI〉	M.セール／豊田,青木訳		358
173	道　化〈つまずきの現象学〉	G.v.バルレーヴェン／片岡啓治訳	品切	260
174	いま,ここで〈アウシュヴィッツとヒロシマ以後の哲学的考察〉	G.ピヒト／斎藤,浅野,大野,河井訳		600
175 176 177	真理と方法〔全三冊〕	H.-G.ガダマー／轡田,麻生,三島,他訳		I・350 II・ III・
178	時間と他者	E.レヴィナス／原田佳彦訳		140
179	構成の詩学	B.ウスペンスキイ／川崎,大石訳	品切	282
180	サン=シモン主義の歴史	S.シャルレティ／沢崎,小杉訳		528
181	歴史と文芸批評	G.デルフォ,A.ロッシュ／川中子弘訳		472
182	ミケランジェロ	H.ヒバード／中山,小野訳	品切	578
183	観念と物質〈思考・経済・社会〉	M.ゴドリエ／山内昶訳		340
184	四つ裂きの刑	E.M.シオラン／金井裕訳		234
185	キッチュの心理学	A.モル／万沢正美訳		344
186	領野の漂流	J.ヴィヤール／山下俊一訳		226
187	イデオロギーと想像力	G.C.カバト／小箕俊介訳		300
188	国家の起源と伝承〈古代インド社会史論〉	R.=ターパル／山崎,成澤訳		322
189	ベルナール師匠の秘密	P.ガスカール／佐藤和生訳		374
190	神の存在論的証明	D.ヘンリッヒ／本間,須田,座小田,他訳		456
191	アンチ・エコノミクス	J.アタリ,M.ギヨーム／斎藤,安孫子訳		322
192	クローチェ政治哲学論集	B.クローチェ／上村忠男編訳		188
193	フィヒテの根源的洞察	D.ヘンリッヒ／座小田,小松訳		184
194	哲学の起源	オルテガ・イ・ガセット／佐々木孝訳	品切	224
195	ニュートン力学の形成	ベー・エム・ゲッセン／秋間実,他訳		312
196	遊びの遊び	J.デュビニョー／渡辺淳訳	品切	160
197	技術時代の魂の危機	A.ゲーレン／平野具男訳	品切	222
198	儀礼としての相互行為	E.ゴッフマン／広瀬,安江訳	品切	376
199	他者の記号学〈アメリカ大陸の征服〉	T.トドロフ／及川,大谷,菊地訳		370
200	カント政治哲学の講義	H.アーレント著,R.ベイナー編／浜田監訳		302
201	人類学と文化記号論	M.サーリンズ／山内昶訳		354
202	ロンドン散策	F.トリスタン／小杉,浜本訳		484

				（頁）
203	秩序と無秩序	J.-P.デュピュイ／古田幸男訳		324
204	象徴の理論	T.トドロフ／及川馥，他訳		536
205	資本とその分身	M.ギヨーム／斉藤日出治訳		240
206	干　渉〈ヘルメスII〉	M.セール／豊田彰訳		276
207	自らに手をくだし〈自死について〉	J.アメリー／大河内了義訳		222
208	フランス人とイギリス人	R.フェイバー／北條，大島訳	品切	304
209	カーニバル〈その歴史的・文化的考察〉	J.カロ・バロッハ／佐々木孝訳	品切	622
210	フッサール現象学	A.F.アグィーレ／川島，工藤，林訳		232
211	文明の試練	J.M.カディヒィ／塚本，秋山，寺西，島訳		538
212	内なる光景	J.ポミエ／角山，池部訳		526
213	人間の原型と現代の文化	A.ゲーレン／池井望訳		422
214	ギリシアの光と神々	K.ケレーニイ／円子修平訳		178
215	初めに愛があった〈精神分析と信仰〉	J.クリステヴァ／枝川昌雄訳		146
216	バロックとロココ	W.v.ニーベルシュッツ／竹内章訳		164
217	誰がモーセを殺したか	S.A.ハンデルマン／山形和美訳		514
218	メランコリーと社会	W.レペニース／岩田，小竹訳		380
219	意味の論理学	G.ドゥルーズ／岡田，宇波訳		460
220	新しい文化のために	P.ニザン／木内孝訳		352
221	現代心理論集	P.ブールジェ／平岡，伊藤訳		362
222	パラジット〈寄食者の論理〉	M.セール／及川，米山訳		466
223	虐殺された鳩〈暴力と国家〉	H.ラボリ／川中子弘訳		240
224	具象空間の認識論〈反・解釈学〉	F.ダゴニェ／金森修訳		300
225	正常と病理	G.カンギレム／滝沢武久訳		320
226	フランス革命論	J.G.フィヒテ／桝田啓三郎訳		396
227	クロード・レヴィ=ストロース	O.パス／鼓，木村訳		160
228	バロックの生活	P.ラーンシュタイン／波田節夫訳		520
229	うわさ〈もっとも古いメディア〉増補版	J.-N.カプフェレ／古田幸男訳		394
230	後期資本制社会システム	C.オッフェ／寿福真美編訳		358
231	ガリレオ研究	A.コイレ／菅谷暁訳		482
232	アメリカ	J.ボードリヤール／田中正人訳		220
233	意識ある科学	E.モラン／村上光彦訳		400
234	分子革命〈欲望社会のミクロ分析〉	F.ガタリ／杉村昌昭訳		340
235	火，そして霧の中の信号—ゾラ	M.セール／寺田光徳訳		568
236	煉獄の誕生	J.ル・ゴッフ／渡辺，内田訳		698
237	サハラの夏	E.フロマンタン／川端康夫訳		336
238	パリの悪魔	P.ガスカール／佐藤和夫訳		256
239 240	自然の人間的歴史（上・下）	S.モスコヴィッシ／大津真作訳		上・494 下・390
241	ドン・キホーテ頌	P.アザール／円子千代訳	品切	348
242	ユートピアへの勇気	G.ピヒト／河井徳治訳		202
243	現代社会とストレス〔原書改訂版〕	H.セリエ／杉，田多井，藤井，竹宮訳		482
244	知識人の終焉	J.-F.リオタール／原田佳彦，他訳		140
245	オマージュの試み	E.M.シオラン／金井裕訳		154
246	科学の時代における理性	H.-G.ガダマー／本間，座小田訳		158
247	イタリア人の太古の知恵	G.ヴィーコ／上村忠男訳		190
248	ヨーロッパを考える	E.モラン／林　勝一訳		238
249	労働の現象学	J.-L.プチ／今村，松島訳		388
250	ポール・ニザン	Y.イシャグプール／川俣晃自訳		356
251	政治的判断力	R.ベイナー／浜田義文監訳		310
252	知覚の本性〈初期論文集〉	メルロ=ポンティ／加賀野井秀一訳		158

				(頁)
253	言語の牢獄	F.ジェームソン／川口喬一訳		292
254	失望と参画の現象学	A.O.ハーシュマン／佐々木,杉田訳		204
255	はかない幸福—ルソー	T.トドロフ／及川馥訳		162
256	大学制度の社会史	H.W.プラール／山本尤訳		408
257 258	ドイツ文学の社会史（上・下）	J.ベルク,他／山本,三島,保坂,鈴木訳		上・766 下・648
259	アランとルソー〈教育哲学試論〉	A.カルネック／安斎,並木訳		304
260	都市・階級・権力	M.カステル／石川淳志監訳		296
261	古代ギリシア人	M.I.フィンレー／山形和美訳	品切	296
262	象徴表現と解釈	T.トドロフ／小林,及川訳		244
263	声の回復〈回想の試み〉	L.マラン／梶野吉郎訳		246
264	反射概念の形成	G.カンギレム／金森修訳		304
265	芸術の手相	G.ピコン／末永照和訳		294
266	エチュード〈初期認識論集〉	G.バシュラール／及川馥訳		166
267	邪な人々の昔の道	R.ジラール／小池健男訳		270
268	〈誠実〉と〈ほんもの〉	L.トリリング／野島秀勝訳		264
269	文の抗争	J.-F.リオタール／陸井四郎,他訳		410
270	フランス革命と芸術	J.スタロバンスキー／井上尭裕訳		286
271	野生人とコンピューター	J.-M.ドムナック／古田幸男訳		228
272	人間と自然界	K.トマス／山内昶,他訳		618
273	資本論をどう読むか	J.ビデ／今村仁司,他訳		450
274	中世の旅	N.オーラー／藤代幸一訳		488
275	変化の言語〈治療コミュニケーションの原理〉	P.ワツラウィック／築島謙三訳		212
276	精神の売春としての政治	T.クンナス／木戸,佐々木訳		258
277	スウィフト政治・宗教論集	J.スウィフト／中野,海保訳		490
278	現実とその分身	C.ロセ／金井裕訳		168
279	中世の高利貸	J.ル・ゴッフ／渡辺香根夫訳		170
280	カルデロンの芸術	M.コメレル／岡部仁訳		270
281	他者の言語〈デリダの日本講演〉	J.デリダ／高橋允昭編訳		406
282	ショーペンハウアー	R.ザフランスキー／山本尤訳		646
283	フロイトと人間の魂	B.ベテルハイム／藤瀬恭子訳		174
284	熱　狂〈カントの歴史批判〉	J.-F.リオタール／中島盛夫訳		210
285	カール・カウツキー 1854-1938	G.P.スティーンソン／時永,河野訳		496
286	形而上学と神の思想	W.パネンベルク／座小田,諸岡訳		186
287	ドイツ零年	E.モラン／古田幸男訳		364
288	物の地獄〈ルネ・ジラールと経済の論理〉	デュムシェル，デュピュイ／織田,富永訳		320
289	ヴィーコ自叙伝	G.ヴィーコ／福鎌忠恕訳	品切	448
290	写真論〈その社会的効用〉	P.ブルデュー／山縣熙,山縣直子訳		438
291	戦争と平和	S.ボク／大沢正道訳		224
292	意味と意味の発展	R.A.ウォルドロン／築島謙三訳		294
293	生態平和とアナーキー	U.リンゼ／内田,杉村訳		270
294	小説の精神	M.クンデラ／金井,浅野訳		208
295	フィヒテ-シェリング往復書簡	W.シュルツ解説／座小田,後藤訳		220
296	出来事と危機の社会学	E.モラン／浜名,福井訳		622
297	宮廷風恋愛の技術	A.カペルラヌス／野島秀勝訳		334
298	野蛮〈科学主義の独裁と文化の危機〉	M.アンリ／山形,望月訳		292
299	宿命の戦略	J.ボードリヤール／竹原あき子訳		260
300	ヨーロッパの日記	G.R.ホッケ／石丸,柴田,信岡訳		1330
301	記号と夢想〈演劇と祝祭についての考察〉	A.シモン／岩瀬孝監修．佐藤,伊藤,他訳		388
302	手と精神	J.ブラン／中村文郎訳		284

				(頁)
303	平等原理と社会主義	L.シュタイン／石川, 石塚, 柴田訳		676
304	死にゆく者の孤独	N.エリアス／中居実訳		150
305	知識人の黄昏	W.シヴェルブシュ／初見基訳		240
306	トマス・ペイン〈社会思想家の生涯〉	A.J.エイヤー／大熊昭信訳		378
307	われらのヨーロッパ	F.ヘール／杉浦健之訳		614
308	機械状無意識〈スキゾ-分析〉	F.ガタリ／高岡幸一訳		426
309	聖なる真理の破壊	H.ブルーム／山形和美訳		400
310	諸科学の機能と人間の意義	E.パーチ／上村忠男監訳		552
311	翻　訳〈ヘルメスIII〉	M.セール／豊田, 輪田訳		404
312	分　布〈ヘルメスIV〉	M.セール／豊田彰訳		440
313	外国人	J.クリステヴァ／池田和子訳		284
314	マルクス	M.アンリ／杉山, 水野訳	品切	612
315	過去からの警告	E.シャルガフ／山本, 内藤訳		308
316	面・表面・界面〈一般表層論〉	F.ダゴニェ／金森, 今野訳		338
317	アメリカのサムライ	F.G.ノートヘルファー／飛鳥井雅道訳		512
318	社会主義か野蛮か	C.カストリアディス／江口幹訳		490
319	遍　歴〈法, 形式, 出来事〉	J.-F.リオタール／小野康男訳		200
320	世界としての夢	D.ウスラー／谷　徹訳		566
321	スピノザと表現の問題	G.ドゥルーズ／工藤, 小柴, 小谷訳		460
322	裸体とはじらいの文化史	H.P.デュル／藤代, 三谷訳		572
323	五　感〈混合体の哲学〉	M.セール／米山親能訳		582
324	惑星軌道論	G.W.F.ヘーゲル／村上恭一訳		250
325	ナチズムと私の生活〈仙台からの告発〉	K.レーヴィット／秋間実訳		334
326	ベンヤミン-ショーレム往復書簡	G.ショーレム編／山本尤訳		440
327	イマヌエル・カント	O.ヘッフェ／薮木栄夫訳		374
328	北西航路〈ヘルメスV〉	M.セール／青木研二訳		260
329	聖杯と剣	R.アイスラー／野島秀勝訳		486
330	ユダヤ人国家	Th.ヘルツル／佐藤康彦訳		206
331	十七世紀イギリスの宗教と政治	C.ヒル／小野功生訳		586
332	方　法　2．生命の生命	E.モラン／大津真作訳		838
333	ヴォルテール	A.J.エイヤー／中川, 吉岡訳		268
334	哲学の自食症候群	J.ブーヴレス／大平具彦訳		266
335	人間学批判	レペニース, ノルテ／小竹澄栄訳		214
336	自伝のかたち	W.C.スペンジマン／船倉正憲訳		384
337	ポストモダニズムの政治学	L.ハッチオン／川口喬一訳		332
338	アインシュタインと科学革命	L.S.フォイヤー／村上, 成定, 大谷訳		474
339	ニーチェ	G.ピヒト／青木隆嘉訳		562
340	科学史・科学哲学研究	G.カンギレム／金森修監訳		674
341	貨幣の暴力	アグリエッタ, オルレアン／井上, 斉藤訳		506
342	象徴としての円	M.ルルカー／竹内章訳		186
343	ベルリンからエルサレムへ	G.ショーレム／岡部仁訳		226
344	批評の批評	T.トドロフ／及川, 小林訳		298
345	ソシュール講義録注解	F.de　ソシュール／前田英樹・訳注		204
346	歴史とデカダンス	P.ショーニュー／大谷尚文訳		552
347	続・いま, ここで	G.ピヒト／斎藤, 大野, 福島, 浅野訳		580
348	バフチン以後	D.ロッジ／伊藤誓訳		410
349	再生の女神セドナ	H.P.デュル／原研二訳		622
350	宗教と魔術の衰退	K.トマス／荒木正純訳		1412
351	神の思想と人間の自由	W.パネンベルク／座小田, 諸岡訳		186

				(頁)
352	倫理・政治的ディスクール	O.ヘッフェ／青木隆嘉訳		312
353	モーツァルト	N.エリアス／青木隆嘉訳		198
354	参加と距離化	N.エリアス／波田, 道籏訳		276
355	二十世紀からの脱出	E.モラン／秋枝茂夫訳		384
356	無限の二重化	W.メニングハウス／伊藤秀一訳		350
357	フッサール現象学の直観理論	E.レヴィナス／佐藤, 桑野訳		506
358	始まりの現象	E.W.サイード／山形, 小林訳		684
359	サテュリコン	H.P.デュル／原研二訳		258
360	芸術と疎外	H.リード／増渕正史訳	品切	262
361	科学的理性批判	K.ヒュプナー／神野, 中才, 熊谷訳		476
362	科学と懐疑論	J.ワトキンス／中才敏郎訳		354
363	生きものの迷路	A.モール, E.ロメル／古田幸男訳		240
364	意味と力	G.バランディエ／小関藤一郎訳		406
365	十八世紀の文人科学者たち	W.レペニース／小川さくえ訳		182
366	結晶と煙のあいだ	H.アトラン／阪上脩訳		376
367	生への闘争〈闘争本能・性・意識〉	W.J.オング／高柳, 橋爪訳		326
368	レンブラントとイタリア・ルネサンス	K.クラーク／尾崎, 芳野訳		334
369	権力の批判	A.ホネット／河上倫逸監訳		476
370	失われた美学〈マルクスとアヴァンギャルド〉	M.A.ローズ／長田, 池田, 長野, 長田訳		332
371	ディオニュソス	M.ドゥティエンヌ／及川, 吉岡訳		164
372	メディアの理論	F.イングリス／伊藤, 磯山訳		380
373	生き残ること	B.ベテルハイム／高尾利数訳		646
374	バイオエシックス	F.ダゴニェ／金森, 松浦訳		316
375 376	エディプスの謎（上・下）	N.ビショッフ／藤代, 井本, 他訳		上・450 下・464
377	重大な疑問〈懐疑的省察録〉	E.シャルガフ／山形, 小野, 他訳		404
378	中世の食生活〈断食と宴〉	B.A.ヘニッシュ／藤原保明訳	品切	538
379	ポストモダン・シーン	A.クローカー, D.クック／大熊昭信訳		534
380	夢の時〈野生と文明の境界〉	H.P.デュル／岡部, 原, 須永, 荻野訳		674
381	理性よ，さらば	P.ファイヤアーベント／植木哲也訳		454
382	極限に面して	T.トドロフ／宇京頼三訳		376
383	自然の社会化	K.エーダー／寿福真美監訳		474
384	ある反時代的考察	K.レーヴィット／中村啓, 永沼更始郎訳		526
385	図書館炎上	W.シヴェルブシュ／福本義憲訳		274
386	騎士の時代	F.v.ラウマー／柳井尚子訳		506
387	モンテスキュー〈その生涯と思想〉	J.スタロバンスキー／古賀英三郎, 高橋誠訳		312
388	理解の鋳型〈東西の思想経験〉	J.ニーダム／井上英明訳		510
389	風景画家レンブラント	E.ラルセン／大谷, 尾崎訳		208
390	精神分析の系譜	M.アンリ／山形頼洋, 他訳		546
391	金《かね》と魔術	H.C.ビンスヴァンガー／清水健次訳		218
392	自然誌の終焉	W.レペニース／山村直資訳		346
393	批判的解釈学	J.B.トンプソン／山本, 小川訳		376
394	人間にはいくつの真理が必要か	R.ザフランスキー／山本, 藤井訳		232
395	現代芸術の出発	Y.イシャグプール／川俣晃自訳		170
396	青春　ジュール・ヴェルヌ論	M.セール／豊田彰訳		398
397	偉大な世紀のモラル	P.ベニシュー／朝倉, 羽賀訳		428
398	諸国民の時に	E.レヴィナス／合田正人訳		348
399 400	バベルの後に（上・下）	G.スタイナー／亀山健吉訳		上・482 下・
401	チュービンゲン哲学入門	E.ブロッホ／花田監修・菅谷, 今井, 三国訳		422

			(頁)
402	歴史のモラル	T.トドロフ／大谷尚文訳	386
403	不可解な秘密	E.シャルガフ／山本，内藤訳	260
404	ルソーの世界〈あるいは近代の誕生〉	J.-L.ルセルクル／小林浩訳	品切 378
405	死者の贈り物	D.サルナーヴ／菊地，白井訳	186
406	神もなく韻律もなく	H.P.デュル／青木隆嘉訳	292
407	外部の消失	A.コドレスク／利沢行夫訳	276
408	狂気の社会史〈狂人たちの物語〉	R.ポーター／目羅公和訳	428
409	続・蜂の寓話	B.マンデヴィル／泉谷治訳	436
410	悪口を習う〈近代初期の文化論集〉	S.グリーンブラット／磯山甚一訳	354
411	危険を冒して書く〈異色作家たちのパリ・インタヴュー〉	J.ワイス／浅野敏夫訳	300
412	理論を讃えて	H.-G.ガダマー／本間，須田訳	194
413	歴史の島々	M.サーリンズ／山本真鳥訳	306
414	ディルタイ〈精神科学の哲学者〉	R.A.マックリール／大野，田中，他訳	578
415	われわれのあいだで	E.レヴィナス／合田，谷口訳	368
416	ヨーロッパ人とアメリカ人	S.ミラー／池田栄一訳	358
417	シンボルとしての樹木	M.ルルカー／林 捷 訳	276
418	秘めごとの文化史	H.P.デュル／藤代，津山訳	662
419	眼の中の死〈古代ギリシアにおける他者の像〉	J.-P.ヴェルナン／及川，吉岡訳	144
420	旅の思想史	E.リード／伊藤誓訳	490
421	病のうちなる治療薬	J.スタロバンスキー／小池，川那部訳	356
422	祖国地球	E.モラン／菊地昌実訳	234
423	寓意と表象・再現	S.J.グリーンブラット編／船倉正憲訳	384
424	イギリスの大学	V.H.H.グリーン／安原，成定訳	516
425	未来批判 あるいは世界史に対する嫌悪	E.シャルガフ／山本，伊藤訳	276
426	見えるものと見えざるもの	メルロ=ポンティ／中島盛夫監訳	618
427	女性と戦争	J.B.エルシュテイン／小林，廣川訳	486
428	カント入門講義	H.バウムガルトナー／有福孝岳監訳	204
429	ソクラテス裁判	I.F.ストーン／永田康昭訳	470
430	忘我の告白	M.ブーバー／田口義弘訳	348
431 432	時代おくれの人間（上・下）	G.アンダース／青木隆嘉訳	上・432 下・546
433	現象学と形而上学	J.-L.マリオン他編／三上，重永，檜垣訳	388
434	祝福から暴力へ	M.ブロック／田辺，秋津訳	426
435	精神分析と横断性	F.ガタリ／杉村，毬藻訳	462
436	競争社会をこえて	A.コーン／山本，真水訳	530
437	ダイアローグの思想	M.ホルクウィスト／伊藤誓訳	370
438	社会学とは何か	N.エリアス／徳安彰訳	250
439	E.T.A.ホフマン	R.ザフランスキー／識名章喜訳	636
440	所有の歴史	J.アタリ／山内昶訳	580
441	男性同盟と母権制神話	N.ゾンバルト／田村和彦訳	516
442	ヘーゲル以後の歴史哲学	H.シュネーデルバッハ／古東哲明訳	282
443	同時代人ベンヤミン	H.マイヤー／岡部仁訳	140
444	アステカ帝国滅亡記	G.ボド，T.トドロフ編／大谷，菊地訳	662
445	迷宮の岐路	C.カストリアディス／宇京頼三訳	404
446	意識と自然	K.K.チョウ／志水，山本監訳	422
447	政治的正義	O.ヘッフェ／北尾，平石，望月訳	598
448	象徴と社会	K.バーク著，ガスフィールド編／森常治訳	580
449	神・死・時間	E.レヴィナス／合田正人訳	360
450	ローマの祭	G.デュメジル／大橋寿美子訳	446

			(頁)
451	エコロジーの新秩序	L.フェリ／加藤宏幸訳	274
452	想念が社会を創る	C.カストリアディス／江口幹訳	392
453	ウィトゲンシュタイン評伝	B.マクギネス／藤本, 今井, 宇都宮, 髙橋訳	612
454	読みの快楽	R.オールター／山形, 中田, 田中訳	346
455	理性・真理・歴史〈内在的実在論の展開〉	H.パトナム／野本和幸, 他訳	360
456	自然の諸時期	ビュフォン／菅谷暁訳	440
457	クロポトキン伝	ピルーモヴァ／左近毅訳	384
458	征服の修辞学	P.ヒューム／岩尾, 正木, 本橋訳	492
459	初期ギリシア科学	G.E.R.ロイド／山野, 山口訳	246
460	政治と精神分析	G.ドゥルーズ, F.ガタリ／杉村昌昭訳	124
461	自然契約	M.セール／及川, 米山訳	230
462	細分化された世界〈迷宮の岐路III〉	C.カストリアディス／宇京賴三訳	332
463	ユートピア的なもの	L.マラン／梶野吉郎訳	420
464	恋愛礼讃	M.ヴァレンシー／沓掛, 川端訳	496
465	転換期〈ドイツ人とドイツ〉	H.マイヤー／宇京早苗訳	466
466	テクストのぶどう畑で	I.イリイチ／岡部佳世訳	258
467	フロイトを読む	P.ゲイ／坂口, 大島訳	304
468	神々を作る機械	S.モスコヴィッシ／古田幸男訳	750
469	ロマン主義と表現主義	A.K.ウィードマン／大森淳史訳	378
470	宗教論	N.ルーマン／土方昭, 土方透訳	138
471	人格の成層論	E.ロータッカー／北村監訳・大久保, 他訳	278
472	神　罰	C.v.リンネ／小川さくえ訳	432
473	エデンの園の言語	M.オランデール／浜﨑設夫訳	338
474	フランスの自伝〈自伝文学の主題と構造〉	P.ルジュンヌ／小倉孝誠訳	342
475	ハイデガーとヘブライの遺産	M.ザラデル／合田正人訳	390
476	真の存在	G.スタイナー／工藤政司訳	266
477	言語芸術・言語記号・言語の時間	R.ヤコブソン／浅川順子訳	388
478	エクリール	C.ルフォール／宇京賴三訳	420
479	シェイクスピアにおける交渉	S.J.グリーンブラット／酒井正志訳	334
480	世界・テキスト・批評家	E.W.サイード／山形和美訳	584
481	絵画を見るディドロ	J.スタロバンスキー／小西嘉幸訳	148
482	ギボン〈歴史を創る〉	R.ポーター／中野, 海保, 松原訳	272
483	欺瞞の書	E.M.シオラン／金井裕訳	252
484	マルティン・ハイデガー	H.エーベリング／青木隆嘉訳	252
485	カフカとカバラ	K.E.グレーツィンガー／清水健次訳	390
486	近代哲学の精神	H.ハイムゼート／座小田豊, 他訳	448
487	ベアトリーチェの身体	R.P.ハリスン／船倉正憲訳	304
488	技術〈クリティカル・セオリー〉	A.フィーンバーグ／藤本正文訳	510
489	認識論のメタクリティーク	Th.W.アドルノ／古賀, 細見訳	370
490	地獄の歴史	A.K.ターナー／野﨑嘉信訳	456
491	昔話と伝説〈物語文学の二つの基本形式〉	M.リューティ／高木昌史, 万里子訳　品切	362
492	スポーツと文明化〈興奮の探究〉	N.エリアス, E.ダニング／大平章訳	490
493 494	地獄のマキアヴェッリ（I・II）	S.de.グラツィア／田中治男訳	I・352 II・306
495	古代ローマの恋愛詩	P.ヴェーヌ／鎌田博夫訳	352
496	証人〈言葉と科学についての省察〉	E.シャルガフ／山本, 内藤訳	252
497	自由とはなにか	P.ショーニュ／西川, 小田桐訳	472
498	現代世界を読む	M.マフェゾリ／菊地昌実訳	186
499	時間を読む	M.ピカール／寺田光徳訳	266
500	大いなる体系	N.フライ／伊藤誓訳	478

			(頁)
501	音楽のはじめ	C.シュトゥンプ／結城錦一訳	208
502	反ニーチェ	L.フェリー他／遠藤文彦訳	348
503	マルクスの哲学	E.バリバール／杉山吉弘訳	222
504	サルトル，最後の哲学者	A.ルノー／水野浩二訳	296
505	新不平等起源論	A.テスタール／山内昶訳	298
506	敗者の祈禱書	シオラン／金井裕訳	184
507	エリアス・カネッティ	Y.イシャグプール／川俣晃自訳	318
508	第三帝国下の科学	J.オルフ＝ナータン／宇京頼三訳	424
509	正も否も縦横に	H.アトラン／寺田光徳訳	644
510	ユダヤ人とドイツ	E.トラヴェルソ／宇京頼三訳	322
511	政治的風景	M.ヴァルンケ／福本義憲訳	202
512	聖句の彼方	E.レヴィナス／合田正人訳	350
513	古代憧憬と機械信仰	H.ブレーデカンプ／藤代，津山訳	230
514	旅のはじめに	D.トリリング／野島秀勝訳	602
515	ドゥルーズの哲学	M.ハート／田代，井上，浅野，暮沢訳	294
516	民族主義・植民地主義と文学	T.イーグルトン他／増渕，安藤，大友訳	198
517	個人について	P.ヴェーヌ他／大谷尚文訳	194
518	大衆の装飾	S.クラカウアー／船戸，野村訳	350
519 520	シベリアと流刑制度（I・II）	G.ケナン／左近毅訳	I・632 II・642
521	中国とキリスト教	J.ジェルネ／鎌田博夫訳	396
522	実存の発見	E.レヴィナス／佐藤真理人，他訳	480
523	哲学的認識のために	G.-G.グランジェ／植木哲也訳	342
524	ゲーテ時代の生活と日常	P.ラーンシュタイン／上西川原章訳	832
525	ノッツ nOts	M.C.テイラー／浅野敏夫訳	480
526	法の現象学	A.コジェーヴ／今村，堅田訳	768
527	始まりの喪失	B.シュトラウス／青木隆嘉訳	196
528	重　合	ベーネ，ドゥルーズ／江口修訳	170
529	イングランド18世紀の社会	R.ポーター／目羅公和訳	630
530	他者のような自己自身	P.リクール／久米博訳	558
531	鷲と蛇〈シンボルとしての動物〉	M.ルルカー／林捷訳	270
532	マルクス主義と人類学	M.ブロック／山内昶，山内彰訳	256
533	両性具有	M.セール／及川馥訳	218
534	ハイデガー〈ドイツの生んだ巨匠とその時代〉	R.ザフランスキー／山本尤訳	696
535	啓蒙思想の背任	J.-C.ギユボー／菊地，白井訳	218
536	解明　M.セールの世界	M.セール／梶野，竹中訳	334
537	語りは罠	L.マラン／鎌田博夫訳	176
538	歴史のエクリチュール	M.セルトー／佐藤和生訳	542
539	大学とは何か	J.ペリカン／田口孝夫訳	374
540	ローマ　定礎の書	M.セール／高尾謙史訳	472
541	啓示とは何か〈あらゆる啓示批判の試み〉	J.G.フィヒテ／北岡武司訳	252
542	力の場〈思想史と文化批判のあいだ〉	M.ジェイ／今井道夫，他訳	382
543	イメージの哲学	F.ダゴニェ／水野浩二訳	410
544	精神と記号	F.ガタリ／杉村昌昭訳	180
545	時間について	N.エリアス／井本，青木訳	238
546	ルクレティウスのテキストにおける物理学の誕生	M.セール／豊田彰訳	320
547	異端カタリ派の哲学	R.ネッリ／柴田和雄訳	290
548	ドイツ人論	N.エリアス／青木隆嘉訳	576
549	俳　優	J.デュヴィニョー／渡辺淳訳	346

			(頁)
550	ハイデガーと実践哲学	O.ペゲラー他,編／竹市,下村監訳	584
551	彫　像	M.セール／米山親能訳	366
552	人間的なるものの庭	C.F.v.ヴァイツゼカー／山辺建訳	852
553	思考の図像学	A.フレッチャー／伊藤誓訳	472
554	反動のレトリック	A.O.ハーシュマン／岩崎稔訳	250
555	暴力と差異	A.J.マッケナ／夏目博明訳	354
556	ルイス・キャロル	J.ガッテニョ／鈴木晶訳	462
557	タオスのロレンゾー〈D.H.ロレンス回想〉	M.D.ルーハン／野島秀勝訳	490
558	エル・シッド〈中世スペインの英雄〉	R.フレッチャー／林邦夫訳	414
559	ロゴスとことば	S.プリケット／小野功生訳	486
560 561	盗まれた稲妻〈呪術の社会学〉(上・下)	D.L.オキーフ／谷林眞理子,他訳	上・490 下・656
562	リビドー経済	J.-F.リオタール／杉山,吉谷訳	458
563	ポスト・モダニティの社会学	S.ラッシュ／田中義久監訳	462
564	狂暴なる霊長類	J.A.リヴィングストン／大平章訳	310
565	世紀末社会主義	M.ジェイ／今村,大谷訳	334
566	両性平等論	F.P.de ラ・バール／佐藤和夫,他訳	330
567	暴虐と忘却	R.ボイヤーズ／田部井孝次・世志子訳	524
568	異端の思想	G.アンダース／青木隆嘉訳	518
569	秘密と公開	S.ボク／大沢正道訳	470
570 571	大航海時代の東南アジア (I・II)	A.リード／平野，田中訳	I・430 II・598
572	批判理論の系譜学	N.ボルツ／山本,大貫訳	332
573	メルヘンへの誘い	M.リューティ／高木昌史訳	200
574	性と暴力の文化史	H.P.デュル／藤代,津山訳	768
575	歴史の不測	E.レヴィナス／合田,谷口訳	316
576	理論の意味作用	T.イーグルトン／山形和美訳	196
577	小集団の時代〈大衆社会における個人主義の衰退〉	M.マフェゾリ／古田幸男訳	334
578 579	愛の文化史 (上・下)	S.カーン／青木,斎藤訳	上・334 下・384
580	文化の擁護〈1935年パリ国際作家大会〉	ジッド他／相磯,五十嵐,石黒,高橋編訳	752
581	生きられる哲学〈生活世界の現象学と批判理論の思考形式〉	F.フェルマン／堀栄造訳	282
582	十七世紀イギリスの急進主義と文学	C.ヒル／小野，圓月訳	444
583	このようなことが起こり始めたら…	R.ジラール／小池,住谷訳	226
584	記号学の基礎理論	J.ディーリー／大熊昭信訳	286
585	真理と美	S.チャンドラセカール／豊田彰訳	328
586	シオラン対談集	E.M.シオラン／金井裕訳	336
587	時間と社会理論	B.アダム／伊藤,磯山訳	338
588	懐疑的省察ABC〈続・重大な疑問〉	E.シャルガフ／山本,伊藤訳	244
589	第三の知恵	M.セール／及川馥訳	250
590 591	絵画における真理 (上・下)	J.デリダ／高橋,阿部訳	上・322 下・390
592	ウィトゲンシュタインと宗教	N.マルカム／黒崎宏訳	256
593	シオラン〈あるいは最後の人間〉	S.ジョドー／金井裕訳	212
594	フランスの悲劇	T.トドロフ／大谷尚文訳	304
595	人間の生の遺産	E.シャルガフ／清水健次,他訳	392
596	聖なる快楽〈性，神話，身体の政治〉	R.アイスラー／浅野敏夫訳	876
597	原子と爆弾とエスキモーキス	C.G.セグレー／野島秀勝訳	408
598	海からの花嫁〈ギリシア神話研究の手引き〉	J.シャーウッドスミス／吉田,佐藤訳	234
599	神に代わる人間	L.フェリー／菊地,白井訳	220
600	パンと競技場〈ギリシア・ローマ時代の政治と都市の社会学的歴史〉	P.ヴェーヌ／鎌田博夫訳	1032

			(頁)
601	ギリシア文学概説	J.ド・ロミイ／細井, 秋山訳	486
602	パロールの奪取	M.セルトー／佐藤和生訳	200
603	68年の思想	L.フェリー他／小野潮訳	348
604	ロマン主義のレトリック	P.ド・マン／山形, 岩坪訳	470
605	探偵小説あるいはモデルニテ	J.デュボア／鈴木智之訳	380
606 607 608	近代の正統性〔全三冊〕	H.ブルーメンベルク／斎藤, 忽那 佐藤, 村井訳	I・328 II・390 III・
609	危険社会〈新しい近代への道〉	U.ベック／東, 伊藤訳	502
610	エコロジーの道	E.ゴールドスミス／大熊昭信訳	654
611	人間の領域〈迷宮の岐路II〉	C.カストリアディス／米山親能訳	626
612	戸外で朝食を	H.P.デュル／藤代幸一訳	190
613	世界なき人間	G.アンダース／青木隆嘉訳	366
614	唯物論シェイクスピア	F.ジェイムソン／川口喬一訳	402
615	核時代のヘーゲル哲学	H.クロンバッハ／植木哲也訳	380
616	詩におけるルネ・シャール	P.ヴェーヌ／西永良成訳	832
617	近世の形而上学	H.ハイムゼート／北岡武司訳	506
618	フロベールのエジプト	G.フロベール／斎藤昌三訳	344
619	シンボル・技術・言語	E.カッシーラー／篠木, 高野訳	352
620	十七世紀イギリスの民衆と思想	C.ヒル／小野, 圓月, 箭川訳	520
621	ドイツ政治哲学史	H.リュッベ／今井道夫訳	312
622	最終解決〈民族移動とヨーロッパのユダヤ人殺害〉	G.アリー／山本, 三島訳	470
623	中世の人間	J.ル・ゴフ他／鎌田博夫訳	478
624	食べられる言葉	L.マラン／梶野吉郎訳	284
625	ヘーゲル伝〈哲学の英雄時代〉	H.アルトハウス／山本尤訳	690
626	E.モラン自伝	E.モラン／菊地, 高砂訳	368
627	見えないものを見る	M.アンリ／青木研二訳	248
628	マーラー〈音楽観相学〉	Th.W.アドルノ／龍村あや子訳	286
629	共同生活	T.トドロフ／大谷尚文訳	236
630	エロイーズとアベラール	M.F.B.ブロッチェリ／白崎容子訳	
631	意味を見失った時代〈迷宮の岐路IV〉	C.カストリアディス／江口幹訳	338
632	火と文明化	J.ハウツブロム／大平章訳	356
633	ダーウィン, マルクス, ヴァーグナー	J.バーザン／野島秀勝訳	526
634	地位と羞恥	S.ネッケル／岡原正幸訳	434
635	無垢の誘惑	P.ブリュックネール／小倉, 下澤訳	350
636	ラカンの思想	M.ボルク=ヤコブセン／池田清訳	500
637	羨望の炎〈シェイクスピアと欲望の劇場〉	R.ジラール／小林, 田口訳	698
638	暁のフ.クロウ〈続・精神の現象学〉	A.カトロッフェロ／寿福真美訳	354
639	アーレント＝マッカーシー往復書簡	C.ブライトマン編／佐藤佐智子訳	710
640	崇高とは何か	M.ドゥギー他／梅木達郎訳	416
641	世界という実験〈問い, 取り出しの諸カテゴリー, 実践〉	E.ブロッホ／小田智敏訳	400
642	悪　あるいは自由のドラマ	R.ザフランスキー／山本尤訳	322
643	世俗の聖典〈ロマンスの構造〉	N.フライ／中村, 真野訳	252
644	歴史と記憶	J.ル・ゴフ／立川孝一訳	400
645	自我の記号論	N.ワイリー／船倉正憲訳	468
646	ニュー・ミメーシス〈シェイクスピアと現実描写〉	A.D.ナトール／山形, 山下訳	430
647	歴史家の歩み〈アリエス　1943-1983〉	Ph.アリエス／成瀬, 伊藤訳	428
648	啓蒙の民主制理論〈カントとのつながりで〉	I.マウス／浜田, 牧野監訳	400
649	仮象小史〈古代からコンピューター時代まで〉	N.ボルツ／山本尤訳	200

			(頁)
650	知の全体史	C.V.ドーレン／石塚浩司訳	766
651	法の力	J.デリダ／堅田研一訳	220
652 653	男たちの妄想（I・II）	K.テーヴェライト／田村和彦訳	I・816 II
654	十七世紀イギリスの文書と革命	C.ヒル／小野，圓月，箭川訳	592
655	パウル・ツェラーンの場所	H.ベッティガー／鈴木美紀訳	176
656	絵画を破壊する	L.マラン／尾形，梶野訳	272
657	グーテンベルク銀河系の終焉	N.ボルツ／識名，足立訳	330
658	批評の地勢図	J.ヒリス・ミラー／森田孟訳	550
659	政治的なものの変貌	M.マフェゾリ／古田幸男訳	290
660	神話の真理	K.ヒュプナー／神野，中才，他訳	736
661	廃墟のなかの大学	B.リーディングズ／青木，斎藤訳	354
662	後期ギリシア科学	G.E.R.ロイド／山野，山口，金山訳	320
663	ベンヤミンの現在	N.ボルツ，W.レイイェン／岡部仁訳	180
664	異教入門〈中心なき周辺を求めて〉	J.-F.リオタール／山縣，小野，他訳	242
665	ル・ゴフ自伝〈歴史家の生活〉	J.ル・ゴフ／鎌田博夫訳	290
666	方　法　3. 認識の認識	E.モラン／大津真作訳	398
667	遊びとしての読書	M.ピカール／及川，内藤訳	478
668	身体の哲学と現象学	M.アンリ／中敬夫訳	404
669	ホモ・エステティクス	L.フェリー／小野康男，他訳	496
670	イスラームにおける女性とジェンダー	L.アハメド／林正雄，他訳	422
671	ロマン派の手紙	K.H.ボーラー／髙木葉子訳	382
672	精霊と芸術	M.マール／津山拓也訳	474
673	言葉への情熱	G.スタイナー／伊藤誓訳	612
674	贈与の謎	M.ゴドリエ／山内昶訳	362
675	諸個人の社会	N.エリアス／宇京早苗訳	308
676	労働社会の終焉	D.メーダ／若森章孝，他訳	394
677	概念・時間・言説	A.コジェーヴ／三宅，根田，安川訳	448
678	史的唯物論の再構成	U.ハーバーマス／清水多吉訳	438
679	カオスとシミュレーション	N.ボルツ／山本尤訳	218
680	実質的現象学	M.アンリ／中，野村，吉永訳	268
681	生殖と世代継承	R.フォックス／平野秀秋訳	408
682	反抗する文学	M.エドマンドソン／浅野敏夫訳	406
683	哲学を讃えて	M.セール／米山親能，他訳	312
684	人間・文化・社会	H.シャピロ編／塚本利明，他訳	
685	遍歴時代〈精神の自伝〉	J.アメリー／富重純子訳	206
686	ノーを言う難しさ〈宗教哲学的エッセイ〉	K.ハインリッヒ／小林敏明訳	200
687	シンボルのメッセージ	M.ルルカー／林捷，林田鶴子訳	590
688	神は狂信的か	J.ダニエル／菊地昌実訳	218
689	セルバンテス	J.カナヴァジオ／円子千代訳	502
690	マイスター・エックハルト	B.ヴェルテ／大津留直訳	320
691	マックス・プランクの生涯	J.L.ハイルブロン／村岡晋一訳	300
692	68年－86年　個人の道程	L.フェリー，A.ルノー／小野潮訳	168
693	イダルゴとサムライ	J.ヒル／平山篤子訳	704
694	〈教育〉の社会学理論	B.バーンスティン／久冨善之，他訳	420
695	ベルリンの文化戦争	W.シヴェルブシュ／福本義憲訳	380
696	知識と権力〈クーン，ハイデガー，フーコー〉	J.ラウズ／成定，網谷，阿曽沼訳	410
697	読むことの倫理	J.ヒリス・ミラー／伊藤，大島訳	230
698	ロンドン・スパイ	N.ウォード／渡辺孔二監訳	506
699	イタリア史〈1700－1860〉	S.ウールフ／鈴木邦夫訳	1000

			(頁)
700	マリア〈処女・母親・女主人〉	K.シュライナー／内藤道雄訳	678
701	マルセル・デュシャン〈絵画唯名論〉	T.ド・デューヴ／鎌田博夫訳	350
702	サハラ〈ジル・ドゥルーズの美学〉	M.ビュイダン／阿部宏慈訳	260
703	ギュスターヴ・フロベール	A.チボーデ／戸田吉信訳	470
704	報酬主義をこえて	A.コーン／田中英史訳	604
705	ファシズム時代のシオニズム	L.ブレンナー／芝健介訳	480
706	方　法　4．観念	E.モラン／大津真作訳	446
707	われわれと他者	T.トドロフ／小野，江口訳	658
708	モラルと超モラル	A.ゲーレン／秋澤雅男訳	
709	肉食タブーの世界史	F.J.シムーンズ／山内昶監訳	682
710	三つの文化〈仏・英・独の比較文化学〉	W.レペニース／松家，吉村，森訳	548
711	他性と超越	E.レヴィナス／合田，松丸訳	200
712	詩と対話	H.-G.ガダマー／巻田悦郎訳	302
713	共産主義から資本主義へ	M.アンリ／野村直正訳	242
714	ミハイル・バフチン　対話の原理	T.トドロフ／大谷尚文訳	408
715	肖像と回想	P.ガスカール／佐藤和生訳	232
716	恥〈社会関係の精神分析〉	S.ティスロン／大谷，津島訳	286
717	庭園の牧神	P.バルロスキー／尾崎彰宏訳	270
718	パンドラの匣	D.&E.パノフスキー／尾崎彰宏，他訳	294
719	言説の諸ジャンル	T.トドロフ／小林文生訳	466
720	文学との離別	R.バウムガルト／清水健次・威能子訳	406
721	フレーゲの哲学	A.ケニー／野本和幸，他訳	308
722	ビバ リベルタ！〈オペラの中の政治〉	A.アーブラスター／田中，西崎訳	478
723	ユリシーズ グラモフォン	J.デリダ／合田，中 訳	210
724	ニーチェ〈その思考の伝記〉	R.ザフランスキー／山本尤訳	440
725	古代悪魔学〈サタンと闘争神話〉	N.フォーサイス／野呂有子監訳	844
726	力に満ちた言葉	N.フライ／山形和美訳	466
727	法理論と政治理論〈産業資本主義における〉	I.マウス／河上倫逸監訳	
728	ヴァーグナーとインドの精神世界	C.スネソン／吉水千鶴子訳	270
729	民間伝承と創作文学	M.リューティ／高木昌史訳	430
730	マキアヴェッリ〈転換期の危機分析〉	R.ケーニヒ／小川，片岡訳	382
731	近代とは何か〈その隠されたアジェンダ〉	S.トゥールミン／藤村，新井訳	398
732	深い謎〈ヘーゲル，ニーチェとユダヤ人〉	Y.ヨベル／青木隆嘉訳	
733	挑発する肉体	H.P.デュル／藤代，津山訳	
734	フーコーと狂気	F.グロ／菊地昌実訳	
735	生命の認識	G.カンギレム／杉山吉弘訳	